현대조선 잔혹사

현대조선 잔혹사

1판 1쇄. 2016년 5월 30일
1판 2쇄. 2019년 3월 11일

지은이. 허환주

펴낸이. 정민용
편집장. 안중철
책임편집. 이진실
편집. 윤상훈, 최미정, 강소영

펴낸 곳. 후마니타스(주)
등록. 2002년 2월 19일 제300-2003-108호
주소. 서울 마포구 신촌로14안길 17, 2층
편집. 02-739-9929, 9930
제작·영업. 02-722-9960
팩스. 02-733-9910
블로그. humabook.blog.me
트위터, 페이스북, 인스타그램 @humanitasbook

인쇄. 천일 031-955-8083
제본. 일진제책 031-908-1407

값 15,000원

ISBN 978-89-6437-249-4 04300
      978-89-6437-201-2 (세트)

이 도서의 국립중앙도서관 출판시도서목록(CIP)은 e-CIP
홈페이지(http://www.nl.go.kr/ecip)에서 이용하실 수
있습니다(CIP제어번호: CIP2016012393).

현대조선

허환주 지음

잔혹사

후마니타스

차례

배 짓는 사람들

1 장

일러두기

___ 이 책은 2012년 3월과 4월에 걸쳐 〈프레시안〉에 연재된 "위험의 양극화, 산재는 왜 비
정규직에 몰리나"와 2015년 8월 4일부터 두 달간 연재된 "조선소 잔혹사"를 비롯해 저
자가 6년간 조선소를 취재하며 쓴 기사들을 바탕으로 했다.

___ 저자가 만난 인터뷰이들은 가명을 사용했으며, 괄호 안에 병기된 나이는 취재 시점을 기
준으로 했다.

조선소의 하루

여긴 어디일까?

사방이 꽉 막힌 공간. 매캐한 냄새가 코를 찔렀다. 조명 불빛을 따라 정체를 알 수 없는 미세한 먼지와 철가루가 떠다녔다. 환기는 커녕 햇볕조차 비집고 들어올 구멍이 없다. 바닥은 드릴과 철사 등 각종 장비와 자재들로 발 디딜 틈조차 없을 정도로 어지러웠다. 걷다가 조금이라도 한눈을 팔면 바로 자빠질 것만 같다. 곳곳에서 용접 불똥이 폭포수처럼 떨어졌다. 철 가는 소리, 드릴 박는 소리, 쿵쿵 울리는 망치 소리, 철과 철이 부딪히면서 발생하는 파열음이 쉴 새 없이 귓구멍을 때리니 내 옆의 사수®가 하는 말조차 제대로 알아들을 수 없었다.

동료들은 모두 하나같이 무표정한 얼굴을 하고 하나같이 똑같은 하늘색 작업복을 입고 있었다. 푹 눌러쓴 안전모와 눈언저리까지 한껏 올려 쓴 마스크까지 하나같다. 1층에서 용접하던 사람이 어느 순간 3층에서 철을 자르고, 옆에서 페인트칠을 하던 사람이 어느새 2층에서 청소를 하고 있다. 모두가 비슷해 보이니 드는 착각이다. 그 사람들이 하나같은 사람이 아니라는 걸 알아보려면 얼마나 많은 눈

● 일반적으로 조선소에서는 사수인 기량공과 초보자인 조공(부사수)이 한 조가 되어 작업한다.

빛을 주고받아야 할까.

　공사판에서 험한 일 좀 해봤다고 가졌던 헛된 자신감은 조선소에 들어서자마자 사라졌다. 우선 규모부터가 나를 압도했다. 회사 정문에서부터 배가 떠 있는 바다까지는 1, 2킬로미터. 사내에서 대부분은 자전거나 스쿠터, 승합차를 이용해 이동한다. 큰길을 중심으로 좌우에는 선박에 장착될 각종 부속품을 만드는 공정이 한창이다. 이들 하나하나가 작은 공장 규모다. 수십 명의 노동자들이 집채만 한 블록 안에서 철을 주무른다. 10층 아파트만 한 블록 안에 들어가 일하는 사람들도 있다.

　내가 일을 시작한 곳은 배의 엔진룸 케이싱. 쉽게 말하면 배의 엔진 시설을 둘러싼 큰 상자다. 그렇다고 일반 컨테이너 박스 정도라 생각하면 안 된다. 큰 배의 경우 축구장 크기의 두 배에 육박하기 때문에 그런 배를 움직이는 엔진 크기도 그에 걸맞다. 엔진 크기에 따라 케이싱의 크기도 달라지는데, 어떤 날은 족구장 면적에 아파트 5층 높이의 케이싱에서 일하는가 하면, 또 어떤 날은 테니스 코트 면적에 아파트 10층 높이의 케이싱에서 일하기도 했다.

　내가 들어간 곳은 국내 빅3(현대중공업·대우조선해양·삼성중공업) 조선소가 아니다. 따지자면 이들 세 회사에 부품을 납품하는 하청업체가 재하청을 준 조선소였다. 세계 빅3라고 해도 무방할 이들 조선소에 비하면 내가 일한 곳은 레고 블록 만드는 공장에 불과했다.

　내가 들어간 업체는 배의 엔진룸 케이싱 내부의 파이프들에 단열재 붙이는 일을 맡아 하는 하청업체였다. 아파트 10층 규모의 공간을 복잡하게 얽힌 파이프들이 꽉 채우고 있었는데, 파이프 지름이 작은 건 1미터, 큰 것은 3미터를 넘었다. 이 파이프들 주변으로는 도로 배수구처럼 생긴 철제 통로가 배치돼 있다. 배 엔진을 수리할 때 사용하는 통로다. 이 철제 통로가 없는 파이프 주변에는 어김없이 족장*이 설치되어 있는데, 한 층이 1.5미터 높이로 10층까지 이어져 있었다. 아래에서 올려다보면, 마치 거미줄이 펼쳐져 있는 것 같다.

첫날 나는 단열재로 감싼 파이프 위에 함석판을 씌우는 일을 맡았다. 함석판은 단열재가 공기 중에 날리는 것을 막기 위해 덧씌우는 일종의 미관용으로, 단열재로 감싼 투박한 파이프를 다시 함석판으로 둘러싸고 나면 꽤나 단정해져 마치 우주선 내부 같은 모습이 됐다.

단열재를 붙이는 것보다는 덜 해로운 일이었지만, 얇은 함석판을 다루는 일이라고 해서 쉽지만은 않았다. 미리 파이프 모양에 맞춰 제작해 놓은 함석판에 드릴로 구멍을 뚫고 나사못으로 파이프에 부착하면 되는데, 드릴조차 몇 번 써본 적이 없는 나는 정해진 위치에 구멍도 제대로 뚫지 못했다. 함석판 표면이 너무 매끈해 구멍을 내려면 드릴에 단단히 힘을 줘야 했는데, 처음에는 드릴이 미끄러져 함석판을 쥐고 있던 왼손을 뚫을 뻔했다. 게다가 내 장갑은 이상하게 나사못과 함께 자꾸만 말려들어 갔다. 나사못이 회전하면서 장갑까지 물어 버리니 환장할 노릇이었다.

파이프가 벽과 밀착된 곳은 족장이 없는 경우가 많았다. 하지만

---

* 작업을 위해 필요한 일종의 임시 발판으로 '비계'라고도 한다. 일반적으로 폭 40센티미터에 길이 1.5미터 정도 되는 철판을 쇠파이프와 철사로 고정시켜 놓는데, 작업 전에 설치하고 모든 작업이 마무리되면 철거한다.

밀착된 부분의 함석판에도 나사못을 박아야 작업이 완성되기 때문에 벽에 몸을 기댄 채 드릴 작업을 해야 했다. 나는 삐끗해서 밑으로 떨어질까 두려워 제대로 힘을 줄 수 없었다. 함께 일하는 동료들이 대신 공중에 매달렸다. 스파이더맨이 따로 없다. 조선소에서 사고가 나면 사망 아니면 전신 불구라더니 그 말이 내 앞의 현실이 되어 있었다.

나로서는 5층 높이 족장에서 일하는 것도 쉽지 않았다. 뻥 뚫린 아래를 내려다보는 것만으로도 아찔했다. 조금만 삐끗하면 바로 추락할 것만 같았다. 게다가 안전모를 써서 훌쩍 커진 몸으로 높이가 1.5미터밖에 안 되는 족장과 족장 사이를 이동하려니 하루 종일 허리와 무릎을 굽히고 돌아다녀야 했다. 제대로 무릎을 굽히지 않아 위층 족장에 머리가 부딪힐 때면 파이프와 못 같은 것들이 덜커덩거리며 혼을 쏙 빼놓았다.

출근 첫날, 잔업까지 마치고 퇴근하니 저녁 여덟 시. 그제야 다리와 허리를 제대로 펴고 휘청거리며 숙소에 돌아오니 아홉 시를 넘겼다. 씻을 힘조차 남아 있지 않았다. 평소에도 무릎이 좋지 않았는데 좁은 공간을 오리걸음으로 다니며 일하다 보니 차라리 네 발로 기고 싶은 심정이었다.

아침에 허물 벗듯 빠져나온 이불에 그대로 몸을 뉘였다. 한참을 멍하니 천장만 바라보다가 그래도 살아야겠다 싶어 인근 식당을 찾았다. 삼겹살 3인분을 구겨 넣었다. 정성껏 키운 돼지의 맛이었지만, 그래도 어지럽고 메스꺼운 기운은 사라지지 않았다. 몸속으로 파고든 단열재 유리 가루가 온몸에서 까끌거렸다. 머릿속엔 한 가지 생각뿐이었다.

'내일 아침 다시 똑같은 일을 해야 한다니. 평생 이렇게 일해야 한다면 나는 할 수 있을까.'

2012년 봄, 조선소 신입의 입사 첫날은 그렇게 저물어 갔다.

사장이 사라졌다

"허 기자님이지예? ○○○가 연락처를 알랴 줘 이리 전화하는데에 지금 퍼뜩 창원으로 내려오이소. 여기 난리가 났다 아니라예."

수화기 너머로 억센 경상도 사투리가 흘러나왔다. 밤 11시, 고민 끝에 받은 전화였다. 나와는 안면조차 없는 사람이었다. 서울에서 창원까지 줄잡아 네 시간. 밤새 달린다 해도 창원에 떨어지면 아침이 될 판이다. 그런데 다짜고짜 내려오라니?

이 시간에 오는 전화의 주인공들은 대부분 기자를 부담스럽게 하는 취재원들이다. 하지만 거절할 명분이 없었다. 나를 연결해 준 사람은 내가 일하는 신문사의 중요한 필자였고, 상황도 다급해 보였다. 전화를 끊고 조용히 짐을 쌌다.

창원 터미널에는 나를 '모시고' 갈 승합차가 대기하고 있었다. 달리다 바퀴라도 빠질 모양새였지만 여기까지 나와 준 것만으로도 고마운 일이었다. 한참을 달려 도착한 곳은 경상남도 진해 바닷가에 위치한 오리엔탈정공 조선소. 선박 블록을 제작하는 회사로 대형 조선 3사의 사외 하청업체다. 그날은 30여 명의 노동자들이 사장실을 점거하고 농성 중이었다. 둘러보니 대부분이 40~50대 여성들이다.

내게 전화한 사람은 전용수 씨였다. 그는 2003년 현대중공업 사내 하청 노조에 가입했다 쫓겨난 노동자였다. 이후 STX조선해양, 오리엔탈정공 등 이곳저곳 옮겨 다니는 '보따리 하청 노동자'가 됐다.

"여기 사람들 다 사연이 구구절절하다니깐. 허 기자가 이 사람들 인터뷰 좀 해줘요. 그거 해달라고 여까지 부른 거요. 기자가 이런 사람들 취재해서 살아 있는 기사 써야 되는 거 아닌교."

서울에서 기자가 왔다는 소식이 퍼지면서 이목이 집중됐다. 저마다 하고 싶은 이야기들이 많았다. 오죽했으면 그 새벽까지 사장실을 점거하고 있을까. 숨 돌릴 틈도 없이 불특정 다수와의 인터뷰가 시작됐다.

김명자 씨(48)는 배에 붓질을 하는 도장공이었다. 일을 시작한 지도 9년이나 됐다. 그전에는 10년 넘게 조그만 회사에서 경리로 일하다 회사가 망해 퇴사했다. 30대 후반 나이에 여성이 할 수 있는 일은 드물었다. 그녀는 가족의 생계를 책임져야 하는 가장이었다. 식당보다는 돈을 많이 벌 수 있다는 주변 사람들 이야기를 듣고 이 일을 시작했다.

그녀가 지난 9년간 해온 일은 일명 '터치업', 용접 부위나 페인트 분무가 안 되는 틈새에 붓을 들고 다니면서 페인트칠을 하는 일이다. 그녀의 일을 두고 업계에서는 '개미가 자동차를 도색하는 것과 비슷하다'고 한다. 보통 사람들은 배라고 하면 어선이나 유람선 정도를 생각하지만 김 씨가 작업하는 배는 주로 대형 컨테이너선이다. 20피트(약 6미터)짜리 컨테이너 8천6백 개를 실을 수 있는 대형 8600TEU급 컨테이너선의 경우, 길이 323미터, 높이 25미터, 폭 46미터에 이른다. 축구장의 세 배 규모다.

이런 곳을 손바닥만 한 붓으로 칠해야 하니 일은 고될 수밖에 없다. 배 안쪽 바닥에 페인트칠을 할 때는 일자 사다리를 타고 건물 7층 높이를 오르내려야 한다. 한번 오르내리는 데 걸리는 시간도 상당하다. 작업반장의 눈총이 부담스러워 용변도 작업장 한쪽 구석에서 해결하고 점심시간 말고는 아예 오르내릴 생각도 하지 않는다.

배 구석구석 페인트칠을 하다 보면 온몸이 페인트 범벅이 된다. 그래서 최대한 몸을 감싸고 눈만 내놓고 일하는 게 기본이다. 그러다 보니 한여름이 더욱 고되다. 사방에 깔린 철판이 햇볕에 달궈져 숨도 제대로 쉬기 어렵다. 한창 뜨거울 때는 신발 밑창에서 타는 냄새가 날 정도다.

반면, 탱크 안에서 일할 때는 햇볕이 없어 곤욕이다. 조그마한 소형 랜턴 하나에 의지해 붓질을 해야 한다. 자칫 탱크 안에서 길이라도 잃으면 문제가 심각해진다. 탱크는 보통 생각하는 물탱크가 아니다. 5층 아파트 규모의 탱크 안에는 이런저런 칸막이와 사다리 등이 복잡하게 설치돼 있어 미로를 이루기 때문이다.

예전에 김 씨와 함께 일하던 동료가 탱크 안에서 길을 잃은 적이 있었다. 하지만 아무도 그 사실을 모른 채 작업이 끝난 뒤 탱크 문을 잠갔다. 그는 다음날 아침 싸늘한 시신으로 발견됐다. 가스 과다 흡입이었다. 탱크 안에는 유독 가스가 가득 차 있어 주기적으로 환기를 해줘야 한다. 탱크 문을 잠그면서 환기 시설도 꺼버리는 바람에 낳은 참사였다.

작업환경이 이렇다 보니 몸에는 늘 이상 징후가 있다. 생리가 일정하지 못한 건 흔한 일이고, 김 씨는 알레르기성 비염을 달고 산다. 다른 동료들도 비슷한 병을 앓고 있다. 현장에서는 '여자가 여기서 일하려면 애 다 낳고 와야 한다'는 말이 나돌 정도다.

김 씨가 사용하는 페인트는 특수 페인트로 독성이 강하다. 일한 다음 날 아침에 소변을 보면 시너 냄새가 진동한다. 호흡기를 통해 마신 시너가 그대로 신체에 축적되는 것이다. 일하고 난 뒤에도 한동안 입에서 시너 냄새가 지워지지 않아 아이들에게 뽀뽀도 할 수 없다. 발톱도 새까매지고 손톱은 늘 갈라져 있다.

김 씨가 이 회사에서 일을 시작한 것은 2011년 6월. 그전에는 경상남도 통영에 있는 조선소 사내 하청 노동자로 일했다. 집이 부산이라 숙소 생활을 했다. 경상남도 진해에 위치한 오리엔탈정공 주식회사 사내 하청 ㈜아산으로 회사를 옮긴 건 집에서 출퇴근할 수 있어서다. 가족과 저녁밥이라도 같이 먹는 게 김 씨의 소원이었다.

하지만 출퇴근도 만만치는 않다. 부산 해운대 근처에 사는 김 씨는 새벽 4시 30분에 일어나 통근 버스를 탄다. 조선소는 오전 8시부터 오후 5시까지 일을 하지만 잔업 때문에 대부분은 7시가 되어야 끝난다. 집에 도착하면 대개 9시가 넘으니 사실 저녁밥 같이 먹긴 하늘에 별 따기다.

일도 일이지만 남성 작업반장의 치근거림도 참기 어려웠다. 반장의 눈 밖에 나면 고된 일에 배치된다. 현장에서는 작업반장이 절대 권력자다. 눈 밖에 나지 않으려면 술을 마셔 줘야 한다는 이야기가 공공연히 나돌 정도다.

정규직, 즉 원청 직원과의 차별도 사람 마음을 옹졸하게 만든다. 통근 버스에도 정규직 자리가 지정돼 있는데, 그런 자리는 비어도 함부로 앉지 못한다. 정규직 직원이 나오지 않는 날에는 온수도 나오지 않아 찬물로 샤워를 한다. 정규직 퇴근 시간이 지나면 기본 전기를 제외하고는 대부분이 끊긴다.

그렇게 두 달 넘게 일하다 얼마 전 날벼락 같은 소식을 접했다. ㈜아산 대표이사가 원청으로부터 받은 공사 대금 8천만 원을 들고 잠적했다. 대표의 잠적으로 김 씨를 포함한 1백여 명의 하청 노동자가 1억7천여만 원의 임금을 받지 못하게 됐다. 김 씨는 최근 두 달치 임금을 받지 못했다. 하청업체가 원청인 오리엔탈정공에 공탁금을 걸어 놨다면 그 돈으로 월급을 받을 수 있지만 이 회사는 그런 것도 없었다. 답답한 마음에 비슷한 처지의 하청 노동자 30여 명과 원청업체 사장실을 점거했다. 공탁금을 걸지 않고 하청업체를 받아들인 원청 책임도 컸기 때문이다.

"하청업체가 돈을 가지고 튀었는데 원청에서는 자기들이랑은 아무 상관이 없다며 모르쇠로 일관하고 있어요. 우리는 '오리엔탈정공'이라고 적힌 작업복을 입고 일해요. 회사 통근 버스에도 '오리엔탈정공'이라고 적혀 있어요. 안전 교육도 모두 원청에서 받았고요. 그런데 아무 관련이 없다고 하니 답답한 노릇이죠."

김 씨가 일하다 돈을 떼인 건 처음이 아니다. 2010년 5월에도 STX조선해양 사내 하청에서 두 달간 일한 돈을 받지 못했다. 그때도 하청업체 사장은 공탁금 한 푼 걸지 않았다. 그러고는 원청으로부터 선수금을 받고 지금과 같이 잠적해 버렸다. 고소도 하고 별의별 짓을 다 했지만 돈을 받을 수 없었다. 당시에도 원청인 STX조선해양에 책임을 묻고 싶었지만, 노동부 근로감독관마저 '할 수 있는 일이 없다'고 포기를 종용했다. 그런데 또 이런 일이 생기니 더는 참을 수 없었다. 이런 일을 당한 건 김 씨만이 아니었다. 파워그라인더 작업을 하는 전수환 씨(46)도 마찬가지였다. 돈을 떼이는 일이 하도 많아서 이번에는 공탁금이 걸려 있는지 확인하고 일을 했는데, 또 이런 일을 당한 것이었다. 그렇게 인터뷰는 동이 틀 때까지 이어졌다. 인터뷰가 모두 끝나고, 사장실 창문에 비친 조선소를 바라보고 있던 내게 전용수 씨가 다가왔다.

"조선업계는 비정규직 하청 비율이 매우 높아요. 현재 논란이 되고 있는 한진중공업은 2009년 당시 정규직 1,235명에 사내 하청 노동자가 3,081명이었죠. 조선업 호황기에 정규직을 늘리는 대신 하청 노동자를 늘린 거죠. 인건비가 싸니깐. 그런데 요즘 알다시피 금융 위기 이후 물량이 부족하잖아요. 이 때문에 과다 경쟁과 제품 단가 인하 등이 일어나요. 그 하중은 고스란히 하청에 돌아가죠. 견디지 못하고 도산하거나 사장이 도망치는 일이 비일비재해요. 여기 이분들은 그 피해자들이고요."

그날은 사장실 구석에서 쪽잠을 잤다. 세 시간 정도 지났을까. 도망친 하청업체 사장 부인이 어떻게든 돈을 마련하겠다고 약속했다는 소식이 들려왔다. 그나마 다행이었지만, 약속이 지켜질지는 알 수 없었다.

밀실의 네 사람

2012년 1월 새해 첫날, 나는 울산 가는 버스에 올랐다. 12월 30일, 세진중공업 대형 선박 블록에서 화재가 발생해 김영도(52), 유동훈(32), 현욱일(37), 유지훈(27) 씨 등 일하던 노동자 네 명이 숨

졌다. 모두 세진중공업의 하청업체인 명성테크와 아주테크 소속이
었다.[1]

안전보건공단 부산지역본부 조선업재해예방팀은 밀폐된 블록 내
부에서 작업자 네 명이 과량의 산소가 누출된 상태에서 그라인더 작
업을 하던 중 화재가 났고 질식해 사망했다고 발표했다.

경찰 조사와 목격자 증언에 따르면, 화재는 환기 시설을 제대로
갖추지 않은 밀폐된 블록 안에서 발생했다. 사고 당시 용접 작업을
준비하던 유일한 생존자는 그라인더 작업을 하려던 두 명의 노동자
옷에 불이 붙었다고 진술했다. 국립과학수사연구원은 그라인더 불
똥을 화재의 원인으로 지목했다. 전날 미처 잠그지 않은 산소 용접
기 밸브에서 나온 산소가 당시 작업 현장에 가득 차 있는 가운데 불
이 나자 대형 폭발로 이어졌다는 것이다.

하지만 전문가들과 현장 노동자들은 근본 원인이 다른 데 있다고
지적했다. 문제는 여러 가지 작업을 동시에 진행한 데 있었다. 당시
사고 현장에는 페인트 통, 붓과 호스, 유압펌프 등이 흩어져 있었다.
붓은 도장을 마친 뒤 미처 칠하지 못한 부분을 구석구석 페인트로
마무리하는 데 쓰인다. 블록 안에서 그라인더 작업뿐만 아니라 그
후에 이루어져야 할 도장과 용접 작업이 동시에 진행됐다는 뜻이다.
같은 공간 내에서 A 하청업체 노동자는 도장 작업을 하고, B 하청업
체 노동자는 그라인더 작업을 하고, C 하청업체 노동자는 용접 작업
을 했던 것이다.

사고가 발생한 이후 시민단체 주최로 진행된 기자회견에 참석한
세진중공업 하청 노동자는 "도장 작업은 제일 마지막에 이뤄져야
하는데도 공기(공정 기일)를 맞추기 위해 병행 작업을 하거나, 아니면

미리 작업한 뒤 히터까지 틀어 놓고 인위적으로 말리기도 한다. 그렇게 하지 않으면 공기가 늦어져 엄청난 손실을 본다고 하기 때문이다"라며 혼재 작업이 비일비재하다는 사실을 증언했다.

혼재 작업을 할 경우 위험도가 높아지는 이유는, 각기 다른 업체가 서로 다른 일을 하는 상황에서 협조나 공조가 불가능하기 때문이다. 온갖 인화성 물질로 도장 작업을 하고 있는데 용접까지 동시에 이루어진다면 위험은 커질 수밖에 없다. 문제는 이런 상황에 대해 원청이 아무런 관리·감독도 하지 않는다는 점이다. 자칫 불법 파견 논란에 휩싸일 수 있기 때문이다.

세진중공업에서 일하는 하청 노동자들은 온갖 인화성 물질과 신나 등을 섞은 페인트 속에서 작업하다 보면 머리가 깨질 듯이 아프다고 했다. 질식과 화재 위험이 늘 도사리고 있지만 공정 기일을 지키기 위해 어쩔 수 없이 혼재 작업을 한다고 했다.

실제로 공정 기일을 맞추기 위해 애쓴 흔적이 곳곳에서 발견됐다. 작업 일지를 보면 사고 피해자들은 사고 전날 밤 11시까지 일한 것도 모자라 사고 당일 아침 8시부터 일을 시작했다. 현욱일 씨 여동생의 증언에 따르면 현 씨는 몸살 기운이 있어 쉬고 싶다고 했지만 현장 관리자는 출근을 종용했다. 출근기록부에는 고인이 죽기 일주일 전부터 하루도 거르지 않고 일한 사실이 기록돼 있다.

더구나 사고 발생 이후 울산고용노동지청은 사고가 난 블록에 작업 중지 명령을 내렸지만 세진중공업은 "1월 3일까지 배가 나가야 하니 작업 중지를 풀어 달라"고 요구했다. 그만큼 공정 기일 압박이 심각했던 것이다.

게다가 현장에는 기본적인 안전 설비조차 제대로 구비돼 있지 않았다. 사고가 발생한 파이롯트룸(예비 공간)은 상당히 협소한 곳으로, 설계 당시부터 출입구와 배기 시설을 갖춰야 했지만 그러지 않았다. 출입구도 하나밖에 없어 시신을 수습할 때는 벽을 뚫어야 할 정도였다. 배기 시설만 갖춰져 있었더라도 그런 대형 화재는 발생하지 않았을 거라고 조선하청노동자연대는 설명했다. 안전보건공단 조사 결과도 비슷했다. 통풍이 제대로 되지 않은 장소에서 용접과 그라인더 작업을 진행했는데 환기장치도 설치돼 있지 않았다고 지적했다.

원청은 결국 안전과 관련해 아무런 조치도 취하지 않았던 셈이다. 사고 직후 원청인 세진중공업이 사고를 은폐하려 했다는 의혹도 제기됐다. 최초 목격자의 진술에 따르면, 오전 8시 16분에 사고가 발생해 사고 직후 회사에 연락했지만 회사가 소방서에 화재 신고를 한 시각은 9시 7분이었다. 50분 동안 회사는 무엇을 했을까? 신고 직전 사고 현장에는 물이 흥건했다. 현장 보존이 중요한 중대 재해 사고 현장에 물을 뿌린 것이다.

세진중공업은 안전보건시스템 인증을 받은 모범 기업이었다.

최소한의 예의

1월 5일, 현욱일 씨(37)의 시신이 안치돼 있는 울산병원을 찾았다. 사망한 지 7일이 지났지만, 그의 시신은 아직도 차디찬 냉동고 안에 있었다. 현 씨 이름이 적힌 영안실 입구의 전광판에는 발인 날짜가 없었다. 현 씨와 함께 사고를 당한 세 명의 하청 노동자유가족들은 회사와 합의를 마친 후였다. 이제 현 씨만 남았다. 인적 하나 없는 장례식장에 검은 상복을 입은 여동생 인영 씨가 무릎 사이에 얼굴을 파묻고 있었다.

인영 씨가 바라는 것은 단 하나, 세진중공업 관계자가 오빠의 영정 앞에서 사과하는 것이었다. 세진중공업은 다른 유가족에게도 사과 한 마디 없었다.

"다른 유가족은 버티기 힘들어 사과도 받지 못하고 장례식을 치렀어요. 하지만 아무도 책임지지 않는 이 죽음을 어떻게 받아들여야 하나요. 우리는 그럴 수 없어요."

인영 씨는 이내 흐느끼기 시작했다. 세진중공업은 하청업체에서 일어난 사고라며 모르쇠로 일관했다. 당시 사고로 사망한 노동자 네 명은 모두 세진중공업 하청 노동자였다. 현 씨와 계약관계에 있는 명성테크는 블록 내부에서 용접 작업을 하는, 세진중공업의 하청업체다.

"세진중공업 하청업체 작업소장과 직원들이 어제도 찾아와 조문을 했어요. 머리를 조아리며 죄송하다고 사죄했지만 사실 이들에게 무슨 죄가 있나 싶어요. 현장에 우리 오빠가 아니라 이 분들이 있었다면 똑같이 죽었을 사람들이잖아요. 구조적인 문제가 있다는 걸 세진중공업도 알지만 계약상 책임이 없다는 말만 되풀이하고 있어요. 세진중공업에서 사죄하지 않는 이상 끝까지 갈 수밖에 없어요. 최소한의 예의를 보여 주는 게 이렇게 어려운 일인지……."

인영 씨는 말을 잇지 못하고 눈물을 훔쳤다. 사망한 현 씨에게는 초등학교 4학년과 일곱 살 아이가 있었다. 아이들은 아빠가 죽었다는 사실도 모른 채 외할머니 집에서 아빠의 선물을 기다리고 있었다.

장례식장 복도에는 화환만 즐비했다. 사망한 노동자들이 속한 명성테크와 아주테크 화환도 보였다. 그러나 세진중공업 화환은 보이지 않았다.

병상 일기

"잠깐만요. 한 가지 드릴 말씀이 있는데요."

세진중공업 취재를 마치고 일어서려는데, 현미향 울산산재추방운동연합 사무국장이 나를 붙잡았다. 하청 노동자와 관련한 또 다른 사고가 있는데, 보도도 되지 않고 발만 동동 구르고 있다며 경위서를 건넸다. 2010년 7월 19일에 작성된 글이었다. 이름도 생소한 '비파괴검사'를 하던 조선소 하청 노동자가 직접 쓴 글이었다.

해병대를 나온 김병욱 씨는 전역 직후인 2001년 4월, 비파괴검사 전문 KNDT&I(주) 울산출장소에서 사람을 뽑는다는 구인 광고를 보고 지원서를 냈다. 해병대 출신으로 건강했던 그는 무난히 입사 통보를 받았다. 회사에서 그가 맡은 일은 비파괴검사. 방사선 등을 이용해 선박 용접 부위에 결함이 있는지 살펴보는 작업이다. 업무는 주로 현대중공업, 진명기업, 세진중공업 등으로부터 위탁받았다.

작업은 주간조와 야간조로 운영됐다. 주간에는 초음파나 자력을 이용한 검사가 진행됐고, 방사선 투과 검사는 야간에 집중됐다. 낮에 방사선 투과 검사를 하면 선박 내 다른 노동자가 피폭될 수 있기 때문이었다.

김 씨가 하는 일의 경우 작업자가 방사선에 오래 노출되는 일이 없도록 주간조와 야간조가 번갈아 가며 일하도록 규정돼 있다. 2주간 야간 일을 하면 1주간은 주간에 일을 하는 식이 업계 관행이다. 하지만 김 씨가 속한 조는 주간에 1주일을 일하면, 야간 일은 연속 3주, 심지어는 연속 12주까지 한 적도 있었다. 나중에 따져 보니 김 씨의 근무 일정은 10년 내내 야간 근무 위주로 짜여 있었다.

더구나 김 씨는 입사 이래 안전 교육조차 받아 본 적이 없었고, 회사는 안전 장비도 제대로 지급하지 않았다. 방사선 투과 검사를 할 때는 피폭 정도를 알 수 있는 휴대 안전 장비(필름배지, 포켓 선량계, 알람 모니터, 서베이 미터 등)를 지니고 있어야 한다. 하지만 김 씨는 보통 방사선 노출 여부를 알려 주는 알람 모니터만 휴대하고 작업을 했다.

나머지 보호 장비는 몇 번 구경도 못했다. 작업 시 항상 휴대해야 하는 필름배지도 마찬가지다. 김 씨는 회사에서 피폭 사고가 나거나 원자력안전위원회 검사관들이 안전 검사를 하러 올 때만 잠시 필름 배지를 받았다. 작업자의 피폭량을 알려 주는 필름배지는 회사가 직원들로부터 일괄 회수해 관리했다. 원자력법에 따르면 방사선 작업 종사자의 피폭선량한도는 1년에 50밀리시버트를 넘지 않는 범위에서 5년간 1백 밀리시버트로 규정돼 있다. 하지만 현장에서는 선량한도를 초과하지 않고서는 작업을 할 수 없어 필름배지를 사업주가 일괄 보관한다고 했다.

안전 수칙도 마찬가지다. 방사선 투과 검사는 반드시 2인 1조나 3인 1조로 팀별 작업이 이뤄져야 한다. 짧은 시간에 집중적으로 방사능에 노출되면 위험하므로 교대로 작업할 수 있도록 하는 것이다. 하지만 김 씨는 대부분 혼자였다. 하루 최대 작업량도 지켜지지 않았다. 2인 1조일 경우에도 최대 50장 이상 찍는 걸 금지하고 있지만 김 씨는 혼자서 평균 2백 장, 많을 때는 3백, 4백 장도 찍었다.

그렇게 필름배지도 알람 모니터도 없이(고장으로 반납한 상태였다) 작업을 이어 가던 어느 날, 출근해 보니 사무실이 발칵 뒤집혀 있었다. "너 괜찮냐?" 관리소장이 물었다. 전날 김 씨가 일할 때 사용한 방사선 투과 검사기에서 방사선이 새고 있던 것을 뒤늦게 발견한 것이다. 김 씨는 그것도 모르고 하루 종일 방사선에 노출된 채 작업을 했던 셈이다. 필름배지도 휴대하지 않았기 때문에 피폭량조차 알 수 없었다. 하지만 그는 괜찮다고만 하고 넘어갔다. 그렇게 그는 10년을 일했다.

당연히 몸속은 피폭으로 망가질 대로 망가져 버렸다. 방사선을 취급하는 작업자는 매년 의무적으로 혈액 검사를 하게 돼 있다. 2001년 입사 당시 정상이었던 백혈구 수치가 2006년 혈액 검사에서는 정상 이하로 떨어졌다. 그러나 회사는 아무런 조치도 하지 않았다. 김 씨는 계속 야간조에서 방사선 투과 검사를 했다.

그러다 2010년 발가락 염증이 낫지 않아 병원에서 혈액 정밀 검사를 받았다. 골수형성이상증후군 판정을 받았다. 항암 치료를 시작했지만 이미 손쓸 수 없는 지경이었다.

물론 이는 김 씨만의 일이 아니었다. 김 씨가 일한 KNDT&I에서 야간조 노동자 20명 중 김 씨를 포함한 네 명이 혈액 관련 병을 얻었다. 2007년에 입사한 조 씨가 2009년에 백혈병 판정을 받았고, 또 다른 노동자 한 명이 골수형성이상증후군 진단을 받고 원자력병원에서 치료를 받았다. 이외에도 노동자 한 명이 혈액 수치 이상으로 특별 관리 대상으로 지정되기도 했다.

산업안전보건법 제31조에 따르면 비파괴검사 노동자는 안전보건에 관한 특별교육을 받아야 하는 유해 작업 종사자로 열여섯 시간 이상 방사선 측정기 기능에 관한 점검, 방호 거리, 비상시 응급처치 및 보호구 사용에 관한 교육을 받아야 한다. 또 원자력안전법 시행규칙 제122조(피폭방사선량 평가 및 관리)에 따르면 회사는 방사선 종사자의 피폭 방사선량을 평가하고 관리해야 한다. 이를 위해 필름배지 같은 개인 선량계를 착용하도록 하고 교육과학기술부 장관이 정하는 기간마다 이를 교체, 판독하게 돼 있다.•

하지만 비파괴검사 노동자들은 특별교육은 물론 정기 교육조차 거의 받지 못하며, 필름배지는 아예 사업주가 관리하고 있었다. 2010년, 김 씨가 일한 업체를 대상으로 한 교육과학기술부의 역학조사 결과에서도 이런 상황은 명확히 드러났다. 당시 교과부는 방사선 피폭선량을 확인하기 위해 업체에 김 씨의 필름배지를 요구했지만 업체는 제출하지 않았다. 필름배지 자체가 없었던 것이다. 이는 다른 노동자들도 마찬가지였다. 역학조사 과정에서 업체 관계자는 "개인 피폭선량을 초과하게 되면 일정 기간 동안 작업을 시킬 수 없다"며 "필름배지 같은 경우, 회사에서 일괄 보관, 관리하는 게 현실이다"라고 진술했다.

• 당시 발주자는 이런 의무에서 벗어나 있었지만, 원자력안전위원회는 방사선투과검사를 의뢰한 발주자가 안전한 작업환경을 제공하도록 원자력안전법을 개정, 2015년 5월 22일부터 시행하고 있다. 이에 따르면, 방사선투과검사를 할 경우, 발주자는 사업장에서 방사선 작업 종사자가 과도한 방사선에 노출되지 않도록 안전한 작업환경을 제공할 의무가 있으며, 이를 어길 시 처벌받을 수 있다.

이는 김 씨가 다니던 업체에만 국한되지 않았다. 전국에 비파괴 검사 업체는 50여 개, 종사자는 5천여 명으로 추산된다. 이들 대부분은 김 씨와 비슷한 노동환경에서 일하고 있다. 2005년 과학기술부가 국회에 제출한 자료를 보면 2004년 방사선 피폭량이 20밀리시버트 이상인 56명 중 48명이 비파괴검사업체 종사자였다. 지난 2007년부터 3년간, 기준치를 넘겨 방사선에 피폭된 노동자 10명 중 9명이 비파괴검사원이기도 했다. 비파괴검사 노동자가 이직이 잦고, 교과부 통계에 잘 잡히지 않는다는 점을 고려하면 숫자는 이보다 훨씬 많을 것으로 추측된다.

비파괴검사는 배를 만드는 업체 입장에서는 꺼리는 작업이다. 방사능과 관련한 작업이라 문제가 생길 게 뻔하기 때문이다. 정확한 규제나 기준도 실은 없다. 하지만 선박 발주처에서 요구할 경우 할 수밖에 없는 일이다. 그러니 업무를 하청에 떠넘겨 외주화한 것이다.

"지금 와서 생각하면 너무나도 후회됩니다. 왜 그리 회사의 이익을 위해 죽어 가는 줄도 모르고 억척스럽고 어리석게 일했는지 …… 생각하면 답답하기만 할 뿐입니다. 치료라도 제때 잘 받아서 다시 건강했던 옛날로 돌아갈 수 있도록 제발 도와주십시오."

병상에서 쓴 김 씨의 경위서는 여기서 끝이 났다. 김 씨는 경위서를 쓴 지 1년여 만인 2011년 9월 29일, 서른여섯 해 삶을 마감했다. 김 씨와 함께 일했던 동료 한 명도 이듬해인 2012년 3월 4일, 서른을 넘기지 못하고 김 씨를 따랐다.

아무도 모르게

　　그날 저녁, 울산의 어느 술집에 전용수 씨와 마주 앉았다. 그는 냉정했다.

　"허 기자. 그거 아는교? 노동계에서 이겼다고 생각하는 한진중공업 사태만 봐도 그렇다 아닌교. 거서 일했던 하청 노동자 거취는 아무도 이야기하지 않았다니께. 정규직이야 노조도 있고, 파업도 할 수 있었고, 김진숙도 있었지만 하청 노동자들은 뭐가 있겠는교? 이 일 하라면 이 일 하고 저 일 하라면 저 일 한 죄밖에 없지. 정작 그런 사람들은 구조 조정으로 찍소리도 못하고 사라졌다니께."

　한국조선협회 자료집을 보면, 2008년 말 기준으로 한진중공업의 정규직 노동자는 1,385명, 사내 하청 노동자는 3,652명이었다. 2010년 말, 정규직 노동자는 1,093명인 반면, 비정규직, 즉 하청 노동자는 2,036명이 됐다. 김진숙 민주노총 부산지역본부 지도위원이 고공 농성에 들어가기 전, 이미 비정규직 1,616명이 유령처럼 사라진 것이다.

　이후에도 구조 조정의 칼날은 혹독했다. 김진숙의 고공 농성 중에도 정리 해고는 이어졌다. 2011년 말 기준으로 정규직은 770명, 비정규직은 501명이 됐다. 1년 사이 또다시 비정규직 노동자 1,535명이 해고된 셈이다. 2012년 말 기준으로는 비정규직 수가 아예 '0'을 기록했다.

　그렇게 사라진 노동자들이 조선소에서 한 일들은 무엇이었을까? 2014년 전체 조선소 업무에서 하청 노동자가 차지하는 비율은 도장 16.7%(1만9,079명), 배관 12.4%(1만4,089명), 전기전자 11%(1만2,573

명), 조립 8.2%(9,304명)이다.[2] 하청 노동자 비율이 가장 높은 도장일은 유해 물질을 취급하는데다 밀폐된 공간에서 작업할 경우 폭발 및 질식 위험이 있어 조선소에서 가장 위험한 작업 중 하나로 손꼽히는 탓에 직영 노동자들이 꺼리는 업무다. 이외에 선각, 족장, 탑재 등의 어렵고 험한 일도 도맡았다. 비슷한 용접·배관 작업을 해도 위험도가 더 높은 업무는 하청에 준다. 배의 외부는 원청 노동자가, 내부는 하청 노동자가 하는 식이다. 내부가 외부보다 작업하기 어렵고 위험하기 때문이다. 백혈병으로 숨진 해병대 출신 김씨가 맡은 비파괴검사도 마찬가지다.

위험한 일을 한다고 대우가 좋은 것도 아니다. 정규직보다 월급도 적고, 위험한 현장에서 일하다가 다쳐도 산재 신청은 엄두도 내지 못한다. 산재 신청을 하려면 앞으로 조선소 밥은 먹을 생각을 하지 말아야 한다. 상여금은 회사에서 챙겨 주면 감사할 따름이다.

술자리가 길어지면서 가슴이 답답해졌다. 한진중공업 사태에서 목소리를 낸 사람들은 전체 조선소 노동자들 가운데 일부에 불과했다. 노조라는 방패막도 없는 하청 노동자들이 개미처럼 일하다가 하나둘씩 스러져 가고 있었다.

"허 기자, 백날 들어 봤자 아무 소용없어. 직접 보고 느껴 봐야 진정한 기사를 쓴다니깐."

내 마음을 꿰뚫어 본 걸까. 전용수 씨가 슬슬 나를 자극하기 시작했다. 처음엔 그냥 넘겼지만 자꾸 듣다 보니 쓸데없는 자존심이 발동했다. '그깟 일이 힘들면 얼마나 힘들겠어.' 아무 기술도 없는 내가 설마 취업이 되겠느냐는 마음도 있었다.

"저야 가고 싶죠. 할 수만 있다면 왜 안 가겠어요. 취업이 가능하면 언제든 불러 주세요. 바로 달려올게요."

그 말이 내 발목을 잡을 줄은 정말 몰랐다. 서울로 올라온 지 얼마 지나지 않아 전화벨이 울렸다.

"허 기자, 일단 내려와. 여기서 다 준비해 놓을게."

마음이 다급해졌다. 이러다 정말 조선소에서 일하게 될 판이었다. 거절할 명분도 없었다. 회사 핑계를 댈까. 회사는 반대할 것 같았다. 작은 신문사에서 기자 개인에게 긴 시간 동안 한 가지 이슈만 취재하도록 배려한다는 게 쉬운 일은 아니다.

"환주 씨, 열심히 잘해 봐요. 그쪽에 관심 많으니 잘할 수 있을 거예요. 몸조심 하고요."

기대는 어이없이 빗나갔다. 회사는 기꺼이 나를 놓아 주었다.

'내가 이토록 회사에 쓸모없는 존재였던가.'

김진숙이 85호 크레인에서 내려온 지 3개월 뒤 나는 그렇게, 도살장에 끌려가는 소마냥 창원행 기차에 몸을 실었다. 3월의 서울역은 왜 그리 춥던지 …… 차창 밖으로 보이는 풍경마저 생경했다.

1
배는 어떻게, 누가 만들까?

제조업에 해당하는 조선업은 철강, 반도체, 자동차 등과 더불어 한국의 최대 수출 산업 중 하나다. 현대 조선업에는 많은 자본과 기술력이 필요하지만, 매번 건조하는 선박의 종류나 크기 등이 선주사의 요구에 따라 달라지기 때문에 공정의 자동화가 어렵다. 따라서 초기에 막대한 자본이 투자된 이후에는 사실상 거의 노동력에 의존해 진행되는 전형적인 노동 집약적 산업으로 얼마나 많은 숙련공을 확보할 수 있는가가 중요하다.

선박의 건조 과정

건조할 선박의 형태와 용도 등에 따라 건조 과정도 각기 다르지만, 선박이 설계된 이후에는 일반적으로 다음과 같은 과정을 거친다.

① **블록 조립** 규모가 엄청난 선박들의 경우 수백 개로 조각을 내어 각각을 완성한 후 조립하는 방식으로 건조한다. 이를 위해서는 먼저 철판들을 이어 붙여 하나의 블록으로 만드는 과정이 필요하다. 조립된 블록은 트랜스포터라고 불리는 거대한 운송 차량에 실려 선행 공장으로 이동한다.

② **선행** 블록 조립 공장에서 갓 출고된 블록은 그저 네모난 박스에 불과한데, 이 안에 배관과 전로 등 기초적인 구조물을 설치하는 공정이다.

③ **선행 탑재** 선행 공정에서 완성된 블록 몇 개를 용접으로 이어 붙여 또 하나의 큰 블록으로 만드는 작업이다. 골리앗 크레인으로 블록을 들어 올려서 이어

붙일 블록 위에 내려놓는 작업을 흔히 '탑재'라 한다.

④ **후행** '선박 건조의 꽃'이라 불리는 후행 공정은 탑재 후 블록을 연결하는 일을 가리킨다. 이 단계에서 완성된 블록들이 도크로 모이게 되며 본격적으로 선박의 윤곽이 드러나기 시작한다. 블록들이 하나둘씩 이어지고 탑재되어 점점 거대해질 때마다 작업장 역시 엄청나게 넓고 복잡해지면서 위험도도 높아진다.

⑤ **진수** 도크의 수문을 열고 바닷물을 끌어들인 뒤 완성된 배를 처음 띄우는 과정. 후행 단계에서 선박이 물에 뜰 수 있을 정도만 되면 미리 도크 밖으로 빼내 안벽(일종의 부둣가)에 정박한 후 후행 공정을 진행하는 경우도 많다. 한 척의 배가 장기간 도크를 점유하고 있으면 새로운 선박 건조에 차질이 빚어지기 때문이다.

⑥ **의장** 의장은 선박의 운항에 필요한 각종 물품과 승무원의 생활에 필요한 기초 물품 등을 가리킨다. 건조 중에도 틈틈이 의장품을 설치하지만 본격적인 의장품은 마무리 단계 때 거의 만들어진다.

⑦ **시운전** 물에 띄운 선박은 장기간 시운전을 통해 문제가 없는지 확인하고 최적화하는 작업을 거친다.

⑧ **취역 및 인도** 본연의 임무를 다할 정도로 완벽해진 선박은 선주에게 인도되며 조선소를 떠난다.

조선소에는 어떤 직종이 있을까?

다음의 말들은 일의 종류를 가리키지만 현장에서는 그것이 그 일을 하는 사람을 가리키기도 한다. 물론 이 외에도 배를 만들기 위해서는 수없이 많은 일들이 있고, 같은 일을 다르게 부르기도 한다. 여기서는 이 책에 언급되는 직종을 중심으로 설명했다.

선각 배의 선체를 만드는 일. 부품들을 본격적으로 용접해 잇기 전에 부재(굵직굵직한 부분)를 도면대로 설치하고 가용접하는 **취부**와 선행, 후행으로 나뉜다.

족장 길이 없는 곳이나 높은 곳에 작업자들이 통행하고 작업할 수 있게 발판을 놓아 길을 만들어 주는 일. 가장 힘들고 위험하기로 악명 높다. 10~20미터 높이에 올라가 서커스 하듯 수백 개의 발판들을 설치했다가 해체한다. 20미터 높이에서 아무도 안전벨트를 차지 않고, 해체한 족장을 밑으로 집어 던지는 게 일상이다.

배관 배 안에 지나가는 배관 파이프(팔뚝 크기에서부터 어른 몸통보다 큰 것도 있다)를 설치하고 이어 주는 일. 기장, 선장, 선실 세 가지로 나눌 수 있으며, 기장(기관 의장)은 엔진 등 선박 내의 기계 설비와 연관된 배관 라인, 선장은 선박의 전체적인 배관 라인, 선실은 승조원들의 거주구와 조타실 등 생활 설비와 관련된 배관 라인을 책임진다.

파워(파워그라인더) 도장 작업 이전 단계의 전처리 작업으로 용접이나 그라인딩, 드릴링, 절단 작업 등을 통해 칩 등을 제거하고 갈아 주는 일이다.

샌딩 블라스팅 모래나 쇼트볼 등을 이용해 철판을 깎아 내는 작업. 도장 전에 철판에 묻어 있는 이물질이나 녹을 제거하기 위해서다.

사상 그라인더로 용접 부위를 다듬거나 부식된 부위를 깎아 내는 작업.

도장 스프레이나 붓으로 선체 곳곳을 페인트칠하는 일이다. 보통 배의 수명은 30여 년 정도 되는데, 이 기간 동안 바닷물에 부식되지 않도록 페인트를 두껍게 여러 겹 발라 준다. 주로 여성 노동자들이 많이 한다. 고소차나 밧줄에 의지한 채 높은 곳에서 작업하기도 하고, 반대로 협소한 곳에 들어가 작업하기도 한다. 페인트가 인화성이라 화기 작업과는 절대 한곳에서 병행해선 안 되지만 시간에 쫓기다 보면 잘 지켜지지 않는다.

터치업 스프레이로 칠하지 못한 구석이나 사각지대, 용접을 위해 페인트를 벗겨 놓은 곳 등에 페인트칠하는 일.

전장 전기와 관련된 부분으로 다음과 같이 나뉜다. 협소한 공간에 들어가 그라인더 작업과 가스 용접을 하는 경우가 많다.

- 전장 화기 전선의 받침대인 트레이를 도면대로 설치하는 일.

- 전장 포설 배선(손가락에서부터 종아리 굵기까지 다양하다)을 당기고 미는 **풀링**과, 끌어온 배선을 도면대로 트레이에 설치하는 **배선** 작업으로 이루어진다.

- 결선 포설이 놓아 둔 케이블을 장비에 연결해 전기가 통하도록 하는 일.

보온 배관이 열기나 한기에 영향을 덜 받도록 단열재를 채우는 일.

탑재 크레인으로 구조물, 장비, 자재 등을 배 위로 올리는 일을 말하는데, 주로 크레인 기사와 신호수 두 명이 함께 한다.

안전제일 조선소에 가다

2장

운수 좋은 날

"준비됐으니 내려오이소."

전용수 씨의 말만 믿고 무작정 창원행 기차에 오른 나는 점심때쯤 역 인근 커피점에서 그를 만났다. 불안한 나와 달리 그는 여유만만이었다. 아무리 하청 일이라지만 변변한 기술 하나 없는 내가 바로 취업을 한다는 게 가당키나 할까. 하지만 불안인지 기대인지 모를 복잡한 감정은 그의 호언장담에 묻혀 버렸다.

"고마 됐소. 허 기자는 조선소 하청업체를 무척 대단하게 보고 있다 아닌교."

어딘가 믿을 구석을 마련해 놓지 않고서야 저렇게 자신만만할 수 있을까. 그는 나를 데리고 무작정 민주노총 금속노조 지역 본부 사무실로 자리를 옮겼다. 내 속은 바싹바싹 타들어 갔다. 큰맘 먹고 내려왔는데, 아무것도 못해 보고 서울로 올라가는 것도 못할 짓이다.

"허 기자, 좀 가만히 있어요. 걱정하지 말라니깐. 장애만 없으면 누구나 일할 수 있는 곳이 조선소 하청업체야. 한 시간 내로 취업시켜 줄게."

안절부절못하는 나를 입막음하고 컴퓨터 앞에 앉은 그는 키보드를 몇 번 두드리더니 이내 전화를 돌리기 시작했다. 곁눈질해 보니 인터넷에서 구직 정보를 검색한 뒤, 무작정 전화를 걸고 있었다.

"○○기업이죠? 사람 뽑는다면서요? 아, 예, 숙소는 필요 없어요.

기술은 없어요. 이쪽 일은 처음이라예. 어차피 기술 필요한 거 아니잖소. 서울에서 내려온 우리 조카라예. 나도 조선소 밥 먹고 지내는 사람이오. 공고 내서 사람 뽑는 거면 초짜 자리 빈 거 아닌교? 예, 예, 그러리다. 고마 걱정 놓으소. 곧바로 가보라 할끼라예."

그게 전부였다. 전용수 씨는 통화 세 번 만에 면접 일정을 잡았다. 당장 내일 오후에 가보라면서 회사 이름과 위치를 알려 준다. 갑자기 무안해졌다. 그러나 안도의 한숨도 잠시, 이내 면접에 대한 걱정이 밀려들었다. 왜 조선소에 들어오려 하냐고 물으면 어쩌지? 잘하는 일은 뭐라고 해야 할까? 어떻게든 말이 되는 시나리오를 짜야 할 것 같았다. 이래저래 머리를 굴리는 내 모습을 보던 전용수 씨는 또다시 한심하다는 표정이다.

사실 대학을 졸업한 취업 준비생이 하는 식의 면접 준비 따위는 필요 없었다. 그 흔한 자기소개서조차 요구하지 않았다. 단 하나 필요한 것은 건강검진 서류. 심장이나 혈압, 폐 등에 문제가 있는 사람이 일하다 잘못될 경우를 방지하기 위해서다. 자격 기준보다 수치가 나쁘게 나오면 취업할 수 없다. 그렇다면 건강검진 결과가 나올 때까지 기다려야 한단 말인가. 보통 건강검진 결과가 나오려면 최소 나흘 이상은 걸릴 텐데 말이다. 그런데 전용수 씨는 여전히 느긋했다.

"걱정 말라니깐. 저녁에 아무것도 먹지 말고 내일 아침에 곧바로 내가 알려 주는 병원 가서 검사 받아요. 꼭 챙겨야 할 게, 비용 계산한 영수증. 그거만 내면 돼."

건강검진서는 나중에 회사로 날라 오면 그만이니 그사이 내가 일하다 쓰러지지만 않으면 된다고 했다.

다음날 아침, 전용수 씨가 일러 준 병원으로 갔다. 건강검진은 간단했다. 피검사, 엑스레이 검사, 폐활량 검사. 모든 검사를 끝내니 정오쯤 됐다. 나 말고도 건강검진 받으러 온 노동자들이 상당히 많았다. 정장 차림부터 운동복 차림의 내 또래, 그리고 조선소 작업복 차림도 몇몇 보였다.

건강검진비는 자그마치 8만 원. 오롯이 개인 부담이다. 병원 입장에서는 조선소 노동자를 대상으로 이 장사만 해도 이문이 꽤 남겠다 싶었다. 전용수 씨도 툴툴거렸다.

"하청 노동자들은 다른 업체로 이직하려면 건강검진서가 필요해요. 건강검진서 유효기간이 5년 아닌교? 그러니 5년마다 건강검진을 새로 받아야 하는 거지. 허 기자네 회사도 건강검진비를 기자들이 내게 해? 아니지? 여기는 희한하게 우리가 내야 해. 자기 건강을 자기 돈 주고 입증하라는 거지."

병원 앞 국밥집에서 소주 한잔을 들이켰다. 전날 저녁부터 아무것도 먹지 못한 터라 속이 아렸다. 건강검진 영수증, 주민등록등본, 증명사진이 붙은 가짜 이력서. 이걸로 취업을 위한 모든 서류가 갖추어진 셈이었다.

면접을 보기로 한 시간보다 조금 일찍 조선소 정문에 도착했다. 정문 옆 휴게소에서 자판기 커피 한잔을 홀짝인 뒤, 작업소장에게 전화를 걸었다. 일이 조금 늦어져 10분 늦는다며 정문 옆 휴게실에서 잠시 기다리라고 했다.

긴장을 풀기 위해 다시 커피를 뽑았다. 휴게소 안에 있는데도 조선소에서 울리는 위협적인 쇳소리가 귀청을 때렸다. 정문 앞으로는 평생 보지 못한 중장비들이 분주히 들락날락하고, 작업복을 입은 사람들도 오토바이, 자전거 등을 타고 바삐 움직이고 있었다.

그렇게 십 분쯤 흘렀을까. 작업소장이 휴게소 문을 열고 들어섰다. 작업 도중 잠시 나온 것인지 안전모에 작업화를 신고 어깨에는 먼지가 잔뜩 앉아 있었다. 조선소에서는 작업소장도 일을 하나.

"안녕하세요. 여기까지 찾아오느라 고생했어요. 이력서 좀 봅시다."

걸걸한 사투리가 나올 줄 알았는데, 표준어가 튀어나왔다. 사무실로 가지도 않고 그 자리에서 곧바로 면접이 시작됐다. 실은 그곳이 사무실이었다. 나중에 안 사실이지만 수십 개의 하청업체들이 원청 건물 한 개 층을 나눠 쓰고 있었다. 각 회사가 책상 하나 갖다 놓고 벽에 푯말만 붙여 놓으면 그만이었다. 다른 지원자도 없었다. 조선소 하청업체는 인원이 비면 바로바로 충원하거나 다른 하청업체에서 스카우트하는 식이기 때문이다.

면접이 끝나기까지 십 분도 채 걸리지 않았다. 왜 조선소에 들어가고 싶은지, 서울에선 무슨 일을 했는지, 월급은 얼마 받길 원하는지, 준비해 뒀던 모범 답안들이 무색해졌다. 아, 중요한 질문이 하나 있긴 했다.

"건강검진 받았어요?"

우물쭈물 주머니에 넣어 둔 영수증을 펼치며 눈치를 살폈다. 혹시나 안 된다고 하면 어쩌나. 떨리는 내 마음과 달리 영수증을 받아 든 작업소장은 이거면 된다고 했다. 그제야 작업소장은 나를 위아래로 훑어보았다.

"서울서 온 거 같은데, 이런 일 해본 적 없죠? 이삿짐센터나 공사판 막노동이랑은 달라요. 만만히 보면 큰일 납니다. 일하다 도망가는 사람들도 많아요. 일이 워낙 힘들고 고되니까요. 혹시나 환주 씨도 그럴까 걱정이네요. 일 좀 가르쳐서 할 만하다 싶으면 내빼기 일쑤예요. 그러면 서로가 불편해져요. 그래서 묻는데 잘 버틸 수 있겠어요?"

더 생각할 것도 없었다. 나는 처음이자 마지막으로 면접자다운 대답을 내뱉었다.

"잘 버틸 수 있습니다. 걱정하지 마세요."

나의 결연한 의지에 감복한 것은 아니겠지만 작업소장은 내일부터 출근하라고 했다. 그게 끝이었다. 기분이 묘했다. 짧은 면접이 끝나고 다시 전용수 씨를 만났다. 다짜고짜 무슨 일을 하게 됐냐고 묻는다. 면접에 붙었는지 떨어졌는지는 궁금해 하지도 않았다. 내가 맡은 업무는 업계 용어로 '보온'이라는 일이었다. 전용수 씨가 다행이라며 웃음을 보였다.

"족장이나 전기 의장 같은 일이었으면 퇴근할 때 회사 정문을 기어서 나오게 됐을 기야. 보온일이 수명은 단축돼도 일하기는 괜찮아. 뭐, 어때, 천년만년 여기서 일할 것도 아니고……."

족장은 10~20층 높이에서 작업할 수 있도록 발판을 만드는 일을 말한다. 일하는 노동자들의 안전판을 만드는 일이지만 정작 이들의 안전을 보장해 주는 장치는 없는 것이나 다름없다. 조선소 노가다의 '끝판왕'이라고 보면 된다. 선박 내 전기·전자 설비에 전력이 흐르도록 하는 전기 의장도 힘들기는 마찬가지다. 아나콘다 두께의 전기 케이블(현장에서도 '아나콘다'라고들 한다)을 죽어라 당기는 게 주된 일인데, 거짓말 보태서 조선소 안전 요원들도 이들은 안쓰러워 건드리지 않는다고 한다. 전용수 씨 말마따나 나란 놈은 참 운이 좋았다.

여관방

　　면접은 무사히 마쳤지만 숙소를 구하는 일이 남아 있었다. 하루 3만 원이 넘는 모텔에서 지낼 수는 없었다. 곧바로 잘 곳을 찾아 나섰다. 전용수 씨가 시청 부근에는 떠돌이 노동자들이 이용하는 여관이 즐비하다고 귀띔해 주었다. 낙원장, 금호장, 태극장, 진주장 …… 직접 가보니 한 집 건너 한 집이 여관이다. 모두가 지어진 지 몇십 년씩은 돼 보이는 건물들이다.

　　그나마 이름이 덜 촌스러운 여관을 찍었다. 문이 열리자 벨소리에 놀란 50대 주인이 한가득 짐을 들고 어색하게 서있는 나를 반겼다. 하루 1만5천 원. 한 층에 객실은 총 네 개. 서로 비슷한 처지의 사람들이 묵고 있는 모양인지, 객실 문 앞 복도에는 소주병과 배달 음식 그릇들이 가지런하다.

　　막상 방을 들여다보니 혼자 지낼 방이 쓸데없이 크기만 했다. 조선소나 공단에 취업하는 노동자들이 많이 묵는 곳이라 서너 명이 방 하나를 같이 쓰기도 한단다.

　　짐을 풀고 한숨 돌린 뒤 여관방을 찬찬히 둘러보았다. 비치된 컵에는 이전 사람의 것으로 추정되는 정체 모를 체모가 살포시 담겨 있었다. 벽지는 누렇다 못해 노란 색을 띠었고, 바닥에는 담뱃불로 지진 흔적이 곳곳에 검버섯처럼 피어 있었다. 12인치 브라운관 텔레비전 화면에도 검은 흔적이 보였다. 죽은 벌레의 잔해인 줄 알고 열심히 닦았는데 지워지질 않았다. 텔레비전을 켜고 나서야 알았다. 담뱃불 흔적은 마침 나온 뉴스 앵커의 한쪽 눈을 교묘히 가리고 있었다.

텔레비전 서랍장 안에서는 앵그리버드가 삐뚤빼뚤 그려진 그림과 상상 속에서나 나올 법한 동물을 그린 그림 두 장이 나왔다. 소재와 실력을 봤을 때, 아이가 그린 게 분명하다. 여관에는 가족이 함께 머물기도 한다니 이 방은 잠시 그들의 집이었을 테지.

여관 주변은 신천지였다. 역마차, 신데렐라, 장미. 뻔한 이름을 단 이른바 '방석집'들이 즐비했다. 여관방 창문을 여니 맞은편에는 성인용품 간판이 한눈에 들어왔다. "성인용품점 24시간 항시 배달." 성인용품도 배달이 된다는 사실에 입이 벌어졌다.

여관 주변 골목에는 퇴근하는 노동자를 상대로 하룻밤 잠자리를 제공하는 여성들도 많았다. 호객 행위를 하는 아주머니들이 '어린 여자 있다'며 손을 잡아끌기 일쑤였다. 뿌리치면 되레 화를 내며 '얼마면 되겠느냐'고 흥정을 시작했다. 나중엔 요령이 생겨 통화를 하는 척하면서 그 길을 지났지만 지금 생각해도 희한하다. 거기만 지나가노라면 왜 내 가슴은 그렇게 두근거렸는지…….

첫 출근을 앞둔 밤. 장정 대여섯 명이 잘 수 있을 만한 큰 방에 불

ⓒ 허환주

을 끄고 혼자 누웠다. 요란한 성인용품 네온사인이 창문에 일렁거렸다. 서랍장 속에 그림을 넣어 두었던 아이와 그 가족은 지금쯤 어디서 뭘 하고 있을까. 좀처럼 잠이 오지 않았다.

첫 출근

새벽 5시 30분, 알람 소리가 정적을 깼다. 밤새 몇 차례나 자다 깨다를 반복했는지 모른다. 비몽사몽 눈을 비비며 적막한 공기부터 깨우겠다고 텔레비전을 틀었다. 오늘은 날이 추우니 따뜻한 옷을 입으란다.

씻는 둥 마는 둥 곧바로 숙소를 나섰다. 전날 미리 알아 둔 버스 정류장에는 통근 버스를 타러 온 노동자들이 가득했다. 조선소에서는 노동자들을 위해 통근 버스를 운행한다. 워낙 외진 곳에 있어 일반 버스는 잘 다니지 않기 때문이다. 아예 작업복을 입고 출근하는 사람들도 눈에 띄었다.

텅 빈 버스가 정류장을 몇 번 지나니 이내 만원 버스가 됐다. 그렇게 한 시간을 달리자 조선소가 나타났다. 버스에서 내린 사람들은 삼삼오오 각자의 현장 사무실로 바삐 흩어지는데, 나만 어리벙벙 주변을 두리번거리고 있다. 나도 빨리 움직여야 했다. 조선소는 워낙 커서 초행길에는 길을 잃기 십상이다. 일단 작업소장에게 연락했다. 금방 사람을 보내겠다고 한다.

"허환주 씨?"

좀 있다가 자전거를 타고 누군가 다가왔다. 그를 따라 조선소 안으로 향했다. 다들 무심한 표정으로 출근길을 재촉하고 있었지만, 나는 별천지에 온 것처럼 모든 게 신기했다. 집채만 한 대형 블록이 지네같이 생긴 차 등에 업혀 이동하는 모습부터, 어림잡아 50미터는 족히 돼 보이는 크레인이 레고 블록 옮기듯 철근을 들어 올리는 모습까지 모든 풍경이 생경했다.

그렇게 10여 분을 걸었을까. 복층 구조의 현장 사무실은 흡사 카센터 같았다. 1층은 작업하는 곳, 2층에는 직원들의 개인 사물함이 있다. 갈색 작업화와 하늘색 작업복으로 갈아입은 뒤 노란색 안전모를 쓰고 함께 일할 동료들과 인사를 나눴다.

작업반장이 간수 잘하라며 하얀색 카드를 건넸다. 출퇴근 시간을 체크하는 카드다. 출퇴근할 때는 조선소 정문에 있는 버스 카드 단말기 같은 장치에 이 카드를 찍어야 한다. 점심을 먹을 때도 이 카드를 찍어야 밥을 먹을 수 있다. 기본 근무 시간은 오전 8시부터 오후 5시까지다. 5시 이후에 일하게 될 경우 기본보다 1.5배 많은 임금을 지급한다. 평일 잔업의 경우 8시까지 하는 1차 잔업과 10시까지 하는 2차 잔업이 있었다. 휴일에 일할 경우 임금은 두 배다. 자신이 받는 시간당 임금에 이를 곱하면 그날 받을 일급이 된다. 모든 게 시간 단위로 끊어지는 구조다. 이를 체크하는 게 이 카드다.

재미있는 점은 이 카드를 관리하는 곳이 내가 속한 하청업체가 아니라 원청이라는 점이다. 카드 단말기도 각 업체에 배정돼 있는 게 아니라 정문에 설치돼 있다. 각각의 하청업체에 속한 노동자들이 일괄 이 단말기에 카드를 찍는 것이다. 원청에서 작업을 감독하기 위해 하청 노동자의 근무시간을 일일이 체크하는 것 같았다.

간단한 인사가 끝나자 모든 노동자가 현장 사무실 앞 공터에 줄을 맞춰 섰다. 다른 업체 노동자들도 마찬가지다. 오전 7시 40분. 어디선가 아침 체조 음악이 흘러나왔다. 아침 체조는 군대 훈련소 이후 처음이었다. 음악에 맞춰 '안전'이라는 완장을 찬 사람들이 돌아다니며 호루라기를 불기 시작했다. 호루라기에 맞춰 뻣뻣한 내 몸도 어색하게 움직였다. 그렇게 나의 조선소 생활이 시작됐다.

ⓒ 허환주

함석판을 색종이처럼 다루는 사람들

　　나는 일머리가 없었다. 초보도 가능한 일이라고 했지만, 내겐 쉬운 일이 하나도 없었다. 파이프를 함석판으로 싼다는 게 포일로 김밥 싸듯 무턱대고 말아 버릴 수는 없는 노릇이다. 파이프를 함석판으로 싸기 위해서는 설계도가 필요했다. 선박 내부 구조에 따라 씨줄 날줄로 복잡하게 얽혀 있는 보일러 파이프는 모양도 제각각이기 때문이다.

　　그렇다고 원청에서 주는 설계도 따위는 없다. 설계도를 그리고 그에 맞춰 함석판을 자르는 일 모두 하청 몫이다. 우선은 작업소장과 작업반장이 파이프의 둘레와 길이를 재서 종이에 설계도를 그렸다. 그러면 다른 노동자들이 함석판에 매직펜으로 그와 똑같은 설계도를 그리는 식이다. 그리고 이를 가위로 오리면 밑작업은 끝이 난다. 물론 나 같은 초보가 설계도를 그린다는 건 불가능하다.

　　함석판을 가위로 오리는 작업은 사흘에 하루꼴로 이루어졌다. 모든 노동자가 현장 사무소에 모여 가로 1.5미터, 세로 3미터 정도 되는 함석판에 검은색 사인펜으로 설계도를 그린 뒤, 그에 맞춰 가위질에 열을 올렸다. 아니, 정확히는 나만 열을 올렸다. 말이 가위질이지 종이를 자르는 게 아니지 않나. 함석판이 얇긴 했지만 그래도 철판이다. 게다가 일직선으로 자르는 것도 아니다. 색종이로 꽃을 만들고 나비를 만들 듯 그렇게 함석판을 잘라 내는데, 힘들어하는 것은 나뿐이었다. 다들 능숙한 솜씨로 '꽃'과 '나비'를 오려 냈다.

　　"제 가위가 아무래도 잘 들지 않는 것 같아요. 가위를 다른 걸로 주시면 좋겠는데요."

아무리 봐도 내가 쥔 가위가 이상한 것 같았다. 그러자 나보다 세 살 어린 작업반장이 웃으면서 자기 가위를 내주고 내 가위를 가져갔다. 이상한 일이었다. 나는 여전히 끵끵거렸고, 작업반장은 여전히 능숙했다.

"힘들지예? 차차 익숙해질 기라예. 처음부터 이거 잘하는 사람 없으요. 얼마 전에도 신참한테 시키니 한참을 끵끵거렸다 아닌교. 그러고는 점심시간 지나 소리 소문 없이 사라지더라예. 일이 힘드니 아무 말도 안 하고 그냥 내뺀 거지예."

그 뒤에 그를 본 사람은 아무도 없다고 했다. 위로라고 건넨 말이었지만, 나도 그렇게 사라지고 싶었다. 시간이 지날수록 악력이 떨어지면서 내 함석판은 더욱 괴상한 모양이 됐다. 그럴수록 내 몸도 함석판을 닮아 갔다. 손은 이미 내 손이 아니었다. 땀으로 온몸이 흥건해졌다.

그래도 이 시간이 심적으로는 편했다. 적어도 일하다 죽을 리는 없으니 말이다. 분위기도 좋았다. 케이싱 안에서 함석판을 붙일 때는 2인 1조로 일하기 때문에 다른 노동자를 볼 일이 거의 없었지만, 이 일을 할 때는 함께 도란도란 수다를 떨 수 있었다.

"행님은 어디에서 왔는교?"

작업반장이 먼저 내게 말을 붙였다.

"서울에서 왔어요. 홍대에서 술집을 운영하다 망했어요. 삼촌이 이쪽에 있어서 조선소를 추천해 줬어요."

거짓말이 술술 흘러나왔다. 면접 때 써먹으려고 준비해 뒀던 게 여기서 빛을 볼 줄이야. 서울에서 왔다 하니 여기저기서 호기심을 보였다.

"서울 홍대면 이쁜 애들 마이 보겠네예."

"나라면 거서 여로 안 온다."

"여자 친구는 있으예?"

"대학교는 나온 기라예?"

남자들끼리만 하는 질펀한 농담도 오갔다.

"술집에서 여자가 취해 집에 안 간다고 하면 어떻게 하능교?"

나를 위한 조언도 이어졌다.

"행님, 이쪽 일 무척 힘듭니다. 나이도 있으시면 경력 쌓아서 돈 올리는 것도 힘들어예. 일은 빡센데 봉급도 적고예. 이쪽 일 안 해보신 거 같은데 며칠 해보고 잘 생각해 보시는 것도 좋십니더. 미래를 생각하면 다른 일이 안 낫겠십니까. 잘 생각해 보이소."

작업반장의 조언에는 진심이 어려 있었다.

"20대 때야 이곳에서 버는 돈이 많을지 모르지예. 하지만 가정을 꾸리면 이야기는 달라진다 아닝교. 경력이 아무리 붙어도 임금이 쥐꼬리만큼 올라가니 우예 버티겠십니까?"

이곳에서 일하는 경력 10년차 하청 노동자가 한 달에 가져가는 돈은 2백만 원이 안 됐다. 야근 수당, 주말 수당을 다 합한 숫자다. 그래서일까. 실제로 나와 함께 일하는 사수를 빼놓고는 모두가 미혼이었고, 내가 이들 중에서 나이가 가장 많았다.

"여기 작업장에는 나가고 싶어도 나갈 수 없어서 어쩔 수 없이 일하는 사람만 남아 있십니더. 행님도 잘 생각해야 한다 아닝교."

나 역시 반복되는 그의 조언이 허투루 하는 잔소리로는 들리지 않았다. 그의 말대로 일은 힘들고 위험했으며, 아무런 미래도 없어 보였다.

내 몸은 내가 챙겨야 한다

내가 들어간 조선소 하청업체는 30인 규모의 사업장으로 엔진룸 내부 파이프에 단열재를 씌우는 팀과 그 단열재 위에 함석판을 덧씌우는 팀으로 나뉘어 있었다.

스펀지 같은 단열재로 파이프를 싸는 작업을 하는 팀은 스무 명 남짓으로 50, 60대가 주를 이뤘다. 단열재에서 유리섬유 같은 좋지 않은 물질이 나오기 때문에 젊은 사람들은 꺼리는 일이라 했다. 그래서 나이 들고, 일거리가 없는 사람들이 단열재 붙이는 작업을 주로 담당했다. 우리 팀은 이들이 단열재를 붙이고 나면 그 위에 함석판을 덧씌우는 일을 했는데, 작업반장을 비롯해 팀원 열 명 모두가 나보다 어린 친구들이었다.

그러나 우리 팀 역시 단열재에서 나오는 유리 먼지로부터 자유로울 수는 없었다. 단열재는 유리섬유로 되어 있는데 이것이 깨지면서 눈에 보이지 않는 미세한 유리 먼지가 발생한다. 유리섬유가 깨지지 않도록 작업하면 되지만 거의 불가능한 일이다. 법적으로 발암물질로 규정돼 있는 건 아니지만 현장 노동자들은 그만큼 해롭다는 걸 직감하고 있다. 작업장 동료들은 발암물질이라며 절대 마시면 안 된다고도 했다.

마스크를 쓰지만 유리 먼지를 막아 주기엔 역부족이다. 90% 이상 분진을 걸러 주는 고급 마스크는 비싸서 대부분 회사에서 지급하는 1회용 마스크를 사용하는데, 이틀이면 새까맣게 변해 버린다. 첫날, 나는 안경에 김이 서려서 눈치를 보며 안경을 닦다 이내 마스크를 벗어 버렸다. 그러자 함께 일하던 동료가 한마디 한다.

"마스크 꼭 쓰고 일혀요. 안 그러면 몸 다 망가진다 아닌교. 지금 어두워서 안 보이는 것이지 먼지랑 철가루가 엄청시리 날라 다니고 있으예. 여기서는 지 몸 지가 챙겨야 혀요. 안 그러면 오래 못 버티지."

작업이 끝나고 마스크를 벗으니 입과 코 주변에 미세한 유리 먼지가 박혀 있다. 이런 건 씻어도 잘 떨어지지 않기 때문에 함께 일한 동료들끼리 테이프로 떼어 준다.

유리 먼지는 호흡기만 괴롭히는 게 아니다. 작업복 안으로 들어와 일하는 내내 몸을 가렵게 한다. 이런 것들은 때수건으로 몸을 박박 밀어야만 제거된다. 그래 봤자 다음날 작업복을 입으면 또다시 몸속을 파고들었다.

혼재 작업

"아지매예, 저 가서 하이소. 와 자꾸 이리 와서 하는 긴데? 이리 하면 나는 우예 일을 하노. 와, 미치겄네. 자꾸 이리 할긴교?"

이날도 어김없이 언성이 높아졌다. 함께 일하던 사수가 케이싱 벽면에 페인트칠하는 여성 노동자에게 볼멘소리를 했다. 동선이 겹치니 일하는 데 방해가 됐던 모양이다. 엔진 파이프에 함석판을 붙이려면 함석판을 파이프에 고정시키고 곳곳에 드릴 작업을 해야 한다. 나사못을 박을 때마다 자리를 이동해야 하기 때문에 주변에 사람이 있으면 여간 불편한 게 아니다.

"뭐가 그리 방해가 되는지 내는 도통 모르겄네. 내도 해야 하는 일이 있는 거 아닌교. 자기만 일한다고 유세 떠나. 금방 칠하고 갈 테니 신경 쓰지 마이소, 마."

억박지르는 소리에도 여성 도장공은 뒤도 돌아보지 않고 자기 일을 계속했다.

"대체 이 좁은 곳에 이리 많은 사람이 들어와 있으면 일은 우예 하노. 미치겠다."

사수는 구시렁거리며 이내 다시 드릴을 잡았다. 케이싱 내부는 대부분 파이프로 채워져 있어 작업은 족장 위에서 해야 한다. 문제는 케이싱 내에서 일하는 노동자가 우리만이 아니라는 점이다. 도장공부터, 용접공, 그라인더공까지 소속도, 하는 일도 제각각인 사람들이 동시에 일을 하다 보니 이런 다툼은 일상다반사다.

늘 위험한 물질과 중장비들을 끼고 일하는 조선소에서 혼재 작업은 여간 위험한 일이 아니다. 머리 위로 용접 불똥이 비처럼 내리고 안전모에 빈 페인트 통이나 나사못, 볼트가 떨어지는 건 예삿일이다. 가끔 망치나 드릴이 떨어지기도 한다. 나도 실은 드릴을 떨어뜨려 족장 밑에 있던 사람의 머리를 뚫을 뻔한 적도 있었다. 그런 것들이 눈에라도 맞으면 어떻게 될까. 사수는 위에서 떨어진 불똥이 등으로 들어간 적도 있다고 했다.

사실 아래층에서 작업 중일 경우, 위에서는 일을 하지 말아야 한다. 하지만 그건 말 그대로 원칙일 뿐이다. 실제로는 서로 다른 하청업체에서 들어와 각자 맡은 일을 하는 것이 일반적이다. 하지만 원청은 이를 감독하거나 관리하지 않는다. 앞에서도 말했듯이 직접 관리하다간 되레 불법 파견 논란에 휩싸일 수 있기 때문이다.

그렇다고 하청업체들끼리 이를 조율한다는 건 불가능하다. 원청

© 현대중공업 노동조합

에서 정해 준 시간 안에 공정을 끝마쳐야 하는데, 다른 업체 일이 끝날 때까지 기다린다는 건 불가능하다. 그러다 보니 늘 다툼이 있다. 말다툼으로 끝나면 그나마 다행이다. 불상사도 일어난다. 내가 있는 동안에도 위에서 떨어진 용접 불똥이 다른 사람의 눈에 들어가 수술을 받는 일이 있었다. 하지만 그 이후에도 안전장치가 새로 설치되거나 감독이 이루어지지는 않았다.

일종의 임시 통로라 할 수 있는 족장도 문제다. 한 사람만 오갈 수 있는 공간이지만 서로 동선이 겹치는 일이 많다. 나 역시 지나가는 노동자에게 길을 비켜 주다 족장과 족장 사이에 발이 끼어 넘어진 적이 있었다. 넘어진 자리가 안전한 곳이었으니 망정이지 날카로운 물체가 있거나 안전 펜스가 없는 곳이었다면 어떤 일이 벌어졌을지 생각만 해도 아찔하다

실제로 완전히 고정되지 않은 족장 위에서 아무것도 모르고 일을 시작하려 발을 내딛은 40대 여성이 6미터 아래로 떨어져 반신불수가 되는 사고가 있었다. 족장에 묶인 철사나 나사를 푸는 건 안전상 금지하는 일이지만 편의를 위해 잠시 풀어놓고 일하다 다시 묶는 경우도 종종 있다. 이 사고는 작업자가 풀어놓은 철사를 깜박 잊고 다시 묶어 놓지 않아서 발생한 일이었다.

이런 사고를 막기 위해 원청에서는 안전띠를 매고 일하라고 하지만 현장에선 안전띠를 맨다고 하면 미친놈 취급받는 분위기다. 좁은 공간에서 이리저리 움직이며 일해야 하는데, 어느 세월에 안전띠를 맸다 풀었다 하면서 시간 내에 일을 마칠 수 있겠는가. 나 역시 일하면서 한 번도 안전띠를 매본 적이 없었다.

그나마 내가 하는 업무는 안전띠가 없어도 살 수 있는 편이다. 족

장을 철거하는 일은 발판을 철거하는 일이니만큼 안전을 보장하는 것은 아무것도 없는데도 안전띠를 하는 경우가 거의 없다. 한 번은 발판과 파이프를 위에서 휙휙 마구 떨어뜨리는 사람들을 보고 놀란 적이 있었다. 이들이 바로 족장 철거반이다. 케이싱 외곽 1층부터 8층까지 일렬로 죽 늘어서서는 10킬로그램 정도 되는 발판을 한시도 쉬지 않고 죽어라 내리고 있다. 행여나 한 명이라도 쉬게 될 경우, 모든 사람이 작업을 중단할 수밖에 없기 때문에 모두들 이를 앙다문 모양새다.

작업환경이 이러니 일할 때면 늘 신경이 바짝 곤두섰다. 내 자신의 안전도 지켜야 했고, 다른 사람의 실수도 알아서 조심해야 했다. 작업장에서는 사소한 소리에도 몸이 움찔거렸다. 가슴을 너무 졸여서일까. 며칠 만에 나는 된통 몸살을 앓고 말았다.

숨 쉬러 나가다

잿빛 조선소에서도 활기찬 시간이 있다. 다름 아닌 점심시간. 점심시간에 대한 노동자들의 집착은 대단했다. 케이싱 입구는 11시 45분부터 작업을 정리하고 몰려든 노동자들로 북적거린다. 두 시간마다 찾아오는 10분의 휴식 시간 때문에 11시 50분부터는 자유의 몸이기 때문이다. 시계와 입구를 번갈아 보며 한시라도 지체하지 않을 태세를 갖추는 모양새가 자못 진지하다.

하지만 1분이라도 일찍 케이싱에서 나오면 불호령이 떨어진다. 원청의 안전 요원들이 삿대질을 해가며 시간을 지키라고 험한 말을 내뱉는다. 그러면 하청 노동자들은 아무 말도 못하고 다시 작업장으로 올라가곤 했다. 시간을 지키지 않으면 원청은 하청 사장에게 경고장을 보낸다. 세 차례 반복되면 하청업체는 벌금을 내야 하고 해당 노동자는 해고된다. 이런 경고는 점심시간에만 국한되지 않는다. 안전모를 쓰지 않거나, 담당 구역을 청소하지 않았을 경우에도 경고가 나간다. 정작 사고 위험이 큰 혼재 작업은 모른 척하면서 근무시간은 엄격하게 따지는 식이다.

케이싱 입구에 모여든 노동자들은 스피커에서 벨소리가 나면 부리나케 식당으로 질주한다. 대부분은 먼지와 매캐한 냄새를 뒤집어쓴 작업복 차림 그대로다. 시커먼 손을 씻는 사람도 없다. 처음에는 아무것도 모르고 걸어서 식당에 갔다가 20분 가까이 줄을 섰다. 작업장에서 식당까지 거리도 상당해서 조금만 늑장을 부리다 보면 5층에 있는 식당 입구부터 1층까지 줄이 이어져 있다. 설마 군대 훈련소에 다시 온 걸까. 5백 석 규모의 공간이 점심시간이면 5분도 안 돼 가득 차니 그 경쟁을 뚫기 위해 나 역시 정오가 되면 식당으로 달리기 시작했다.

식당에 들어서면 무표정한 노동자들의 얼굴에도 조금은 생기가 돈다. 나는 무엇보다 식단이 마음에 들었다. 육체노동의 노고를 알아주는 것인지 식단에는 거의 항상 고기반찬이 올랐다. 첫날 식단은 제육볶음. 다른 노동자들처럼 나도 식판 가득 밥을 담고 산처럼 차곡차곡 제육을 얹으려는 찰나, 그것조차 초보 티가 났는지 영양사가 나섰다.

"먹을 만큼 가져가세요."

'내가 먹으면 얼마나 먹는다고!'

울컥했지만 이내 승복했다. 시커먼 노동자들 사이에서 하얀 가운을 입은 영양사에겐 거부할 수 없는 아우라가 있다. 누구나 그녀에게는 고분고분하다.

나는 다른 이유에서도 식당이 좋았다. 식당은 조선소 전경을 한눈에 볼 수 있는 5층에 있었다. 일하는 곳은 늘 어두컴컴하고 밀폐된 공간이라 10층에서 일해도 바깥 풍경을 구경하는 건 불가능하다. 높은 곳에서 바깥 풍경을 볼 수 있는 기회는 식당뿐. 식당 창문을 통해 바라본 조선소는 웅장했다. 거대한 크레인이 조심스레 철근을 들어 올려 천천히 움직이는 모습을 보고 있노라면 묘한 경외감마저 느껴졌다.

하지만 밥을 먹고 바깥 풍경이나 구경하며 시간을 보내는 건 나뿐이었다. 점심을 부리나케 먹은 노동자들은 다들 숟가락을 놓자마자 어디론가 흩어졌다. 그들에겐 조선소 생활 중 유일하게 작업장에서 벗어날 수 있는 시간이 점심시간뿐이다. 밀폐된 작업장은 그 안에 있는 것만으로도 온갖 스트레스를 준다. 이 시간을 조금이라도 더 누리기 위해 아예 점심을 매점에서 라면으로 때우는 이들도 많다. '짬밥'이 지겨운 이유도 있겠지만, 후딱 끼니를 때우고 낮잠을 자든 장기를 두든 쉬는 시간을 조금이라도 더 벌기 위해서다.

그만큼 조선소 노동자들에게 휴식 시간은 귀중했다. 두 시간마다 찾아오는 10분의 휴식 시간도 마찬가지다. 케이싱 내 설치된 스피커에서 벨소리가 울리면 모든 노동자들은 놀랄 만큼 빠른 속도로 일제히 하던 일을 멈추고 그 자리에 털썩 주저앉았다. 잠깐 조는 사람부터, 스마트폰을 들여다보는 이들까지 모두가 '휴식'에 열을 올린다. 10층 높이의 족장에 있을 경우는 지상으로 내려가다 쉬는 시간이 끝나 버리기 때문에 거의가 작업장에서 휴식을 취한다.

나도 며칠 새 조선소 생활에 적응하고 나니 공장 밖에서 보내는 시간이 귀중하게 느껴졌다. 출근을 조금이라도 일찍 한 날에는 5분이라도 조선소 밖에서 버티다 출근 시간에 딱 맞춰 조선소 정문을 통과하고, 점심시간도 열심히 지켰다. 그러다 보니 시간이 갈수록 이해할 수 없는 게 있었는데, 바로 체조였다.

체조는 보통 하루에 두 번, 아침 7시 40분과 오후 12시 40분에 한다. 체조를 하는 게 뭐가 문제일까? 몸을 쓰는 위험한 일이니만큼 안전을 위해 꼭 챙겨야 하는 일이 아닐까? 이렇게 생각할 수도 있겠지만 중요한 건 그 시간이다. 아침 7시 40분에 체조를 한다는 건 그전에 출근하라는 뜻이기 때문이다. 아침 8시에 작업을 시작하지만 체조 때문에 7시 30분 이전에 조선소에 도착해야 한다. 점심시간 체조도 마찬가지다. 점심시간은 분명 한 시간이지만 체조 때문에 노동자들은 사실상 40분밖에 쉬지 못했다.

1987년 노동자 대투쟁 때 노동자들의 요구 사항 중 하나가 '작업 전 체조 금지'였는데, 25년이 지난 지금도 하청업체에서는 여전히 강제되는 일이었다. 그래도 어쩌겠나. 하라면 해야 하는 게 이곳의 룰이었다. 몇십 년 전 정규직 노동자들이 따냈던 모든 것들이 하청 노동자들의 시간에는 아직 오지 않은 상태였다. 그들의 시간은 다르게 흐르고 있었다.

정신만 바짝 차리면 된다

조선소에 들어온 지 나흘째. 드디어 안전 교육을 받았다. 입사 첫날 받도록 되어 있지만, 매주 한 번 하는 안전 교육에 맞춰서 입사하는 하청 노동자는 없다. 어차피 노동부 근로감독관이 일일이 체크할 수도 없는 노릇이고 다치지만 않으면 된다.

안전 교육은 원청에서 담당하는데, 여러 하청업체 노동자들이 참석한다. 나 같은 신입뿐만 아니라 연차가 있는 노동자도 의무적으로 받아야 한다. 연차에 따라 교육 시간은 다르다. 내가 받은 교육은 크게 보건, 안전 체조, 산재 사고 관련 지식 등으로 구성됐다. '일할 때는 주의를 해라, 용접할 때 나오는 가스는 몸에 안 좋으니 마스크를 써라' 등 원론적인 이야기가 주를 이뤘다.

그래서 그런지 이런 안전 교육 시간은 하청 노동자들에게 일종의 보너스다. 일하지 않고도 임금이 지급되는 시간이기 때문이다. 예비군 훈련 같은 분위기에서 적당히 숙면을 취하는 노동자가 다수였고, 그중에는 나도 있었다.

그나마 교육에 참여하는 노동자는 한가한 노동자다. 일이 밀려 있으면 교육을 받지 못한다. 이럴 때는 동료 노동자가 안전 교육 이수 확인란에 대신 서명을 해준다. 안전 교육을 받다가 작업반장의 호출을 받고 나가는 노동자도 많다. 안전 교육 강사는 이를 당연하게 받아들인다. 여덟 시간으로 정해져 있던 그날 교육도 여섯 시간 만에 끝내면서 강사는 마지막으로 이렇게 당부했다.

"잘 들으셔야 합니데이. 이것만 기억하면 다치는 일 없습니데. 일하다 다치는 건 집중을 못해서 그런 겁니데이. 아시겠는교? 우리가 쭉 통계를 뽑아 봤는데, 사고 치는 얼라들은 일한 지 6개월 이내, 아니면 15년 이상이 대부분이라예. 무슨 말인지 아는교? 어설프게 긴장해서 사고가 나고, 다 안다는 식으로 긴장 풀다가 사고가 난다는 이야기라예."

조선소 노동자들은 일하다 다치는 사람들을 '반푼이'라 했다. 정말 정신만 바짝 차린다면 사고가 없는 걸까. 내가 다니던 조선소에는 2000년 이후부터 매년 일하다 죽는 사람이 있었다. 물론, 다친 사람은 이보다 훨씬 많다.

늙은 노동자

나는 누구이고 여기는 어디인가. 몸은 일에 적응해 갔지만 머릿속은 점점 복잡해졌다. 일은 일이고 나는 나였다. 돈을 벌러 여기까지 온 게 아니었다. 이상한 변화도 느껴졌다. 대학교 때 등록금이 없어 군대로 직행한 친구의 이상한 하소연이 생각났다.

"야, 미치겠다. 다른 건 이제 겨우 적응됐는데, 글을 읽고 싶어 죽겠다. 여기는 도통 읽을 만한 활자가 없어. 설사 있더라도 읽다가 고참한테 걸리면 얼차려 받아야 하고. 그러고 보면 나도 먹물은 먹물인갑다. 후임들은 이런 내가 이상하대. 그깟 글자가 뭐라고 그러냐고."

그때는 그게 무슨 말인지 몰랐다. 그런데 조선소에 오고 나서부터 내가 그랬다. 어느 정도 일이 손에 익고 나면서부터는 하루 종일 몸을 굴리다 숙소에 들어오면 배가 고픈 게 아니라 글자가 고팠다.

마침 숙소 건너편에 서점이 보였다. 무겁고 딱딱한 책은 지금 체력으로는 자신이 없었다. 노력하지 않아도 몰입할 수 있는 책을 찾았다. 베스트셀러였던 무라카미 하루키의 『1Q84』가 눈에 들어왔다. 그날부터 난 숙소에 돌아오면 하루키를 읽기 시작했다.

하지만 정작 해야 할 일은 따로 있었다. 난 기자가 아니던가. 조선소에서 일하는 사람들의 이야기를 듣는 것이 내 본분이었다. 함께 일하는 동료들과 이야기해 보고 싶었지만 쉽지 않았다. 어렵게 용기 내어 술 한잔 사겠다고 하자 되레 나를 이상하게 쳐다봤다. 같이 일한 지 얼마 되지도 않은 사람과 술을 마시려니 부담스러웠던 모양이다.

결국 이번에도 전용수 씨에게 하소연했다. 이 사람이 언제 안 된다는 말을 한 적이 있던가. 곧바로 그는 사람들을 소개시켜 주었다. 그렇게 해서 만난 사람이 김인석 씨. 환갑을 넘긴 나이에도 여전히 조선소 현장에서 일하고 있었다.

창원 바닷가 근처 허름한 조개구이집에서 김 씨를 만났다. 몸은 늙고 아파도 마음만은 여전히 청춘인 듯했다.

"아지매, 뭔 손이 그리 고은교? 함 잡아도 되나? 어이구, 고와라. 일루 오소. 내 용돈 줄끼다."

한참 조개를 굽던 40대 여종업원의 엉덩이 위로 손이 올라갔다가는 손을 주물럭거렸다. 말려야 하나 말아야 하나 어쩔 줄 몰라 좌불안석이 된 나의 우유부단함을 비웃기라도 하듯 여종업원이 먼저 천연덕스럽게 손을 뿌리쳤다. 그러고는 다 익은 조개를 김 씨 입에 넣으며 솜씨 좋게 자리를 피했다.

"맛나게 드이소. 우리 집은 요게 맛납니다."

김 씨는 그 모습이 더 매력 있다면서 퍼런 지폐 한 장을 건넸다.

일단 술을 마셔야 정신세계를 맞출 수 있겠다 싶었다. 몇 잔 술이 돌자 이야기도 슬슬 방향을 찾아갔다.

김 씨는 40대 초반에 필리핀에서 큰 신발 공장을 운영했다. 돈도 많이 벌었다. 하지만 IMF 때 공장 문을 닫아야 했다. 한국으로 귀국한 김 씨가 할 수 있는 일은 없었다. 아이들은 한창 자라고 있었고, 생활비도 쪼들렸다. 고민 끝에 취업교육소에서 파워그라인더공 교육을 받고 조선소에 취업했다. 물론 하청업체였다. 40대 후반의 노동자를 원청에서 받아 줄 리 만무했다.

김 씨는 배 철판 가는 일을 한다. 철판은 그대로 두면 부식되기 때문에 페인트칠을 해야 한다. 하지만 철판 표면이 거친 상태에서 페인트칠을 하면, 칠이 벗겨지기 쉽다. 또 용접 후 튀어나온 부위도 매끈하게 해야 한다. 그래서 그라인더 작업이 필요하다. 말 그대로 철을 깎아 내는 작업인데, 철가루가 엄청나게 날리기 때문에 우주복처럼 생긴, 온몸을 덮는 방진복과 방진 마스크를 착용해야 한다. 그래서 한여름에는 땀으로 샤워를 한다. 그라인더라는 기계로 양손에 힘을 주어 철을 깎아 내야 하기 때문에 작업이 끝나면 손이 덜덜 떨려 수저도 제대로 들기 힘들다. 파워그라인더는 조선소 기술직 중에서도 가장 힘든 직업으로 손꼽힌다.

한때는 현대중공업 하청 노동자로 일했다. 의리 때문에 노조 활동을 했다가 쫓겨난 뒤, 울산에는 발도 못 붙이고 있었다. 블랙리스트 때문이었다. 노조 활동을 한 하청 노동자들을 현대중공업은 별도로 관리하는 것으로 알려져 있다.

그런 사정으로 옮겨 온 창원에서는 원룸에서 혼자 지내고 있다. 가족은 울산에 사는데 주말에나 볼 수 있다. 가끔 거제도나 통영 등으로 출장도 간다. 돈을 높게 쳐주면 어디든 간다. 그렇게 10년 넘게 일하다 보니 어느새 몸은 망가질 대로 망가졌다. 왼쪽 무릎과 오른쪽 어깨는 제대로 움직이지 못할 지경이다. 10년 동안 들이마신 철가루 때문인지 잔기침도 끊이지 않았다.

술자리가 얼큰해질 즈음 늙은 노동자는 아버지의 얼굴이 되었다. 자기 몸이 부서지건 말건 김 씨에게 고민은 하나뿐이었다.

"허 기자, 올해 나이가 몇인교? 우리 아들이랑 비슷하네. 그럼 내 하나 물어볼끼요. 우리 아들은 대체 와 그러는교? 대체 뭘 하려고 그런지 모른다 아니요."

그나마 주말에 집에 들르는데 아들이 마주쳐도 데면데면하고 무슨 말을 해도 뚱하니 대답도 하지 않는다고 했다. 내가 딱히 해줄 말은 없었다. 요즘은 철이 늦게 들어 20대 후반이 질풍노도의 시기라고 위로했다.

이런저런 사는 이야기를 나누다 보니 그 뒤로도 몇 순배 잔이 더 돌고 나서야 술자리가 끝났다. 기약 없는 다음번 만남을 약속하고 자리를 파했다. 쌈질이나 하고 사고나 치고 다니던 학창 시절, 나도 아무 이유 없이 아버지를 증오한 적이 있었다. 아버지가 강압적이고 독단적이라 생각했던 것 같다. 아버지는 나를 이해하려 하지 않는다고 생각했다. 그런 아버지와는 말조차 하기 싫었다. 그때 아버지도 누군가에게 이처럼 아들 걱정을 털어놓았을까? 늙은 노동자의 얼굴이 쉽게 눈앞에서 사라지지 않았다.

어쨌든 법은 너무 멀다

정말 이해하기 힘든 부분이 있었다. 조선소 노동자들은 잔업을 좋아했다. 시간제로 임금을 받는 이들에게 잔업은 일종의 보너스였다. 게다가 같은 시간을 일하면서 1.5배의 돈을 벌 수 있으니 잔업을 좋아하는 게 당연했다. 사실 잔업 수당이 없으면 생활할 수 있을 만큼의 임금이 되지 않았다.

하지만 난 정말이지 잔업이 싫었다. 두 시간 일찍 퇴근하느냐 마느냐는 내게 무척 중요했다. 하지만 저녁이 있는 삶에 대한 내 희망은 번번이 무너졌다. 현장 분위기상 잔업을 거부할 수는 없었다. 저녁 잔업 때 나오는 크림빵이 없었다면 그 시간을 버틸 수 있었을까. 어두컴컴한 케이싱 안에서 먹는 크림빵은 군대 훈련소에서 먹던 초코파이 같았다. 어쩌다 작업소장이 깜빡 잊고 크림빵을 주지 않을 때도 있었는데, 그럴 때면 모두들 입에서 육두문자가 거침없이 쏟아졌다. 다 먹자고 하는 짓인데……. 나도 어느덧 그들과 같이 구시렁대고 있었다.

STX조선해양 사내 하청에서 6년 넘게 일한 오 씨(32)를 만난 날은 드물게 '저녁이 생긴' 날이었다. 여관방 욕조에 뜨거운 물을 받고 반신욕을 하려던 찰나, 전화가 울렸다. 전용수 씨다. 노동자 몇몇을 소개시켜 주겠단다. 그래, 본분을 잊지 말자. 위장 취업자 처지에 무슨 반신욕을 하겠다고…….

전용수 씨와 함께 나온 오 씨는 해고자였다. 아니, 다니던 회사가 사라져 버렸으니 정확히 말하자면 해고라고도 할 수 없다. 어쨌든 그는 복직을 요구하며 회사와 싸우고 있었다.

© 금속노조 현대중공업 사내하청지회

오 씨가 일하던 회사는 조선소에서 사용하는 자재와 물류를 관리하는 업체다. 오 씨는 밸브를 담당했다. 하청업체 사무실은 조선소 밖에 있지만 오 씨 일이 원청과 주기적으로 소통해야 하는 업무인지라 원청 사무실에서 원청 관리자에게 업무 지시를 받으며 일했다. 연차, 조퇴 등을 허락하는 것도 원청 관리자였다. 그렇게 5년을 일했다. 처음에는 자신이 비정규직인지도 몰랐다. 사실 비정규직이라는 말 자체를 몰랐다. 같이 일하는 사람들과 임금 차이가 난다는 사실도 몰랐다. 다들 비슷하게 받는 줄로만 알았다.

그러다 우연히 사실을 알게 됐다. 이래저래 알아보니 자신은 불법 파견 노동자였다. 2009년 4월에 차별 시정 구제 신청을 냈다. 함께 일하던 동료들과 집단행동에 나섰다. 하지만 회사는 꿈쩍도 하지 않았다. 되레 2010년 1월 30일자로 오 씨가 다니던 하청 회사를 폐업시켰다. 그리고 기존 업무를 맡아 줄 회사를 새로 만들어 오 씨와 함께 나선 동료들만 제외하고 나머지 노동자들을 고용 승계했다. 위장폐업이었다.

방송사에서 오 씨의 사연을 몇 차례 인터뷰해 갔지만 대부분 보도되지 않았다. 지역신문에 오 씨가 직접 5회 분량의 글을 기고하기로 했으나 2회까지만 실리고 중단됐다. 광고가 떨어진다는 이유 때문이었다.

결국 오 씨는 법정 싸움을 시작했다. 재판은 아직 1심도 진행되지 않았다. 최종 판결이 날 때까지 얼마나 걸릴지 감도 오지 않았다. 현대자동차 사내 하청 노동자가 대법원에서 불법 파견 최종 확정이 날 때까지 10년이 걸렸다니 그러는 것도 당연했다.

함께 나섰던 동료들은 다른 회사에 취업했다. 그들이 매달 돈을 모아 오 씨의 생활비를 보조하고 있었지만, 그것으로 처자식까지 먹여 살릴 수는 없었다.

"잘못된 것을 바로잡아 달라는데, 회사는 법대로 하라며 나 몰라라 하고 있어요. 거기다 정규직 노조나 언론에서도 우리 이야기는 듣지 않아요. 분명 문제가 있지만 어디 하소연할 곳도 없어요."

그와 만나고 얼마 후 어느 인터뷰 자리에서 그에 대한 이야기를 할 기회가 있었다.[3] 그러자 며칠 지나지 않아 오 씨에게서 전화가 왔다.

"회사에서 허 기자님 인터뷰를 보고 제가 회사 명예를 훼손했다며 경찰에 고소했어요."

회사가 보도 내용이 사실과 다르다며 오 씨를 고소한 것이었다. 오 씨가 회사 측에 직접 사과하고 나서야 고소는 취하됐다.

이후에도 오랫동안 오 씨는 회사와 싸웠지만 결국 회사와 합의하고 다시 하청업체에 들어갔다. 불법 파견과 관련해서는 일절 이야기하지 않는다는 조건이었다. 법은 멀고 목구멍은 포도청이었다.

노동자가 아닌 노동자

조선소에는 외국인 노동자들도 많았다. 남성은 대체로 우즈베키스탄, 카자흐스탄 출신이 많았고 여성은 단연 조선족 비율이 높았다. 이들은 이곳에서 일하는 하청 노동자의 10~20% 정도를 차지한다고 했다.

나와 같은 팀에도 외국인 노동자가 두 명 있었다. 베트남에서 취업 비자를 받고 들어온 20대 초반의 젊은이들이다. 작업복 바지가 나팔바지로 보일 정도로 비쩍 마른 체형의 두 사람은 고향 친구라고 했다. 자기 몸은 자기가 챙겨야 한다는 사실을 몸속 깊이 체화해서일까. 그들은 그 누구보다 꼼꼼히 자기 안전을 챙겼다. 현장에선 아무도 쓰지 않는 비싼 고글을 꼬박꼬박 착용하는가 하면, 장갑도 직접 구입한 고급 장갑만 썼다. 방진 마스크도 1천 원짜리가 아닌, 미세 먼지를 완전히 차단해 주는 고급 마스크를 애용했다.

이들은 영어도 한국어도 전혀 할 줄 몰랐지만 숫자와 보디랭귀지만은 기가 막히게 잘 알아들었다. 손짓 몇 번이면 척척 알아듣고 일을 하는데, 삼십 년 넘게 한국어를 듣고 산 나보다 나았다. 이런 게 조선소 짬밥의 힘인가.

어느 날 함석판을 오리던 내게 두 친구가 다가왔다. 궁금한 게 많아 보이는 표정이다. 손짓 발짓 이상한 대화가 시작됐다.

나: 잠은 어디서 자요?

베트남 노동자: ??

나: (두 손을 모아 뺨에 붙이면서) 어디서 자냐고요?

베트남 노동자: (알았다는 표정으로 공장 정문을 가리키며) ##$%#@$%^

나: (얼굴을 찡그린 채 드릴질 하는 포즈를 취하며) 일하는 게 힘들지 않아요?

베트남 노동자: (고개를 끄덕인 뒤) #$#%@$%

나: 뭐라는 거지?

베트남 노동자: (두 손을 모은 뒤 입김을 불면서) @#$%6

나: (겨우 이해하고) 그럼 쉬는 날에는 뭐해요?

베트남 노동자: ???

나: (드릴질 하는 모습을 보여 준 뒤, 편히 쉬는 모습을 흉내 내며) 쉴 때 뭐하냐
고요?

베트남 노동자: (그제야 다른 베트남 노동자를 가리킨 뒤 춤추는 동작을 하면서)
@#@$%%@

베트남에서 함께 온 친구들과 주말에 나이트 가는 낙으로 버틴다
는 것 같았다. 일이 힘들고 베트남보다 날씨도 추워서 힘든 모양이
었다. 임금도 무척 짜다고 했다. 물론, 번 돈은 고향으로 차곡차곡
보내고 있었다. 우리 대화가 재미있어 보였는지 옆에서 대화를 엿듣
던 작업반장이 그들을 '노랭이'라고 놀리며 끼어들었다. 여기서 일
한 지 1년이 넘었는데 아직 음료수 한잔 산 적 없다고 툴툴거린다.

조선소 하청 노동자라고 해서 다 같은 하청 노동자는 아니었다.
나처럼 하청에 직접 고용된 노동자가 있는 반면, 이주 노동자들처럼
단기 계약으로 일하는 노동자들까지 계약 형식이 다양했다.

15년 가까이 조선소 하청업체에서 파워그라인더공으로 일해 온
이방성 씨는 일한 날만큼 돈을 받는, 말 그대로 일용직 노동자였다.
나를 만나기 한 달 전, 3년 넘게 일해 온 회사에 사표를 냈다고 했
다. 일을 그만둔 마지막 달에 받은 돈은 고작 나흘치 일당. 작업소장
이 새로 데려온 파워그라인더공에게 일감을 몰아 줬기 때문이었다.

노동법에 따르면, 회사 사정으로 일하지 못할 경우 평균임금의
70%를 휴업수당으로 지급해야 한다. 하지만 회사는 그러지 않았다.
몇 번 항의했지만 소용없었다. 나흘치 일당으로는 가족을 먹여 살릴
수 없었다. 앞으로도 이런 일이 반복될 것 같았다. 사표를 쓰고 지난
3년간 일한 퇴직금과 밀린 휴무 미지급금을 달라고 요구했다. 하지

만 회사는 여전히 모르쇠로 일관하고 있었다.

이 씨는 그래도 근로계약이라도 맺은 노동자였다. 울산에서 일하는 이기영 씨(45)는 아예 개인 사업자로 등록돼 있었다. 이른바 특수고용직인 셈이다. 이 씨는 애초 하청업체에 취업했다. 하지만 어느 날 회사는 그에게 서류를 한 장 건넸다.

"2009년이었어요. 회사에서 부르더니 서류 한 장을 주면서 사인을 하라고 했어요. 보니까 '개인사업자등록증'이더라고요. 황당했지만 사인하지 않으면 일을 주지 않겠다고 으름장을 놓으니 어쩔 수 없었죠."

노동자가 개인 사업자로 둔갑할 경우, 여러 가지 문제가 발생한다. 가장 큰 문제는 일하다 다치는 경우다. 노동자라면 산재보험의 대상이 되지만 개인 사업자는 산재보험에 가입할 수 없다. 일하다 다쳐도 아무런 대책이 없는 것이다. 치료비까지 본인이 부담해야 할 뿐만 아니라 치료 기간 동안 일하지 못해 받는 피해도 고스란히 노동자 개인이 떠안아야 한다. 노동자가 아니기에 해고도 사용자 마음대로 할 수 있다. 사업자 간 계약을 맺은 셈이니 계약 해지만 통보하면 끝이다. 일을 그만둬도, 퇴직금이나 실업 급여 같은 것은 꿈도 못 꾼다.

이런 이야기를 듣고 있노라니 노동자로 인정받지 못하는 내국인 노동자들보다 차라리 취업 비자 받고 일하는 외국인 노동자가 낫다는 생각까지 들었다. 내 생각이 극단적인 걸까 아니면 조선소가 극단적인 걸까.

도돌이표 인생

『1Q84』도 거의 끝이 보였다. 오늘은 늦잠을 자서 출근 버스를 놓쳤다. 출근 시간을 맞추려 부랴부랴 택시를 탔다. 택시비는 3만 원. 택시에서 내려 헐레벌떡 들어오는 나를 본 동료가 한마디 했다.

"뭐 하러 택시를 타는교? 행님이 처음이라 잘 몰라서 그러는 거 같은데, 늦으면 택시 타지 말고 그냥 지각하소. 택시 타면 몇 만 원 나오는데, 지각해서 그 시간만큼 임금 까이는 게 낫다 아인교. 택시비보다 그게 더 싸게 먹히지 않것소."

그랬다. 겨우 열흘을 넘긴 나는 여전히 신입이었다. 엄살 많은 내가 그 정도 버틴 것도 신기한 일이었다. 실은 어제 일이 지난 주 같고, 첫날이 지난 달 같았다. 더 있다가는 내가 죽을 것 같았다. 취재도 거의 마무리되고 나니 하루라도 빨리 벗어나고 싶은 마음뿐이었다. 열이틀 만에 신문사에 서울로 올라가겠다고 알렸다. 이제는 작업장에 알려야 할 차례다.

하루 일을 마치고 어둑해질 무렵, 현장 사무실 앞에서 담배를 태우던 작업소장에게 주뼛주뼛 다가갔다. 그만두겠다는 말을 꺼내기가 쉽지는 않았다. 서투른 내게 하나하나 세세하게 일을 가르쳐 주고 배려해 주던 곳이다.

"더는 일을 못할 것 같아요. 서울에 계신 부모님이 그만 올라오라고 하네요. 죄송하게 됐습니다."

그런데 작업소장이 빙그레 웃었다.

"그동안 수고했어요."

그 한마디가 전부였다. 그 외에 정리할 건 없었다. 그간 입었던 작업복과 신발, 그리고 출입 카드만 반납하면 끝이었다. 동료들과 인사를 나눌 처지도 아니었다. 얼마 일하지도 않은 내가 그들의 '동료'일 수는 없었다. 그들 눈에는 내가 남긴 작업복과 신발만 보이는 것 같았다. 천연덕스럽게 내 치수를 물어보면서 벗어 놓은 작업복을 자기 몸에 이리저리 대본다. 여기는 작업복을 사비로 사야 하니 그들에겐 얼마 입지 않은 작업복을 공짜로 가질 수 있는 기회였다. 씁쓸히 현장 사무소를 나오는데 사수가 나를 불러 세웠다.

"행님요, 서울 가면 꼭 연락할 테니 연락 씹지 마요. 알았죠? 행님이랑 술 한잔 했어야 했는데, 그러질 못했네예. 마이 아쉽다 아닌교."

고맙다 못해 눈물이 날 지경이었다. 2인 1조로 일하며 하루 종일 붙어 지냈던 사수는 정이 많은 사람이었다. 조선소 안에서는 모두가 대화도 없이 각자 일만 할 뿐이었는데, 유독 나를 잘 챙겼다. 나이는 나보다 세 살 어렸지만 내게는 형 같았다. 서툴기 짝이 없는 나한테 짜증 한번 낸 적이 없었다. 고된 일을 하면서 웃는 것도 쉽지 않았을 텐데 그는 말도 잘 붙이고, 농담도 자주 했다.

"행님요, 나는 이 조선소가 싫어예. 일이 힘든 것도 힘든 거지만 그보다는 서로가 너무 정이 없어. 지는 그게 갑갑하다 아닌교."

위장 취업 사실을 이 사람에게만은 털어 놔야겠다는 생각이 들었다. 아니 무엇보다 조금이라도 신세를 갚아야 했다.

"마지막이라고 생각하니 저도 좀 마음이 그러네요. 혹시 시간 되면 제가 술 한잔 사도 될까요?"

사수는 흔쾌히 자기 동네로 안내했다. 잘 아는 고깃집이 있다고 했다. 정육점과 함께 하는 식당이라 고기가 신선하단다.

허름한 시장 인근이었다. 둘이 마주 앉아 고기가 나오기도 전에 연거푸 술잔을 꺾었다. 마지막이 될지도 모르는데 안주라도 잘 먹이고 싶었다. 나는 호기롭게 소고기를 주문했다.

"행님요. 머 한다고 이런 것까지 시키는교. 무리하는 거 아니라예? 우쨌든 행님 덕분에 간만에 소고기 먹는다 아닌교."

휘둥그레진 눈이 이내 싱긋거렸다. 고기가 나오자 둘 다 전광석화처럼 고기를 굽기 시작했다. 그렇게 얼마를 먹었을까. 그가 갑자기 조심스레 말을 꺼냈다.

"행님요. 저기 …… 혹시 제 집사람을 불러도 되는 거라예? 아내가 셋째를 임신하지 않은교. 출산 날 얼마 안 남았으라예. 근데, 내가 못나서 이 친구 고기 한번 제대로 먹여 본 적이 없다 아닌교. 민망한데, 아내 불러서 고기 좀 먹여도 되는교? 말 꺼내고 보니 미안하네예. 해본 말이니 그냥 잊으라예."

한숨이 나왔다. 그놈의 고기가 뭐라고. 아내가 어머니에게 아이들을 맡기고 오는 사이, 사수는 자기 이야기를 풀어놓았다.

올해 서른을 넘긴 사수 서민진 씨는 조선소에서 일한 지 9년이 됐다. 딸이 둘인데, 다음 달엔 셋째 딸이 태어난다고 했다. 그래서인지 '애들 먹여 살리려면 열심히 일해야 한다'는 말을 입에 달고 다녔다.

조선소 근처에서 태어난 그는 고등학교를 졸업하고 이래저래 방황을 많이 했다. 술 먹고 사고도 많이 쳤다. 보다 못한 아버지가 서 씨를 군대에 보냈다. 전역하고 집에 온 날, 자신의 손을 잡고 조선소로 향하는 아버지의 손을 뿌리치지 못했다. 아버지도 조선소 하청업체에서 용접공으로 일하고 있었다. 그런 아버지가 자신이 다니는 하청업체 사장에게 굽실거리며 마련한 취업 자리를 마다할 수는 없었다.

생각해 보면 달리 할 일도 없었다. 더는 부모님께 누를 끼칠 수 없었다. 막상 일을 해보니 스물세 살 청년이 하기에도 쉬운 일은 아니었다. 정말이지 너무 힘들었다. 퇴근하면 실신하듯 잠이 들었다. 자명종을 맞춰 놓아도 늦잠을 자버리기 일쑤였다. 그래도 지각은 하지 않았다. 아버지가 늘 서 씨를 깨워 함께 통근 버스를 탔다.

그렇게 2년을 일했다. 이제는 일이 어느 정도 손에 익었다. 그런 서 씨가 아버지는 뿌듯했다. 어느 날 아버지는 아들에게 소주 한잔하자는 문자를 보냈다. 아버지보다 일찍 끝난 서 씨는 먼저 퇴근해 집 근처 아버지와 자주 가던 식당에 자리를 잡았다.

하지만 기다리던 아버지는 오지 않았다. 대신 어머니한테 전화가 왔다. 목소리가 심상치 않았다. 아버지가 쓰러져 병원으로 옮겨졌다고 했다. 급히 병원으로 달려갔으나 아버지는 이미 이 세상 사람이 아니었다.

아버지는 잔업을 마치고 귀갓길 회사 통근 버스에서 심장마비로 세상을 떠났다. 하지만 보상금은 고사하고 산재 신청도 하지 못했다. 회사에서는 아버지가 눈을 감을 때는 일하던 중이 아니라고 했다. 게다가 심장마비와 작업환경 간의 연관성을 밝혀야 하는데 그런 지식도, 여력도, 도움을 청할 곳도 없었다. 억울했지만 할 수 있는 일이 없었다. 그는 다시 묵묵히 통근 버스에 올랐다.

그러다 결혼을 하고 아이들이 태어났다. 아이에겐 자신과 같은 삶을 물려주기 싫었다. 아내와 상의 끝에 아무에게도 알리지 않고 안산행 버스에 몸을 실었다. 어느 공사판에서 막노동을 시작했다. 하루 일하면 7만5천 원을 받았다. 2만5천 원을 하루 생활비로 쓰고 나머지 5만 원은 저금할 작정이었다. 하지만 2만5천 원으로 아이들을 키울 수는 없었다. 게다가 비가 오거나 몸이 아픈 날에는 일을 할 수 없었다.

명절 때 차비가 모자라 고향에 못 간 적도 있었다. 돈이 없어 끼니를 굶기도 했다. 그렇게 8개월을 버티다 결국 고향으로 돌아왔다. 조선소가 싫어 조그마한 제조업 공장에 들어갔다. 나사를 조이는 단순한 일이었다. 하지만 1백만 원 갖고는 도저히 생활이 되지 않았다. 고민 끝에 예전에 다니던 조선소에 다시 들어갔다. 조선소 일이 그나마 한 푼이라도 더 가져갈 수 있었다. 그 후 지금까지 서 씨는 이곳 조선소에서 일하고 있었다. 도돌이표 인생인 셈이다.

그의 이야기를 듣고 있노라니 가슴속에서 뜨거운 게 올라왔다. 뭐라 할 말도 없었다. 애먼 술만 꾸역꾸역 들어갔다. 그사이 사수의 아내가 식당에 들어섰다. 마른 몸에 배만 볼록했다.

"아내는 인터넷 게임 하다 만났지예. 요즘도 퇴근 후에는 아내와 게임을 하고 있다 아닌교."

아내는 낙천적인 사람이었다. 셋째까지 태어나니 걱정이 많겠다고 했더니 '열심히 살면 되지 않겠느냐' 담담한 대답이 돌아왔다. 물정도 모르면서 넘겨짚은 내가 되레 머쓱해졌다.

불콰해질 정도로 마셨지만 취재를 위해 이곳에 왔다는 말은 끝내 꺼낼 수 없었다. 대신 나는 고기 몇 근과 케이크 한 상자를 그에게 안겼다. 손사래 치며 안 받겠다는 것을 억지로 아내 손에 쥐어 줬다.

사수와 아내는 택시 타는 길까지 날 배웅해 주었다. 서울 가면 꼭 연락하겠다고 했다. 나도 몇 번을 끄덕거리고 택시 시트에 몸을 뉘었다. 한참 동안 손을 흔드는 사수의 모습이 뒷거울에 비쳤다. 나도 그 모습을 한참 동안 물끄러미 바라보았다. 나의 조선소 생활도 그렇게 안녕이었다.

염치가 없다

　　살아서 돌아왔다. 더는 새벽 다섯 시에 일어날 필요가 없다. 내일 몸 쓸 생각에 아홉 시 초저녁부터 애써 자리에 누울 필요도 없다. 몸에 박힌 유리 조각 때문에 잠을 설치며 몸을 긁적일 필요도 없다. 무엇보다 일하다 다칠까 신경을 곤두세울 필요가 없었다. 이토록 회사에 가고 싶었던 적이 있었던가. 들뜬 마음에 출근 전날 잠까지 설쳤다.

　　"어, 너 벌써 왔냐?"

　　회사는 아무 일도 일어나지 않았던 것처럼 그대로였다. 하기야 내가 무엇을 보고 왔는지 알 리 없었다. 기사를 쓰기 시작했다. 반응들도 좋았다. 지금쯤은 그곳의 동료들도 읽고 있겠지. 아니나 다를까 얼마 지나지 않아 편지를 한 통 받았다. 조선소 작업반장이었다.

　　"사람 속이고 기사 쓰지 마이소."

　　나는 기자라는 사실을 알리지 못한 것에 대해 정중히 사과하는 편지를 써보냈다. 이젠 사수도 기사를 봤겠구나 싶었지만 내심 기대했던 연락은 오지 않았다. 다른 사람보다도 그를 속였다는 게 마음에 걸렸기 때문에 그에게도 미안하다는 말을 하고 싶었다.

　　남은 문제가 하나 있었다. 그만두면서 계좌번호를 알려 주지 않았다. 조선소 월급은 일한 다음 달에 나온다. 숙박비, 건강검진비 등

창원에서 위장 취업하면서 든 비용이 적지 않았다. 회사와는 취업해서 번 돈으로 충당하기로 합의한 터였다. 이미 그쪽엔 내가 기자라는 사실이 다 알려진 상황이었다. 계좌번호를 알려 줘야 돈을 받는데, 그 정도 뻔뻔함을 발휘하기가 쉽지 않았다. 하지만 내 목구멍이 포도청이었다. 며칠을 고민한 끝에 어렵게 하청 사무실로 전화를 걸었다.

"여보세요. ○○기업입니다."

"아, 예, 저는 3월에 일했던 허환주라고 하는데요."

"누구라꼬예?"

"허환주라고 하는데요. 허환주."

"……"

"여보세요? 여보세요?"

"…… 들립니다. …… 그란데예?"

"아, 제가 그만둘 때 제 계좌번호를 알려 드리지 않아서요."

"……"

"그간 일했던 돈을 계좌로 부쳐 주셨으면 해서요."

"…… 그러니깐 일한 돈을 달라는 거지예?"

"아 …… 네네."

수화기 너머로 긴 한숨 소리가 들려왔다.

"그건 제가 결정할 사항이 아니라서예. 작업소장님이 허환주 씨에게 직접 전화할 기라예. 소장님이랑 이야기해 보이소."

얼마 안 돼 경리에게서 연락이 왔다. 다시 한숨 소리가 들렸다.

"계좌번호 불러 보이소."

"아, 소장님이랑 통화 안 해도 되나요?"

"그냥 주랍니다. 계좌나 퍼뜩 불러 보이소."

"아, 감사합니다."

지금도 그들에게는 미안한 마음뿐이다.

용광로를 삼킨 사람들

문득문득 조선소 생각이 났다. 사람들은 여전히 매캐한 연기와 유리 가루 가득한 그곳을 지키며 묵묵히 일하고 있겠지. 이따금 어디서 산업재해가 발생했다는 기사가 올라오면 혹시나 하는 마음에 가슴이 오그라들었다. 나도 저 자리에 있었다면 똑같은 사고를 당했을지도 몰랐다. 그러던 중 또 사건이 터졌다.

"주물공장서 용광로 쏟아져 직원 두 명 사망"[4]

2012년 9월 10일 오전 8시께 전북 정읍시 북면 제3산업단지의 선박 엔진 부품을 제조하는 LS엠트론 캐스코(주)에서 래들(쇳물을 용광로로 옮기는 국자 모양 기계)이 뒤집힌 것이었다. 이 사고로 밤샘 근무를 하던 이 공장 직원 박 씨(28)와 허 씨(29)가 쇳물을 뒤집어쓰고 그 자리에서 숨졌다.

신고를 받고 출동한 119 구급대 등 소방 당국은 용광로와 쇳물의 고열 때문에 한동안 현장에 접근하는 데 어려움을 겪다 시신을 겨우 수습했다.

둘 다 하청 노동자였다. 나는 도저히 가만히 있을 수 없었다. 궁금했다. 대체 어떡하다 그런 사고가 났을까. 그렇게 위험한 일을 하는 사람들에게는 분명 특별한 사연이 있을 터였다. 나와 함께 일하던 그 누군가, 아니 내 일이 될 수도 있었다. 더는 책상머리에 앉아 있을 수 없었다. 나는 곧바로 노트북을 챙겨 정읍병원으로 향했다.

일단 내려가기는 했지만 사실 막막했다. 그곳에는 취재를 도와줄 사람이나 시민단체가 없었다. 까딱하다가는 유가족들에게 멱살잡이를 당할지도 몰랐다. 어두운 기억도 스멀스멀 떠올랐다. 고인이 된 쌍용자동차 노동자의 부인을 취재할 때 장례식장에서 고인의 남동생에게 멱살잡이를 당한 적이 있었다. 유족들에게 기자는 그저 '기레기' 아니던가.

무턱대고 찾아간 장례식장의 분위기는 예상대로였다. 작업복을 입은 건장한 젊은이들이 병원 입구에서 뻑뻑 담배를 피워 댔다. 입에서는 담배 연기와 함께 대상을 알 수 없는 욕설도 삐져나왔다. 나는 고개를 숙이고 조용히 입구를 지났다. 주변을 두리번거리니 이내 빈소가 보였다. 커다란 장례식장에 차려진 빈소는 이곳뿐이었다.

자칫 뺨 맞고 쫓겨날지 모르는 상황이라 섣불리 빈소로 들어서지 못하고 잠자코 병원 로비 소파에 앉아 분위기를 살폈다. 그렇게 몇 시간이 흘렀을까. 병원 후문 쪽이 웅성거렸다. 조용히 동태를 살피러 가 보니 유가족으로 보이는 이가 누군가와 이야기를 나누고 있었다. 담배를 태우는 척하면서 옆으로 다가갔다. 상대는 전주 주재 방송기자였다. 나는 조용히 수첩과 펜을 꺼내 들었다.

"시신이라고 뭐가 있당께요. 국립과학수사원에서 DNA 조사해 시신을 수습했다고 했응께. 긍게 이렇게 황당한 일이 겁나 생겨 부

렀으니 미치고 환장할 노릇이랑께요."

고인 박 씨의 형 박인기 씨(31)는 이렇게 말하며 고개를 절레절레 흔들었다. 생각도 하기 싫다는 표정이었다. 1천2백 도 쇳물을 고스란히 뒤집어쓴 동생의 시신은 수습조차 할 수 없는 상태였다. 형은 이런 동생의 죽음이 아직 믿기지 않았다.

고인의 직장 동료도 믿기지 않는 건 마찬가지였다. 빈소를 찾은 동료는 유족을 위로하다 이내 스스로 울음을 터뜨렸다. 고인 박 씨는 결혼하고서 얻은 딸이 이제 막 백일이 지났다고 했다. 부인은 남편 소식을 접한 뒤 입을 닫았다.

또 다른 고인 허 씨는 독자獨子였다. 누나 둘이 결혼한 뒤 허 씨가 부모님을 모시고 살고 있었다. 사실상 가장이었다. 허 씨의 매형은 "원래도 편찮으셨던 부모님이 이번 일 때문에 몸이 더 안 좋아지셨다"고 말했다.

사고가 발생한 캐스코는 LS엠트론의 핵심 협력 업체, 즉 하청업체였다. LS엠트론 50%, 삼양중기 37.7%, 두산엔진 12.3%의 지분으로 설립됐다. 주물 생산 업체로 사출기 부품, 공조기, 선박 엔진, 풍력발전기 날개 등을 만드는 곳이었다.

2006년 12월, 준공된 캐스코는 애초 전주과학산업단지에 지어질 예정이었으나 환경문제를 우려한 지역 주민의 반대에 부딪혀 지금의 정읍에 자리를 잡게 됐다. 박인기 씨에 따르면, 처음엔 정읍 주민도 반대했다. 전주 주민과 같은 이유에서였다.

"아따 당시 지역 주민의 반대가 겁나 심했당께요. 하지만 캐스코에서 현장직 직원은 대부분 정읍 지역 청년들로 채용하겠다고 약속하면서 주민 반대가 찬성으로 돌아서 부렸으요. 사실 정읍 같이 작은 도시는 젊은이들이 일할 곳이 없당께요. 그러니 시방 캐스코 같은 큰 공장이 들어와 일거리가 생긴다는디 어느 아그들이 그걸 반대한당게요."

고인이 된 두 노동자도 공장이 설립된 직후인 2007년에 입사했다. 일당은 높지 않았지만 특근, 야근 등을 합하면 웬만한 소규모 공장에서 일하는 것보다는 나았다. 당시 정읍 지역 청년들도 비슷한 생각으로 캐스코에 들어갔다. 이날 빈소를 찾은 고인의 동료들은 대부분이 20대 후반, 30대 초반의 청년들이었다.

하지만 작업환경은 열악했다. 이곳에서 일했던 직원들의 말을 종합해 보면, 현장은 늘 사고 위험에 노출돼 있었다. 환기가 제대로 되지 않아 늘 매캐한 냄새가 진동했고, 마스크를 써도 반나절이면 콧속까지 새카매졌다. 그래도 그 마스크를 쓰고 사나흘을 버텼다.

용광로 작업을 할 때도 제대로 된 안전장치는 없었다. 머리가 찢어지거나 다리가 부러지는 사고는 예사였다. 하지만 사후 대책은 전혀 없었다. 늘 사고가 반복됐다. 빈소를 찾은 동료들 가운데 몇몇은 손가락에 깁스를 하고 있었다.

박인기 씨는 "정읍에 있는 청년들은 다들 캐스코에 들어가려고 안달"이지만 "공장 내부를 보면 일하고 싶은 마음이 싹 달아난다"고 말했다. 박 씨는 "회사가 근본 대책은 마련하지 않고 단순히 안전모 쓰라는 말만 했다"라고 덧붙였다.

당시 사건을 조사 중인 정읍 경찰서는 래들에 담긴 쇳물을 조형에 붓는 과정에서 쇳물이 흘러내려 사고가 발생한 것으로 추정했다. 목격자는 래들이 각도를 서서히 기울이면서 쇳물을 쏟아 내다가 갑자기 뒤집히면서 사건이 발생했다고 진술했다.

캐스코 관계자는 "국과수에서 조사 중이니 그 뒤에나 상황이 어떻게 됐는지 알 수 있다"고 했지만 유가족은 이런 회사의 대응이 답답하기만 했다.

"시방 대표이사는 국과수 결과가 나온 뒤에 이야기하자며 대화를 거부하고 있당께요. 이 잡것들이 사람이 죽었으면 사과를 하는 게 사람의 도리일 텐데 그것조차 하지 않고 있응께 미쳐 분당께요. 더구나 래들은 외국 제품이라 기계 결함이 있는지 조사하려면 한 달이나 걸린다고 혀요. 이게 뭔 말이여. 결국 유가족은 그때까지 가만히 기다리고만 있으라는 이야기여라."

박 씨는 진상이 규명될 때까지 장례식을 치르지 않겠다고 했다.

두 명의 하청 노동자가 유령처럼 사라졌다. 잔혹한 죽음이었다. 정읍에서 태어나지 않았다면 이들이 쇳물을 뒤집어쓸 일이 있었을까. 조선소에서 만난 사수가 생각났다. 서로 다를 바 없는 삶이었다.

이 사건을 다루는 언론은 없었다. 일하다 하루 다섯 명꼴로 죽어 나가는 사회에서 이런 죽음은 '사건'이 아니기 때문일까?

2014년 3월과 4월, 연달아 또 사람들이 죽어 나갔다. 현대중공업 그룹 조선소에서만 두 달 동안 여덟 명의 노동자가 사망했다. 모두 하청 노동자였다. 노동부에서는 특별감독을 진행했다. 그래도 죽음은 끊이지 않았다. 이후에도 거의 매달 한 명씩 죽어 나갔다. 역시 모두 하청 노동자였다.

이는 그해 10월 국회 국정감사에서도 논란이 됐다. 당시 윤문균 현대중공업 부사장이 증인으로 국정감사에 출석했다. 결과는 어땠을까? 국정감사가 끝난 뒤에도 여전히 하청 노동자들은 죽어 나갔다. 심지어 국정감사 기간인 10월에만 두 명이 사망했다. 2014년

한 해 동안 현대중공업 그룹에서만 열세 명의 하청 노동자가 죽었지만 달라진 것은 아무것도 없었다.

죽음을 무릅쓰고 일해야 하는 사회. 일하다 죽어도 기사 한 줄 나지 않는 사회. 이런 사회는 어떻게, 그리고 왜 생겨나게 된 것일까. 내가 할 수 있는 일이라곤 그들의 죽음을 하나하나 뜯어보는 것밖엔 없었다.

2

일하다 죽는 사람은
얼마나 될까?

고용노동부 통계에 따르면 2015년 한 해 동안 산업재해로 사망한 노동자 수는 1,810명에 달한다. 하루에 5.1명이 산재로 사망하는 셈이다. 이 가운데 업무상 사고 사망자는 955명, 질병 사망자는 855명이다. 분야별로 보면 건설업이 493명(27.2%)으로 가장 많고, 그 다음이 제조업 428명(23.7%), 광업 417명(23%) 순이었다.

전 산업에 종사하는 노동자 중 산재로 사망한 노동자가 어느 정도인지 파악할 때 사용되는 지표로는 사망 만인율이 있다. 이는 사망자 수의 1만 배를 전체 노동자 수로 나눈 값이다. 2011년 기준으로 노동자의 사망 만인율은 한국의 경우 0.79‰(질병 사망자 제외)인 반면, 영국은 0.04‰, 독일은 0.17‰, 일본은 0.20‰, 미국은 0.37‰를 기록했다. 한국의 사망 만인율은 영국에 비해 18배 이상 높은 셈이고, 산업안전보건 규제가 비교적 느슨한 미국과 비교해도 2배 정도 높으며, 산업구조가 우리와 비슷한 일본과 비교해 보아도 그 차이가 크다. 2015년 고용노동부 발표에 따르면 0.53‰로 그 수치가 줄어들긴 했지만, 조선업의 사망 만인율은 1.33‰(산재 사망자 수는 31명)로, 전체 업종의 사망 만인율보다 두 배 이상 높다.

참고문헌

조규식, 2015, "산업재해 현황과 산업안전보건법령의 개선 과제", 『월간 노동리뷰』
　　　2015년 11월호, 47쪽.

3
하청의 진화

국내 조선소가 처음 만들어질 때 하청 방식은 단순 외주화 방식으로 '사내 하청'을 활용하는 정도에 그쳤으나 점점 다단계로 변모해 갔다. 하청업체에서 하청 노동자를 직접 고용하는 1차 사내 하청이 폭발적으로 늘어난 이후 2, 3차 하청이 점차 확산되고 있다. 그 결과 사내 하청 노동자는 '본공'이라고도 불리는 1차 사내 하청과 '물량팀'으로 불리는 2, 3차 사내 하청으로 구분된다. 물량팀은 사내 하청업체로부터 특정 업무를 재하청받아 일하는 계약직 노동자들로 급한 '물량'이 나왔을 때만 10~50명씩 팀을 짜서 신속히 납품하는 식으로 일을 한다. 1차 사내 하청은 다시 '상용제'와 '기간제'로 구분되고, 물량팀 노동자들 역시 '상시적 물량팀'과 '돌발(알바) 물량팀'으로 구분돼 존재한다. 그리고 사내 하청업체가 가진 직접 고용의 성격과 물량팀의 성격이 혼재돼 있는(시급제를 적용받으나 각종 수당과 퇴직금을 받는) 직시급제 하청 노동자도 있다.

하청의 규모

대형 조선 3사에서 근무하는 사내 하청 노동자는 2016년 3월 말 현재 9만5천 명에 달한다. 원청 생산직 노동자 한 명당 하청 노동자는 3.5명이다. 특히 최근 대형 조선사들이 주력한 해양플랜트 사업의 경우 생산직 노동자 10명 가운데 9명이 하청 노동자다. 물량팀의 경우 그 특성상 규모를 정확히 알 수 없지만 조선업계 전체에 2만 명이 넘게 존재할 것으로 추산된다. 원청-하청

-재하청으로 이어지는 조선소 작업 라인의 끝자리인 물량팀에 노동자들이 들어가는 이유는 임금이 다소 높기 때문이지만 현재는 일감이 끊겨 퇴출 1순위다. 하지만 사업자 등록조차 하지 않은 물량팀장이 많아 임금 체불이나 산재가 발생해도 법률상 사용자 책임을 묻기 어렵고 고용보험에도 가입돼 있지 않아 실업급여도 받을 수 없다.

원청과 하청의 임금 격차와 근속연수

고용 형태별 근로 실태 조사와 기계·자동차·조선·건설·유통 등 14개 업종 원청 노동자 3만8,945명, 하청 노동자 3만4,865명을 분석한 결과를 보면(2013년 6월 기준), 하청 노동자의 임금은 원청 노동자의 절반에 불과한 것으로 나타났다. 정액 급여·초과 급여·성과급을 합한 1차 하청 노동자의 월 평균임금은 291만1천 원으로, 원청 노동자 평균 급여(559만7천 원)의 52%에 그쳤다.

총 근로시간은 원청이 월 177시간, 1차 하청이 174시간, 2차 하청이 181시간, 3차 하청 이상일 경우 181시간으로 나타났다. 하청 단계가 거듭될수록 원청 노동자보다 급여는 적어지고, 일하는 시간은 늘어난 셈이다. 따라서 시간당 임금도 3만836원(원청), 1만6,615원(1차 하청), 1만5,752원(2차 하청), 1만2,962원(3차 하청)으로 줄어들었다. 또 상여금·퇴직금을 받는 비율에서도 원청은 97.2%가 상여금을, 98.4%가 퇴직금을 수령했으나 하청의 경우 상여금과 퇴직금을 받는 비율이 각각 68.9%, 86.9%에 그쳤다.

2014년 조선업의 경우를 살펴보면, 임금은 2년차 하청 노동자가 원청 노동자의 73.8%를 받았다. 성과급 등을 합하면 격차는 더 벌어져 성과급은 원청이 71만 원인 반면, 하청은 41만1천 원이었다. 월 통상임금도 원청이 140만4천 원인 데 비해 하청은 118만 원이다.

조선업 전체 평균 근속연수는 원청 기업의 경우 16년1개월인 반면, 사내 하청은 2.4개월에 불과했다. 이는 철강(5년4개월), 자동차(3년8개월)보다도 짧다. 이렇게 근속연수가 낮은 이유는 일이 힘들어 그만두는 탓도 있지만, 이직을 통해 경력을 쌓으면서 임금 인상을 시도하는 노동자가 많기 때문이다. 하청 업체는 임금체계에 따라 임금을 지급하지 않고, 업체 사장이나 소장과의 구두 약속에 의해 임금이 결정된다.

참고문헌

박종식, 2014, "내부 노동시장 구조 변화와 재해 위험의 전가: 조선 산업 사내 하청 확산과 원하청 재해율 비교 연구", 연세대학교 사회학과 박사논문, 124쪽.

『한겨레』(2016/04/25).

고용노동부, 『조선업종 일자리 대책 마련 연구』46(2014년 12월), 127쪽.

한국노동연구원, 원·하청 구조와 근로조건 격차 보고서(2013년 고용 형태별 근로 실태 조사 자료).

ⓒ 정기훈

무사고 365일,
열세 명이 사라졌다

3장

이유 없는 죽음

안전사고 즉보

일시: 2014년 10월 28일, 08시 50분경

장소: 안벽 동편 2673호선 Upp. DK No.5 Hold(P)

성명: 이○○

나이: 33세(남)

소속: 군산건조부 ○○기업

직종: 용접

입사일: 2014.08.20

사고 형태: 끼임(협착)

피해 정도: 좌측 두개골 골절

사고 내용: 상기 일시 및 장소에서 NO. 5 해치 커버 작동 검사 준비를 위해 청소 작업 중 해치 커버가 작동해 코밍(덮개와 닿는 부분)과 해치 커버 사이에 협착된 사고임.

사고 원인: 조사 중

예방 대책: 조사 중

현대중공업(주)

한 해 동안 한 회사에서 열세 명이 일을 하다 죽었다. 하지만 누구도 그들의 죽음을 설명해 주지 않았다. 기사는 말할 것도 없이, 노동부 특별감독 보고서에도, 국정감사 자료에도 죽음의 이유는 드러나 있지 않았다. 사고 직후 현대중공업에서 작성한 두 장짜리 사건 경위서가 전부였다. 거기서도 언제, 어디서, 누가 죽었는지만 이야기할 뿐 사고 원인은 없었다.

나는 속이 탔다. 유가족들을 만나려 했으나 불가능했다. 이미 회사와 합의한 뒤였다. 잊고 싶은 기억을 들쑤셔 내는 기자는 불편하다. 고민 끝에 만난 인물이 하창민 현대중공업 사내하청지회장이었다. 하청 노조 위원장이라고 보면 된다.

지회 사무실에서 처음 만난 하 지회장은 소파에서 막 잠이 깬 몰골로 목을 긁적거리며 나를 쳐다봤다. '여긴 뭐더러 왔느냐'는 표정이었다. 만사가 귀찮은 얼굴로 등긁개로 연신 등을 긁으며 마뜩찮게 나를 바라봤다. 이 사람을 믿어도 될까. 하지만 달리 방법이 없었다. 이들의 이야기를 소상히 아는 사람은 그뿐이었다.

"말로만 설명하면 기자 양반이 몬 알아들으니 내 직접 그림을 그려 가면서 설명할 테요. 잘 보이소."

뭉툭한 손가락에 꽉 쥐어진 펜이 움직이며 그들의 죽음이 드러나기 시작했다.

	사고일 2014년	사업장	하청기업	성명(나이)	사인
1	3월 7일	현대삼호	일주기업	오○○(40)	철판에 깔려 압사
2	3월 20일	현대삼호	대국 ENG	박○○(41)	족장 작업 중 추락
3	3월 25일	현대중공업	선일 ENG	김○○(51)	족장 거치대 붕괴, 바다에 추락
4	4월 7일	현대미포	세현	정○○(61)	8.6미터 아래로 추락
5 6	4월 21일	현대중공업	부광 지스콤	이○○(38) 김○○(41)	LPG화물창 화재
7	4월 26일	현대중공업	서문	정○○(45)	특수선 건조 현장 블라스팅 작업 중 추락
8	4월 28일	현대중공업	우성	김○○(38)	제4안벽 트랜스포트 신호 작업 중 바다로 추락
9	8월 23일	현대중공업	태영산업	조○○(47)	사전 작업 준비 중 급성 심근경색으로 쓰러진 채 발견
10	10월 23일	현대중공업	영수	안○○(55)	추락한 3톤 중량물에 깔려 압사
11	10월 28일	현대중공업 (군산)	창성	이○○(33)	신호수로 일하다가 해치 커버와 코밍 사이에 머리가 끼어 사망
12	11월 27일	현대중공업	금농	이○○(51)	족장에서 추락사
13	12월 27일	현대중공업	비시테크	이○○(21)	엘리베이터 작업 중 압착 사고로 사망

열세 명의 이유

2014년 4월 28일. 하루 강수량이 37.7밀리미터, 평균 구름양은 최고치인 10을 찍었다. 밤 9시경이었다. 소금기가 밴 까끌한 바닷바람도 이날 몰려든 짙은 안개를 흩어 놓지는 못했다.

그래도 작업은 해야 했다. 블록을 바다와 맞닿은 안벽 끝에 적재하지 않으면 내일 작업에 차질이 생긴다. 안벽은 선박이 안전하게 접안해 화물·여객을 처리할 수 있도록 벽면을 갖춘 선박 계류 시설을 말한다.

블록 운반 트랜스포트의 신호수 김 씨는 악천후에도 작업을 강행했다. 트랜스포트는 평평한 등 위에 블록과 같은 선박 부품들을 싣고 다니는 특수차량이다. 납작한 장갑차와 비슷한데, 집채만 한 크기의 블록을 운반해야 하니 바퀴가 수십 개 달려 있어 마치 거대한 지네 같다. 이런 특수차량의 경우 일반 차보다 시야가 좁기 때문에 앞뒤로 두 명에서 네 명의 신호수를 데리고 다닌다.

안개가 낀 그날도 신호수인 김 씨는 트랜스포트를 바라보며 뒷걸음치면서 계속 신호를 보냈다. 한 손에는 타고 다니던 자전거를, 다른 한 손에는 깃발을 흔들며 트랜스포트가 안벽 가까이 닿을 수 있도록 운전수를 유도했다. 블록을 조금이라도 안벽 쪽에 붙여 적재해야 다음 작업이 수월하다. 하지만 한밤중인데다 비까지 쏟아지니 어디가 땅이고 바다인지 분간하기 어려웠다.

"좀 더 이쪽으로, 이쪽으로……."

그렇게 바다 쪽으로 트랜스포트를 이끌던 김 씨의 목소리가 어느 순간 빗소리와 바닷바람에 묻혔다. 함께 일하던 다른 신호수들이 무슨 영문인가 싶어 김 씨에게로 달려갔으나 김 씨는 온 데 간 데 없이 사라진 후였다.

바다에 빠졌다고 직감한 동료들은 칠흑 같은 바다에서 김 씨의 흔적을 찾았다. 하지만 시커먼 바다는 김 씨의 행방을 알려 주지 않았다. 휴대용 랜턴 말고는 변변한 조명 시설조차 없었고 구명조끼나 구명환, 지지대도 없었다. 그러나 뭐라도 해야 했다. 동료들은 근처에서 로프를 가져와 검은 바다로 던졌다. 이렇게 하는 데까지도 8분이 흘렀다.

잠수부가 출동해 한 시간 넘게 김 씨를 찾았으나 거센 파도에 칠흑 같이 어두운 밤바다만을 속절없이 헤집다 나왔다. 김 씨는 한 시간 반 만에 다시 안벽으로 올라왔다. 안개가 자욱한 검은 바다에서 싸늘한 시신이 된 후였다.

비가 오면 작업을 중단하는 게 정상이다. 안벽 앞에 안전 펜스만 설치됐더라도 김 씨는 사선을 넘지 않았을 것이다. 안전 펜스는 김 씨가 죽고 난 후에야 설치됐다.

김 씨가 특별한 사례는 아니다. 현대중공업에서 일어난 대부분의 사망 사고가 안전 펜스나 족장만 제대로 설치했더라도 발생하지 않았을 일이다. 3월 20일 사망한 현대삼호중공업의 박 씨도 마찬가지였다.

그는 선박에 탑재된 블록 외벽에 족장을 설치하다 12미터 아래로 추락해 사망했다. 블록을 선박에 올린 뒤에는 선박에 있는 다른 블록과 배관을 연결하고, 블록 간 용접도 해야 한다. 허공에서 일할 수는 없는 노릇이니 이런 작업을 하려면 족장이 필수다. 이때 족장을 설치하는 노동자들의 안전을 위해서는 블록이 선박에 탑재되기 전, 땅에서 안전하게 설치해야 한다. 하지만 박 씨는 그럴 수 없었다. 족장과 용접을 동시에 진행하기 위해 선박에 블록을 탑재한 뒤, 족장을 설치하다 이런 변을 당했다. 게다가 법에 명시된 안전대를 걸기 위한 생명줄, 그리고 추락 방지망도 설치되지 않은 상태였다. 추락 방지망만 설치됐더라도 박 씨가 사망하는 일은 발생하지 않았다.

4월 7일에도 비슷한 사고가 발생했다. 파이프에 붙은 테이프를 떼려고 팔을 뻗던 정 씨가 8.6미터 아래로 추락해 사망했다. 최소한 안전 난간대와 안전망만 있었더라도, 그리고 2인 1조로 작업을 해야 한다는 안전 수칙만 지켰더라도 일어나지 않았을 사고였다. 노동자들은 팔을 뻗을 때 뒤에서 잡아 주는 사람만 있었어도 정 씨는 추락하지 않았을 것이라 했다.

11월 27일에 있었던 사고도 안전망만 설치했다면 일어나지 않았을 일이었다. 블록 안에서 마무리 작업을 하던 이 씨가 3층 족장에서 작업하다 추락했다. 조명 시설 없는 어두운 작업장에서 헤드 랜턴 하나에 의존해 일하다 발을 헛디뎠다.

간단한 안전 수칙을 지키지 않아 발생한 사건도 상당하다. 3월 7일 현대삼호중공업에서는 크레인에 매달린 2톤짜리 철판이 노동자를 덮치는 사건이 발생했다. 안전 수칙에 따르면, 크레인에 두 장의 철판을 물리면 안 되지만 그렇게 했다. 게다가 산업안전보건법에 명시된 작업 지휘자와 유도자도 배치되지 않았다.

3월 25일 발생한 사건은 작업 과정 자체가 불법이었다. 배가 완공되면 배에 설치된 족장을 해체해야 한다. 보통은 노동자들이 직접 족장을 해체해 배 앞머리에 쌓아 놓으면 크레인이 이를 운반하는 식으로 작업이 진행된다. 하지만 사고 현장에서는 해체한 족장을 배 앞머리에 놓지 않고, 앞머리와 크레인 사이 바다 위에 불법 거치대를 설치한 뒤 그 위에 놓고 하선 작업을 진행했다. 시간을 절약하기 위해서였다. 당연히 문제가 생겼다. 불법 거치대 위에 족장 60개 묶음 2개(1.6톤)를 올려놓고 하선 작업을 진행하던 중 거치대가 붕괴하면서 3명이 바다로 추락했고 한 명이 끝내 사망했다. 나중에 잠수부에 의해 수습된 노동자의 시신은 바다 깊숙이 자신이 해체하던 족장들 사이에 끼어 있었다.

4월 21일 발생한 LPG선 화재 사고는 사후 대응이 늦어지면서 문제가 커졌다. LPG 탱크 보온재에 불똥이 튀어 발화한 것으로 추정되는 화재가 발생했는데, 화재 당시 선박 안에는 160여 명의 노동자가 작업을 하고 있었다. 이들 가운데 대부분은 긴급히 대피했지만, 하청업체 HK ENG 소속 김 씨(41)와 지스콥(QM) 소속 이 씨가 미처 피하지 못하고 사망했다. 사고 원인으로는 화재 방지를 위한 안전조치 미흡과 원활하지 않았던 소화 작업이 꼽혔다. 당시 화재 현장에는 작은 호스 말고는 기본적인 화재 방지 시설이 전혀 갖추어져 있지 않았다.

게다가 이 사고로 사망한 노동자 두 사람 중 한 명은 배의 구조도 전혀 모르는 신입이었다. 현대중공업에 출근한 첫날 사고를 당했는데, 안전 교육도 받지 못하고 작업장에 투입된 것이다. 이는 불법이다. 또 다른 사망자는 용접 부위에 결함이 없는지 확인하는 방사선 검사자였다. 이는 혼재 작업이 있었다는 뜻이다. 병행 작업을 할 때 사고 확률은 단일 작업을 할 때보다 몇 배 더 높아진다.

10월 23일에는 안 씨가 3톤 무게의 배 부속품에 깔려 사망했다. 크레인 벨트가 끊어지면서 이동 중이던 부속품이 추락했다. 안 씨는 당시 크레인 밑에서 신호수로 일하고 있었다. 크레인 벨트에 각진 물건을 묶을 때는 마찰을 방지하기 위해 고무처럼 부드러운 물질을 덧대야 한다. 그러지 않으면 벨트가 쓸려 끊어질 수 있다. 하지만 고무 물질을 덧대는 시간도 아까운 나머지 이를 무시하고 작업을 진행한 게 이 씨를 죽음으로 이끌었다.

12월 27일에는 엘리베이터 수리를 하던 이 씨가 작동 불량으로 엘리베이터와 엘리베이터 트렁크 보강재에 머리가 끼여 사망했다. 당시 작업 중이던 엘리베이터는 보통의 엘리베이터와 달리 외벽이 없고 철골만 있었다. 이 씨는 엘리베이터가 작동되지 않자, 탑승한 채 머리를 내밀고 철골 부분을 수리하다 갑자기 엘리베이터가 움직이면서 머리가 끼이게 된 것이다.

스물한 살인 이 씨는 군대를 갓 제대하고 대학교 등록금을 벌기 위해 조선소에 취업했다. 조선소 작업은 위험하기 때문에 '초짜' 노동자에게는 경험 많은 숙련공을 한 조로 붙여 준다. 하지만 이 사고의 경우, 작업장에 투입된 이들이 모두 경험 없는 초짜였다. 사고가 난 엘리베이터는 위에 있는 사람이 엘리베이터를 작동하게 되어 있는데, 이 사람 역시 초짜였다. 아래 사람이 머리를 내밀고 엘리베이터를 수리하고 있는 동안 작동 자체를 멈추어야 하지만 그러지 않았던 것이다. 숙련공이 함께 일했다면 이런 불상사는 없었을 것이다.

10월 28일 발생한 사고도 마찬가지다. 이 씨는 아침 8시 해치 커버(화물창 덮개) 안쪽을 청소하던 중 해치 커버가 닫히는 바람에 좌측 두개골 골절로 즉사했다. 해치 커버를 여닫는 것은 위험한 일이기 때문에 작업 표준서에는 최소 세 명의 안전 요원 배치를 의무화하고 있는데, 그러지 않았다. 이 씨가 입사한 지 딱 두 달 만에 일어난 일이었다.

주목할 점은 이와 비슷한 사고가 10년 전에도 있었다는 점이다. 1994년 5월 14일 오후 2시 20분. 현대중공업 도장1부 소속 김광웅 씨(45)가 작업장에 쓰러져 있었다. 신음하는 그를 담당 반장이 발견하고 급히 병원으로 옮겼으나 사망했다.

해치 커버 밖에 있던 김 씨가 작업 과정을 확인하기 위해 해치 커버와 해치 코밍(덮개가 닿는 부분) 틈 사이로 안을 들여다보던 순간, 갑자기 해치 커버가 닫히면서 몸이 끼였다는 게 당시 현대중공업 노조의 조사 내용이었다. 해치 커버를 작동할 때는, 신호수가 배치되고 그에 맞춰 작동해야 하는데, 그러지 않았다. 다른 점이 있다면 김 씨는 하청 노동자가 아니라 정규직이었다는 점이다.

그나마 지금까지 언급한 죽음들은 산재로 인정받은 사례들이다. 8월 23일 작업 준비 중 쓰러진 채 발견된 조 씨는 산재로 인정받지 못했다. 조 씨는 하청업체 팀장으로 원·하청 관계에서 상당한 스트레스를 받았다. 또 아침 5시에 출근해 밤 9시에 퇴근하는 등 하루 열다섯 시간씩 근무했다. 업무상 스트레스와 과로로 인한 죽음일 가능성이 컸다. 하지만 유가족은 산재 신청을 하지 않았다. 사고사는 산재로 인정받기 쉽지만 조 씨와 같은 경우, 작업과 죽음의 연결 관계를 입증해야 하기 때문에 산재 인정이 매우 어렵다.

그랬더라면 어땠을까. 안전 펜스 하나만 설치했다면, 신호수가 한 명만 더 배치됐다면, 발판만 제대로 설치했다면 말이다. 추락, 협착, 낙하 등의 '재래형' 사고는 20년 전이나 지금이나 똑같이 반복되고 있었다. 달라진 게 있다면 지금은 정규직이 아니라 비정규직 노동자가 그 자리를 대신하고 있다는 것뿐이었다.

남편의 제사상

　　김희진 씨의 남편 정범식 씨는 조선소에서 12년을 일한 숙
련공으로 고압 호스로 쇳가루를 분사해 선체 표면을 매끄럽게 가는
블라스팅 일을 했다. 전국의 조선소를 떠돌아다니는 '물량팀' 소속
이었다. '하청의 하청'으로 일하며 하루하루 떨어지는 일당으로 먹
고사는 비정규직 노동자다. 보통 적게는 10명, 많게는 30명씩 팀을
꾸려 움직였다. 목포, 거제도, 울산. 일요일도 마다 않고 일거리가
있는 곳이면 어디든 가서 일을 했다.

　　남편은 20여 년 전 이모의 소개로 만났다. 남편은 부산 구포시장
에서 생활용품을 파는 마트를 운영했다. 같은 시장에서 일하던 이모
가 성실한 남편을 평소에 눈여겨보았다가 조카에게 소개한 것이었다.

　　신혼살림은 부산에서 시작했다. 조선소에서 일하기 시작한 것은
결혼 후 둘째 아이를 낳고 얼마 안 되면서부터였다. 자영업자로는
살기 빠듯했다. 조선소에서 일하면 그럭저럭 돈은 번다는 큰형의 권
유가 있었다. 돈은 만졌지만 몸은 고됐다. 집을 떠나 숙소 생활을 하
다 보니 가족이 그리웠다.

　　큰아이가 중3 때였다. 쭈뼛쭈뼛 아빠에게 말을 꺼냈다. 친구 집
에 놀러 갔다가 친구가 아빠와 저녁도 먹고 맥주도 마시며 이런저런
이야기를 나누는 모습이 무척 부러웠단다. 자기도 아빠와 그렇게 지
내고 싶다고 했다. 그 말을 듣고 남편은 더 늦기 전에 아이들과 함께
살아야겠다고 마음먹었다. 정착금을 마련하기 위해 딱 5년만 더 일
하고, 다른 일을 하기로 약속했다.

　　작년 4월, 남편이 현대중공업에서 일을 시작한 지 보름째 되던

날이었다. 정오 무렵 전화가 걸려 왔다. 남편이 사고를 당했다는 다급한 목소리가 흘러나왔다. 남편은 작업용 에어 호스에 목이 감긴 채 발견됐다. 질식사였다. 마른하늘의 날벼락이었다. 급한 마음에 택시를 타고 울산으로 내려갔다.

발견 당시 남편은 지상 3.5미터 높이의 작업대 난간에 매달려 있었다. 바닥으로부터 50센티미터가량 떠있었다. 두꺼운 작업복과 방진 마스크, 이중으로 된 작업용 장갑에 손목 부위에는 쇳가루가 들어가지 않도록 테이프도 칭칭 감은 상태였다. 누가 봐도 작업하다 사고를 당한 게 분명했다.

일하다 사고가 나리라곤 생각도 못했다. 위험은 고사하고 힘든 내색 한번 보이지 않던 남편이었다. 죽고 나서야 남편이 얼마나 위험한 환경에서 힘들게 일했는지 알았다. 그가 죽었다는 게 믿기지 않았다. 하지만 현실을 받아들여야만 했다.

남편이 사라지자 하루아침에 모든 게 달라졌다. 무엇보다 사람들과 대화하는 게 무서워졌다. 아무렇지 않게 서로의 남편 이야기를 하는 상황조차 고통스러웠다. 자기 처지를 아는 주변 사람들이 위로의 말을 건네는 것도 불편했다. 마음의 병이 커졌다. 자연히 사람들과의 관계가 끊겼다.

그래도 살아야 했다. 남편이 죽고 나니 생계가 막막했다. 조그마한 의류 공장에 다니기 시작했다. 아는 언니가 일하는 곳이었다. 자신의 사정을 알고는 집에만 있지 말고 나와서 일도 하고 사람들이랑 이야기도 하라고 했다. 하지만 쉽지 않았다. 일이 힘든 게 아니라 관계가 힘들었다. 마음의 문을 열지 못했다. 결국, 한 달 만에 그만뒀다.

보다 못한 친동생이 미용실을 같이 하자고 했다. 그게 올 4월의 일이다. 하지만 여전히 멍하니 가게에 앉아 있을 때가 많다. 손님들은 동생에게 '저 언니 얼굴이 그늘져 보인다'고 수군거렸다. 표정은 감춰지는 게 아니었다.

남편을 보낸 지 1년이 되던 5월, 제사상을 차려야 했다. 어떻게 준비했는지 기억도 나지 않는다. 제사 음식을 준비하려고 마트를 찾았는데, 그때부터 눈물이 나기 시작했다. '내가 왜 남편 제사상을 차려야 하나.'

그래도 아이들 때문에 버틴다. 고등학교 2학년 아들과 중학교 2학년 딸이 있다. 내가 무너지면 아이들은 어떻게 될까 걱정이 앞선다. 아이들은 가슴에 박힌 못이다.

아직도 꿈을 꾸면 아이들 뒤에 남편이 서있다. 지금도 떠나지 못하고 아이들 주변을 맴돌고 있다고 믿는다. 아이들에게도 아버지의 빈자리는 작지 않았다. 아버지가 죽은 후 큰아들은 1년 가까이 집 밖을 나가지 않았다. 2학년 때부터는 아침 6시에 등교하기 시작했다. 말로는 공부를 하기 위해서라고 했지만 뭔가 석연치 않았다. 빈 통학 버스를 타고 아직 아무도 없는 학교에 가는 것은 '누구와도 만나기 싫다'는 신호였다.

하지만 엄마에게는 제법 어른 흉내를 낸다. 애써 감정을 숨길 줄도 안다. 아버지는 생전에 아들에게 '아버지가 없을 때는 네가 동생과 엄마를 챙겨야 한다'고 입버릇처럼 말했다. 그래서인지 애써 어른인 척하는 아들이 어떤 때는 오빠 같기도 하다.

남편이 죽은 뒤, 생활이 쪼들리는 걸 알아챈 큰아들은 다니던 학원을 그만뒀다. 아무리 학원에 가라고 해도 학원에서 미리 공부하면 학교 공부가 재미없다면서 되레 엄마를 다독거렸다.

어느 날은 미용실에서 일하는데 아들에게 전화가 왔다. "엄마 메르스 조심해. 밖에 함부로 돌아다니지 말라고." 메르스가 대수인가 싶었다. 하지만 아들의 마음은 그게 아니었다. 엄마마저 갑작스럽게 떠날까 봐 걱정이었다. "아빠도 그렇게 가고 싶어서 갔겠어? 사고란 게 다 갑자기 오는 거 아냐?" 아들은 울먹이며 그간 숨겨 왔던 감정을 쏟아 냈다.

열여덟 살 아들이 아버지의 빈자리를 채운다며 발버둥치는 모습을 보고 있자면 아프지만 살아야겠다는 생각이 든다. 하지만 무엇보다 가슴 아픈 건, 남편의 죽음이 '자살'이라는 경찰 조사 결과다. "산업재해 가능성은 전혀 없으며, 현장에서 타살이나 사고사 흔적을 찾을 수 없고 자살 정황이 뚜렷하다." 경찰은 한 달여 수사 끝에 2014년 6월, 고인의 죽음을 자살로 결론지었다.

경찰이 말한 '자살 정황'은 남편의 얼마 안 되는 카드 연체, 정신과 진료 내역, 사망 4개월 전 부부 싸움이 담긴 문자 메시지가 전부였다. 정황상 가정불화로 남편이 자살했다는 이야기다.

이해할 수 없었다. 죽기 전날에도 다정하게 문자를 주고받았다. 카드 연체는 남편이 죽기 보름 전 이미 다 갚은 상태였다. 2014년 국정감사 때 남편 일이 논란이 되면서 경찰이 재조사에 착수했다. 내심 기대가 컸다. 제대로 수사만 된다면 진실이 밝혀지리라 생각했다. 하지만 재조사도 지난 3월 '자살'로 결론 났다.

아이들은 자상했던 아버지가 갑자기 자살했다고 하니 큰 충격을 받았다. 회사도 보상금 한 푼 줄 이유가 없어졌다. 자신에게 찾아와 무릎 꿇고 모든 것을 책임지겠다고 했던 업체 사장은 그 이후 연락조차 되지 않는다.

남편에게는 홀어머니가 있었다. 행여 자기 아들이 자살했다는 소식을 접하고 충격을 받을까 걱정한 시댁 식구들은 정 씨 가족이 다 같이 미국으로 이민 갔다고 둘러댔다. 덕분에 시댁과는 연락도 끊겼다. 추석이나 설날에도 오롯이 세 식구뿐이다. '자살'이라는 굴레는 그렇게 무거웠다.

어른인 척하는 큰아들에게는 요즘 소원이 하나 생겼다. 아버지 차 조수석에 앉아 아버지와 동네 한 바퀴를 돌았으면 좋겠다고 한다. 시간이 지나도 아버지의 빈자리는 좀처럼 메워지지 않는 것 같다. 함께 미용실을 하는 여동생도 마찬가지다. 부슬부슬 비 내리는 날이면 어김없이 형부 생각이 난다며 전화를 한다. 남편은 처제를 유독 잘 챙겼다. 아직은 시간이 약이 될 만큼 흐르지 않은 것인지, 가족 모두가 아버지를, 남편을, 형부를 잃은 상처에서 벗어나지 못하고 있었다.

김 씨는 "아이들, 그리고 나 자신을 위해서라도 남편이 죽은 이유를 반드시 밝혀낼 것"이라며 "남편의 죽음 앞에 붙은 '자살'이라는 두 글자를 지워 버리고 싶다"고 했다.

얼마 뒤 그녀는 미용실을 접고 근처 공장에 들어갔다는 이야기가 들려왔다.

담배 한 개비의 시간

조선소에서 용접공으로 일하는 이병기 씨도 언제 죽을지 모를 운명이라고 한다면 과장일까. 얼굴선이 가늘고 선한 눈매를 지닌 이 씨는 사무직에나 어울릴 법한 얼굴을 하고 있었다. 울산에서 만난 이 씨는 얼굴만큼이나 조곤조곤한 목소리로 자기 이야기를 털어놓았다.

이 씨가 처음 사회에 발을 내딛은 나이는 서른둘. 첫 직장은 변압기를 생산하는 중공업 중전기 회사였다. 3년쯤 일했을까. 노동조합 사람들과 어울린다는 이유로 쫓겨났다. 노동조합에 가입한 것도 아닌데 억울했다. 하지만 별수 없었다. 이후 경주 공단에 취업해 용접공으로 일했다. 2년쯤 지나니 회의가 들었다. 하청 노동자의 삶은 녹록치 않았다.

부산으로 내려가 개인 사업을 시작했다. 하지만 뜻대로 되지 않았다. 이 씨는 자신이 독하지 못해 그런 것 같다 했다. 다시 울산으로 올라가 조선소 하청 노동자로 취업했다. 그때부터 조선소 하청 밥을 먹기 시작한 게 이제 10년이다.

그동안 일하면서 다치기도 여러 번 했다. 작업환경이 그만큼 열악했다. 그나마 다치기만 하면 다행이었다. 7년 전 친하게 지내는 형님과 LNG 탱크에서 작업하던 때였다. 이 씨는 탱크 안에서 용접을 하고 형님은 철을 깎았다. 일이 늦어져 잔업을 했다. 잔업을 하면 보통 오후 다섯 시에 간식으로 빵을 먹는데, 아무리 기다려도 관리자가 빵을 가져다주지 않았다. 연락조차 없으니 당연히 툴툴대는 말이 튀어나왔다.

"야들이 일만 시키지 먹을 것도 안 주네요. 이리 대접하는데 뭐더러 열 올려서 일합니까예. 사람 우습게 보는 거 아니라예. 고마 치아뿝시다. 행님, 그냥 올라갑시다."

뿔난 이 씨를 이해한다는 듯이 형님은 고개를 끄덕였다.

"고마 내가 쪼매 일 더 하고 마무리할 테니 동상은 먼저 올라가 있으라. 쫌만 더 하면 된다 아이가. 가서 담배나 한 대 태우고 있그라."

형님은 마무리 작업을 자처하며 이 씨를 떠밀었다. 곧 끝날 거라 생각한 이 씨는 먼저 올라와 다른 동료들과 담배를 한 대 피웠다. 몇 분이나 지났을까. 갑자기 함께 담배를 피우던 동생이 이 씨가 올라온 탱크 입구 쪽을 가리켰다.

"행님요, 저기서 연기가 올라오는데예."

탱크 안에서 화재가 발생했다는 뜻이었다. 급히 사람들을 호출하고 관리자에게 알렸다. 무엇보다 형님 걱정이 앞섰다. 대부분이 나왔는데 형님 모습만 보이지 않았다. 전화도 되지 않았다. 답답한 마음에 탱크 안에 대고 소리를 질렀지만 소용없었다. 탱크 안에서는 공허한 울림만 들려왔다.

급히 구하러 갔을 때는 이미 늦은 뒤였다. LNG 탱크는 한번 불이 붙으면 순식간에 타는 재질로 돼 있다. LNG를 운송하기 위해서는 LNG 끓는점인 영하 162도 이하로 탱크가 유지돼야 하는데, 그러기 위해 탱크를 보온재로 이중 삼중 둘러싸기 때문이다. 여기에 불이 나면 답이 없다. 결국 형님은 싸늘한 주검으로 발견됐다. 이 씨는 화재가 진압된 뒤에야 형님과 마지막으로 함께 일한 현장에 갈 수 있었다. 그곳에는 반듯하게 개어 놓은 장갑과 팔 토시가 가지런히 바닥에 놓여 있었다.

그 이후에도 죽음을 목격한 것이 몇 차례. 같은 업체에서 일하던 노동자가 가스 폭발 사고로 죽기도 했다. 이 씨는 그런 죽음을 볼 때마다 다음 차례는 자기가 될지도 모르겠다고 생각한다.

그저 운이 나빴던 것일까?

전상식 씨(30)는 서울에서 여러 일을 전전하다 4년 전 조선소 노동자가 되겠다고 울산으로 흘러들어 왔다. 가족도 친척도 없는 곳이었지만, 조선소에서 일하면 돈도 많이 주고 떼일 위험도 없다고 했다.

전 씨가 들어간 곳은 현대중공업 하청업체. 거기서 그는 취부사로 일했다. 업체가 제공하는 숙소에서 자신과 비슷한 처지의 노동자들과 함께 살았다. 열심히 돈을 모으면 다시 서울로 올라갈 수 있을 거라 생각했다. 하지만 늘 바라던 대로 된 적이 없는 인생이었다.

조선소에 들어온 지 2년 가까이 되던 2013년 여름 어느 날, 오후부터 이슬비가 내리기 시작했다. 안전상 비가 오면 공정을 멈춰야 한다. 하지만 작업 현장에서 원칙은 늘 멀리 있었다. 그날도 여느 날과 다름없이 일을 했다.

작업소장이 전 씨에게 고층에 쌓여 있는 자재들을 지층으로 내리라고 했다. 퇴근 시간이 가까워져 손이 바빴다. 바닥이 빗물로 미끄러웠지만 신경 쓸 겨를이 없었다. 무거운 자재를 들고 발걸음을 재촉하다 그만 중심을 잃고 자재와 함께 미끄러졌다. 다리를 다쳤는지 꼼짝을 할 수 없었다. 구급차로 울산대병원에 후송됐다. 정밀 검사를 받았다. 그 사이 하청 대표와 총무가 전 씨를 찾아왔다. 산업재해 신청을 하지 말라며 대신 공상公傷● 처리해 주겠다고 제안했다.

거절할 수 없는 제안이었다. 다시 돌아가야 할 직장이었고, 함께 일해야 할 상사들이었다. 결국 그는 제안을 받아들였다. 하청업체 지정 병원으로 옮긴 뒤, 다친 오른쪽 다리에 깁스를 하고 입원했다. 그렇게 한 달을 지내고 깁스는 풀었지만 다리는 여전히 불편했다. 정상으로 회복되려면 시간이 더 필요했다. 회사에서도 그렇게 하라고 했다. 쉰 지 석 달이 지났을까. 회사로부터 전화가 왔다.

"다른 애들은 아무리 다쳐도 석 달 안 돼서 다 낫는데, 너는 왜 아직도 낫지 않는 거야? 일하기 싫어서 일부러 그러는 거야? 그런 거면 이번 기회에 집에서 그냥 푹 쉬어."

억울했다. 다리는 아직 통증조차 사라지지 않은 상태였다. 이런 몸으로 다시 회사에 나오라니 답답할 따름이었다. 하지만 방법이 없었다. 울산에 있는 업체 지정 병원에도 찾아가 통증을 호소했지만 지정 병원 의사는 "이상 없다"며 일해도 된다는 진단을 내렸다.

이상했다. 이번에는 울산대병원을 다시 찾았다. 의사는 "왜 이제 왔느냐"며 다그쳤다. 전 씨의 다리는 그 사이에 심각할 정도로 악화돼 있었다. 곧바로 인대 재건 수술에 들어갔다. 네 시간에 걸친 큰 수술이었다.

전 씨는 업체 지정 병원에 화가 났다. 지정 병원을 믿을 수 없었

● 산재 사고로 신고해 산재보험을 받는 것이 아니라 보통 환자처럼 의료 보험 처리하고 회사와 합의해 치료비를 보상받는 방식.

다. 나중에 잘못될 경우도 걱정됐다. 업체 총무에게 다시 산재 처리를 요구했다. 하지만 총무는 시종일관 같은 말만 반복했다.

"회사가 끝까지 보상은 해줄 테니 산재는 신청하지 마라."

수술 후 전 씨는 울산대병원에서 2주를 보내고 다시 업체 지정 병원으로 옮겨졌다. 그곳에서도 재차 산재를 요구하자 버틸 재간이 없던 업체는 결국 산재를 받아 줬다. 그해 12월 31일 산재 승인을 받은 뒤, 전 씨는 곧바로 산재병원인 근로복지공단 인천중앙병원으로 이동해 재활 치료를 받았다. 어느 정도 몸이 회복됐다 싶을 때까지 7개월이 걸렸다. 이제는 다시 일을 해야 했다. 오랫동안 쉬면서 생활고가 심각했다. 전 씨는 회사에 연락했다.

"몸이 나아서 다시 일하고 싶습니다."

회사는 거부했다.

"경영난으로 회사가 문 닫을 지경이다. 너를 받아들일 여력이 없다."

회사가 문을 닫는다는데 할 수 없었다. 퇴직금으로 80만 원을 받았다. 어떻게 이런 액수가 나왔는지 도통 알 수 없었지만, 회사가 어렵다기에 별 말 않고 그냥 받았다.

2014년 8월께 전 씨는 다른 하청업체에 취업했다. 그런데 현장에서 우연히 낯익은 사람들을 보게 됐다. 전 씨가 일하던 업체 노동자들이었다. 회사 경영이 어려워 폐업한다더니 회사는 여전했다. 혹시나 해서 회사 홈페이지를 찾아보니 전 씨의 복귀 요구 이후에도 구인 광고를 내고 있었다. 전 씨와 똑같은 취부사였다.

화가 나기도 했지만 이번에도 할 수 있는 일은 없었다. 그러던 중 수술한 부위의 상태가 악화됐다. 병원에 가보니 청천벽력 같은 진단이 떨어졌다. 아킬레스건을 절단해야 한다는 것이다. 수술 후에는 발목을 좌우, 상하로 움직일 수 없다고 했다. 수술 말고는 다른 방도가 없었다.

전 씨의 불행은 여기서 끝나지 않았다. 수술 후에도 상태가 좋아지지 않아 3개월 뒤 재수술을 받았다. 이번에는 복숭아뼈를 제거했다. 그래도 다리는 나아지지 않았다. 되레 수술 이후 다리가 붓고 변형이 생겼다. 칼로 서걱서걱 베이는 듯한 고통이 수반됐다. 복합부위통증증후군이라는 희귀병까지 얻은 것이다.

오른쪽 다리를 평생 못 쓰는 것은 물론, 숨조차 쉬기 힘든 고통이 찾아왔다. 더구나 복합부위통증증후군은 다리 신경을 타고 척추까지 올라오고 있었다. 전 씨는 신경을 죽이는 치료를 받으면서 이를 억제하고 있다. 매일 소량의 마약류 진통제도 투여받고 있다. 이것이 없으면 고통을 견딜 재간이 없다.

그는 2015년 4월 현재 경기도 화성시 근로복지공단 요양병원에 입원해 있다. 그는 평생 이 고통과 함께 살아야 한다. 게다가 언제 고통이 척추까지 올라올지 모른다는 공포로 전 씨는 정신과 약까지 먹고 있다. 적응 장애와 외상 후 스트레스 장애였다.

"마음잡고 일하려고 조선소에 취업했다가 이런 일을 당했습니다. 도둑질하다 이리 된 것도 아니고 어떻게든 살아 보려고 했던 건데……."

전 씨가 답답함을 호소하는 건 당연했다. 회사는 자신의 상황을 뻔히 알면서도 연락 한번 없었다. 실은 그의 전화조차 받지 않았다.

"도의적으로 사람이 이리 됐으면 미안하다는 이야기라도 한마디 해야 하는 거 아닌가요? 그나마 전 우겨서 산재 인정이라도 받았지만 그러지 못한 사람들이 정말 많아요. 조선소 일이 힘들다고만 생각했지 이런 일을 겪을 줄은 상상도 못했습니다."

전 씨의 눈시울이 붉어졌다.

위험의 외주화

조선업에서는 유독 하청 노동자가 원청 노동자보다 더 많이 죽는 것처럼 보였다. 과연 실제로도 그럴까? 조선업 원청과 하청 산재 사망자 수 현황을 살펴보면, 2001년 원·하청 전체를 통틀어 사망자 수는 31명에서 2009년에는 17명으로 다소 줄어든 것으로 나타났다. 원청과 하청을 분리해서 보면, 원청은 2001년 21명에서 2009년 5명으로 약 4분의 1이 감소했다. 반면, 하청은 같은 기간 동안 산재 사망자 수가 10명 내외로 큰 변화가 없었다.[5] 조선 산업에서 사망 사고 같은 중대 재해가 줄어든 것은 원청 노동자의 사망이 줄어든 결과였던 것이다.

10명 내외로 유지되던 하청 노동자의 사망자 수는 2010년이 지나면서 오히려 늘어났다. 반면, 원청 노동자의 죽음은 계속 줄어들었다. 2012년 1월부터 2013년 7월까지 조선업 산재 사망자 중 원청 노동자는 5명, 사내 하청 및 블록 공장 소속 노동자는 31명이나 됐다.[6] 현대중공업 그룹에서도 2014년 한 해 동안 13명의 노동자가 사망했으나 이 가운데 원청 노동자는 한 명도 없었다. 이를 두고 '위험의 외주화'라 한다.

하지만 2000년대 들어서면서 기하급수적으로 늘어난 하청 노동자 수를 고려해 볼 때 원청과 하청의 사망자 수를 단순 비교하기는 힘들다. 1990년대에는 도장이나 족장 등 어렵고 힘든 일만 주로 하청이 맡았지만 2000년대 들어서면서부터 설계, 품질관리, 안전관리 등 거의 모든 부분을 외주화하면서 사실상 하청이 절대 다수를 차지하게 됐기 때문이다. 하청 노동자가 늘어나면서 위험한 일, 안전한 일 구분 없이 모든 분야를 하청이 차지했다는 이야기도 가능한 것이다.

실제 조선·해양산업 인적자원개발위원회에 따르면, 국내 조선업 12개 업체에서 일하는 총 노동자는 2015년 6월 기준으로 20만 6,647명. 이 중 사무직과 기술직 3만4,874명을 제외한 나머지 기능직 가운데 하청 노동자는 13만5,411명에 이른다. 반면, 원청 노동자는 3만6,362명에 불과하다.

현대중공업의 경우도 한국조선해양랜트협회가 2015년 펴낸 조선자료집을 보면 2014년 말 기준으로 사무직·기술직 1만501명을 제외한 기능직 가운데 원청 노동자가 1만5,270명인 반면, 하청 노동자 수는 그 세 배에 가까운 4만836명에 이른다. 중소 조선소로 내려가면 이 격차는 더욱 커진다. STX조선해양은 기능직 원청이 1,063명, 하청이 4,509명으로 4배 이상 차이가 났다. 성동도 원청이 1,013명, 하청이 4,190명이었다. 대한조선과 SPP조선의 경우 이 둘을 합쳐서 원청이 152명, 하청이 7,592명을 기록, 하청이 무려 50배나 많았다.

이때 살펴보아야 할 것이 바로 산재 사망자 수를 원·하청 고용 규모와 연동해 산출한 사망 만인율이다. 이에 따르면 원청의 사망 만인율은 2001년 4.01‰에서 지속해서 하락해, 2009년에는 0.82‰를 기록했다. 반면, 하청 노동자의 사망 만인율은 2000년대 초반에는 원청보다 낮은 2.95‰를 기록했으나 2007년을 기점(2.79‰)으로 원청보다 높아지기 시작해 2009년에는 원청보다 약 1.2‰포인트 높은 2.07‰을 기록했다.[7] 이는 과거 원청 노동자들이 일하던 위험한 일자리를 하청 노동자가 채우면서 하청 노동자가 원청 노동자보다 큰 위험에 노출되는 구조가 만들어졌음을 보여 준다. 대체 이 구조는 어떻게 만들어진 것일까? 누가, 왜 하청 노동자들을 사지나 다름없는 일터로 내몬 것일까? 나는 다른 곳으로 눈을 돌렸다.

무재해, 무사망자

조선소에서 일할 때, 가장 힘든 건 '일하다 죽을 수도 있다'는 공포였다. 발만 한번 잘못 디디면 곧바로 10미터 아래 바닥으로 곤두박질치는 곳이 조선소다. 그런데도 안전 그물막은 구경조차 할 수 없었다. 허리에 매는 일자 안전벨트가 있긴 했지만 실제로 사용해 본 적은 없다.

사실 현장에서 안전벨트를 하는 노동자는 거의 없다. 일하는 데 방해가 되기 때문이다. 되레 안전벨트로 상황이 악화될 위험도 있다. X벨트가 아닌 허리에 매는 일자 안전벨트는 높은 곳에서 추락하면 낙하 후 반동에 의해 허리가 꺾일 수 있다. 하지만 X벨트는 고소작업자에게만 지급하지 배 안에서 작업하는 경우 지급하지 않는다.

결국 사고가 났다. 40대 여성이 6미터 아래로 떨어져 반신불수가 됐다. 그때 나는 그런 큰 사고가 발생했으니 뭔가 변화가 있을 줄 알았다. 최소한 안전 그물막이라도 설치하지 않을까? 하지만 현장은 놀라울 정도로 조용했다. 노동자들 사이에 작은 동요조차 감지되지 않았다. 출근할 때마다 보이는 정문 앞 전광판 숫자도 그대로였다. "오늘도 안전 근무, 무재해 무사망자 389일." 40대 여성이 반신불수가 된 다음 날 숫자는 0이 되어야 했다. 그러나 오히려 숫자는 하루가 더 늘었다.

사지가 멀쩡하던 사람이 하루아침에 반신불수가 되었는데 무재해라니! 대체 무슨 영문일까? 산업재해로 처리되지 않으면 무재해다. 그녀는 산재 처리를 받지 못했다는 뜻이었다. 기가 막혔다. 하지만 흥분한 내게 하창민 지회장은 냉소로 응수했다.

"허 기자, 그거야 당연한 거 아니요. 죽지도 않았는데 뭐하러 산재를 받아 주겠어요?"

일하다 죽으면 형사사건이기 때문에 산업재해를 숨길 수 없다. 하지만 다친 경우 당사자가 묵인만 해준다면 넘어갈 수 있으니 최대한 숨기려 한다는 것이다. 2014년 3월 현대중공업에서 있었던 사고 때도 그랬다. 바다 위에 불법 족장을 설치하고 작업하다 발판이 무너지면서 두 명이 다치고 한 명이 죽었다. 주목할 점은 사고 직후다. 노동자가 추락했다는 것을 인지한 회사는 가장 먼저 119에 신고해야 했으나 그러지 않았다.

결국 사고가 발생하고 나서 한 시간이 지난 뒤에야 현대중공업 노동조합 관계자가 119를 불렀다. 회사가 119를 부르지 않은 이유는 밝혀지지 않았다. 명확한 건, 그사이 바다로 추락한 노동자는 주검이 되었다는 것뿐이다.

"그 사건도 산재 은폐하려고 119에 신고 안 한 거 아니요. 119

부르면 경찰에 접수되고 자기들끼리 짬짬이 해서 다친 거 감출 수 없으니깐. 조선소에서 비일비재한 일 아닌교."

하청 노동자는 산재보험에 가입돼 있지 않기 때문일까? 그게 아니라면 산재 처리를 거부할 이유는 없지 않을까? 하 지회장은 또 딱하다는 표정을 지었다. 산재보험에 가입돼 있는데도 벌어지는 일이었다. 대체 어디서부터 잘못된 걸까?

포기하라 포기해

"이 사람에게 물어보소. 직접 산재 은폐를 요구받은 노동자니껜."

혼란에 빠진 내게 하 지회장이 일하다 다친 노동자 한 명을 소개해 줬다. 용접공 김영배 씨(52)였다. 사고 당시 현장은 매우 바쁘게 돌아가고 있었다. 퇴근을 한 시간 앞둔 오후 7시, 김 씨는 그날 할당된 작업량을 거의 끝마친 상황이었다. 여유롭게 일을 마무리하면 되겠다 싶었는데, 갑자기 작업소장이 추가 작업을 지시했다. 한 시간 안에 모든 작업을 끝내라는 뜻이다. 다음날이 작업검사 날이었다. 마음이 급해졌다.

현장에 안전시설이라고는 족장밖에 없었다. 폭이 40센티미터밖에 안 되는 족장 위를 아슬아슬하게 오가며 용접을 하는 게 그의 일이었다. 문제는 이동 시간이다. 무거운 용접 장비를 들고 좁은 족장 위를 급한 걸음으로 걷다 보면 이것저것 다른 부분을 챙길 새가 없다. 더구나 족장 주변에는 조명 시설이 제대로 안 된 곳도 많아 시야를 확보하기 어려웠다.

그때도 고정되지 않은 족장이 있었다. 얼핏 보기에는 쇠기둥 위에 고정돼 있는 것처럼 보이지만, 실제로는 쇠기둥 위에 살짝 걸쳐 있었다. 이전 작업자가 족장이 방해가 되니 족장을 잠시 해체해 놓고 일을 하다가 다시 복구하지 않은 것이었다. 그만큼 바빴던 게다.

김 씨는 족장이 고정돼 있지 않은 줄 알면서도 그 위에 올라갔다. 족장을 고정하고 작업할 수도 있었지만 이전 작업자처럼 그 역시 시간이 없었다. 작업소장은 오늘 중으로 지시한 추가 작업을 마무리하고, 내일은 다른 작업 현장으로 가라고 했다. 마음이 급했다.

솔직히 정규직들은 달랑 30분 일하고 어디론가 사라진다. 일하는 데 여유가 있다. 그래도 되기 때문이다. 하지만 하청은 그게 안 된다. 세 시간에 끝낼 일을 한 시간 안에 끝내야 한다. 안 그러면 회사에서 잘리거나 일을 주지 않는다. 그런 압박 때문에 안전을 스스로 무시한다. 그래도 우리 같은 (직접 고용된) 하청 본공은 그나마 여유가 있다. 물량팀은 더 심하다. 물량 치우고 또 빨리 다른 곳으로 가서 새 물량을 해야 한다. 그래야 돈을 받는다. 이 분들은 발이 땅에 붙을 새 없이 날아다닌다. 그러니 더 위험에 노출된다. 다치면 어디 가서 산재 신청도 못한다. 공상도 받을까 말까다. 물량팀이 불법이지만 원청에서는 효율성을 이유로 계속 쓰고 있다.

결국 일이 터졌다. 용접 불똥이 김 씨의 작업화 속으로 들어갔다. 불똥이 튀는 일은 자주 있었지만 일이 급하다 보니 마음도 급해졌다. 엉겁결에 작업화를 벗으려다 고정되지 않은 족장이 흔들렸다. 발이 삐끗했다. 이내 족장과 함께 김 씨는 추락했다.

2미터 높이였기 때문인지 다행히 큰 부상은 없었다. 그런데 떨어지면서 바닥에 있던 물체에 몸을 부딪쳤다. 당시는 가벼운 타박상인 줄 알았다. 하지만 곧 가슴이 아파 오면서 탈진 증상을 보이기 시작했다. 급히 병원에 가서 초음파 사진을 찍으니 갈비뼈 골절이었다. 병원에 입원한 그는 회사에 출근이 어렵다는 문자를 보냈다. 그러자 하청업체 총무로부터 답변이 왔다.

"총무 생활 하면서 서른 명 넘는 골절 환자를 만났지만 입원한 환자는 당신이 처음이다. 그렇게 많이 다쳤나?"

30대 총무가 막말을 쏟아부었다. 젊은 총무에게 그런 말을 들으니 모멸감마저 들었다. 그동안 일하다 허리도 다치고 머리도 꿰매 봤지만 산재 처리를 한 적은 한번도 없었다. 아니 산재 신청을 하겠다는 생각조차 해본 적이 없었다. 불이익을 받기 때문이기도 했지만 그보다는 함께 일하는 사람들과의 인간적인 관계를 생각해서였다. 하청 노동자들은 작업소장이나 작업 관리자의 소개로 입사하는 경우가 많다. 김 씨도 마찬가지였다. 행여 나로 인해 관리자가 피해를 입지 않을까 걱정하는 마음이 더 컸다.

그렇게 살아왔으니 젊은 총무가 쏟아부은 막말에 모멸감을 느끼는 것도 당연했다. 병원에서 일주일을 지내자 작업소장과 작업직장이 김 씨를 찾아왔다. 소장이 산재만은 신청하지 말아 달라며 살려 달라고 애걸복걸했다. 총무 대신 김 씨와 잘 알고 지내던 소장을 보낸 것이었다.

마음이 무거워졌다. 산재 신청은 포기했다. 그들과의 관계를 저

버릴 수 없었다. 계속 조선소 밥을 먹어야 하기 때문이기도 했다. 대신 공상 처리를 해달라고 했다. 하지만 이마저도 작업소장은 자기 소관이 아니라며 즉답을 피했다. 김 씨는 일주일 뒤에야 겨우 공상 처리를 해주겠다는 연락을 받았다.

"산재 신청을 할 경우, 노동자들은 자신에게 불이익이 돌아오지 않을까 하는 우려가 크다. 실제로 불이익을 받는 경우가 많다. 현대중공업 내 하청업체 사장들끼리 모임이 있기 때문에 어느 노동자가 어느 업체에서 산재 신청을 했다고 하면 '이 친구 받지 말라'고 자기들끼리 정보를 공유한다."

김 씨는 자신을 포함해서 조선소 하청 노동자 상당수가 50대 후반이라고 했다. 정규직 노동자들이 정년퇴직 이후 다시 하청 노동자로 재취업하는 구조다. 용접공 같은 걸로 젊은이들이 조선소 하청업체에 들어오긴 하지만 대부분이 1, 2년을 버티지 못한다. 일이 힘든 것도 이유지만 무엇보다 희망이 없기 때문이다. 조선소 기술 훈련을 받고 정규직이 되겠다는 꿈을 품고 하청업체에 들어오지만 실제로 정규직 전환이 불가능하다는 사실을 깨달으면서 하나둘씩 떠난다고 했다. 위험하고 안전시설이 설치돼 있지 않은 곳에 주로 하청 노동자를 투입하는 지금의 구조도 한몫하고 있다고 덧붙였다.

그래도 119는 없다

　　현대중공업에서는 하청업체에 포터(트럭)를 한 대씩 지급한다. 자재를 나를 때 사용하라는 뜻이다. 하지만 가끔 불순한 용도로 사용되기도 한다. 김영배 씨도 7년 전 이 트럭에 실려 병원으로 후송된 적이 있었다.

　　"용접하다 허리를 다쳤어요. 좁은 공간에서 불안정한 자세로 일하다 허리를 삐끗한 거죠. 동료가 관리자에게 전화해서 다친 사실을 알렸어요. 하지만 30분이 지나도 아무런 조치가 없었어요. 그때까지 저는 꼼짝 못하고 그대로 땅바닥에 엎드려 있어야 했죠. 결국 동료가 다시 전화해서 쌍욕을 퍼부었어요. 사람이 어떻게 이러냐고. 그제야 작업소장이 왔어요. 트럭을 끌고. 그러고는 저를 트럭에 실었어요. 이렇다 저렇다 말도 없이 보릿자루 싣듯 트럭에 실어 병원에 던져 놓더니 그냥 가버렸죠."

　　병원에서도 황당한 상황이 이어졌다. 어디서 어떻게 뭐하다 다쳤느냐는 질문은 하지 않고 '산재 할 거냐, 공상 할 거냐'를 먼저 물었다. 그때는 산재라는 단어조차도 낯선 때였다. 오죽하면 다쳤는데 앰뷸런스가 아니라 트럭을 타고 왔을까. 7~8년 전만 해도 하청 노동자들이 다치면 무조건 공상 처리였다.

　　그의 말을 들으니 2012년 1월 세진중공업 폭발 사고를 취재하던 중 만났던 하청 노동자 최도섭 씨가 생각났다. 그도 일하다 다쳤지만 119 앰뷸런스가 아니라 트럭에 실려 후송됐다. 최 씨가 사고를 당한 건 2010년 3월. 일하는데 커다란 컨테이너 크기의 블록이 그를 덮쳤다. 크레인에 매달려 이동 중이던 블록의 한쪽 와이어가 끊어진 것이다. 블록을 옮길 때는 신호수가 블록이 이동하는 동선상에 있는 사람들을 대피시켜야 한다. 하지만 최 씨는 그런 언질을 받지 못했다.

이 사고로 최 씨는 골반이 바스러졌고 장기가 파열됐다. 문제는 그 다음이었다. 회사는 만신창이가 된 환자를 트럭에 실었다. 그것도 정문으로 나가면 원청 안전 요원에게 걸린다며 다른 문을 이용했고, 행여 발각될까 담요로 덮는 용의주도함까지 발휘했다.

병원에서도 업체 관리자는 어떻게든 산재 처리를 막으려 안간힘을 썼다. 병원은 하청업체가 지정한 개인 병원이었다. 관리자는 병원장과 입을 맞춰, 일하다 다친 게 아닌 걸로 처리하려 했지만 최 씨의 상태를 확인한 의사는 '여기선 치료가 불가능하다'며 대형 병원으로 옮기라고 했다. 대형 병원에서도 관리자는 최 씨에게 '집에서 일하다 계단에서 굴렀다'고 이야기하라고 지시했다.

업체 관리자는 대형 병원 담당 의사에게도 집에 가보니 최 씨가 이렇게 돼 있었다고 진술했다. 작업복과 작업화 차림을 한 최 씨의 얼굴에서 그을음을 본 의사는 당연히 믿지 않았다. 그렇게 그는 겨우 산재를 인정받을 수 있었다. 몇 차례 큰 수술이 이어지고 2년이 넘게 병원에서 살았다. 골반 쪽 신경이 끊어져 장애 등급까지 받았다.

하지만 그의 고난은 여기서 끝나지 않았다. 회사는 그에게 '괘씸죄'를 적용했다. 최 씨의 출입증을 정지시킨 것이다. 해고 통보였다. 회사의 지시를 어기고 산재를 신청한 최 씨를 응징하기 위한 조처였다. 이후 최 씨가 출입증 없이 일주일 넘게 출근을 강행하고 나서야 회사는 출입증 정지를 풀어 주었다.

어느 하청업체 총무의 고백

　　김영배 씨 주변에도 산재를 포기한 노동자가 많았다. 처음엔 의욕적으로 시작하지만 나중엔 포기하는 경우가 대부분이었다. 김 씨의 경우처럼 인간관계로 읍소하는 경우도 있지만, 협박을 하는 경우도 다반사다.

　하청업체들은 대체 무슨 생각으로 이렇게까지 산재를 은폐하려 할까? 제때 산재보험료를 내면서도 왜 이렇게 무리수를 쓰는지 의아했다. 나는 이런 일에서 사측 실무를 담당하는 하청업체 총무를 만나 보고 싶었다. 하지만 나서서 '내가 산재를 은폐했소' 하고 양심 고백을 할 사람은 없었다. 또다시 하창민 지회장이 나섰다. 마침 그가 잘 알고 지내는 하청업체 총무가 있었다.

　늦은 밤, 울산의 어느 아파트 단지 앞 조그마한 커피점에서 그를 만났다. 조선소 밥만 30년 넘게 먹은 김 총무는 일하면서 노동자의 산재 신청을 막은 경우가 허다하다고 고백했다.

　그에 따르면, 하청업체가 산재보험에 가입돼 있음에도 불구하고 산재 신청을 막는 첫 번째 이유는 비용 때문이었다. 현재 한국은 산재가 자주 발생하면 산재보험비용이 올라가고 반대로 줄어들면 그에 따라 보험료가 줄어드는 개별실적요율제를 채택하고 있다. 더구나 산재가 자주 발생할 경우 노동부 특별감독을 받게 되는데, 이 과정에서 수많은 지적 사항이 쏟아진다. 이는 크게는 사법 처리, 작게는 과태료로 연결된다.

　전체 시설은 원청 소유이기 때문에 시설에 안전 문제가 있을 경우 원청에 개선을 지시하지만, 작업 과정에서 발생하는 문제점, 예를 들어 안전 교육을 실시하지 않았거나 안전 장비 등을 갖추지 않은 경우, 시정 명령은 하청에 내려진다. 물론 이런 지시 사항을 모두 지키려면 상당한 비용이 발생한다.

이뿐만 아니라 안전시설을 갖추고 안전 수칙에 맞춰 일을 하면 원청에서 요구하는 공정 기일을 맞출 수 없다. 그럼에도 원청은 다음과 같은 수법으로 책임을 회피하고 있었다.

트럭으로 환자를 이송한 사실이 언론에 보도되자 원청에서 하청에 공문을 보냈어요. '트럭으로 절대 환자를 이송하지 마라.' 한 번도 아니고 수차례 공문을 보냈죠. 하지만 하청업체 중 누구도 이 공문을 따르지 않았어요. 원칙에 맞는 공문을 원청에서 하청에 보냈지만 그대로 따르는 놈은 바보예요. 반드시 나중에 문제가 생겨요.

원청에서 그런 공문을 보내는 이유를 하청업체가 모르지 않아요. 자기들은 공문 보냈는데 '니들이 지키지 않았다'는 면피용이죠. 자기들이 해야 하는 일은 나 몰라라 하다가 나중에 문제가 생기면 하청에 책임을 묻는 식이에요. 산재 은폐도 마찬가지예요. 하지 말라고 수차례 공문을 보내요. 하지만 정작 산재 신청을 하면 '왜 막지 못했느냐'고 질타하죠.

또 한번은 물량팀에서 산재 사고가 많이 발생한다는 보도가 쏟아졌어요. 그러자 원청에서 공문이 내려왔어요. '물량팀 운영하지 말라.' 조선소에 현수막도 붙였어요. 물량팀 운영하다 적발될 경우 퇴출시키겠다는 내용으로요. 하지만 물량팀이 운영되지 않으면 공정 자체가 안 된다는 걸 원청에서 모를 리 없잖아요. 그런데도 이런 공문을 보내죠. 자기들은 책임 없다는 알리바이인 셈이죠.

원청이 산재 발생을 꺼리는 것은 여론을 의식해서이기도 했다. 산재가 자주 발생하면 정치권이나 노동부 등의 관심이 쏠린다. 2014년 3월과 4월 두 달 동안 8명의 하청 노동자가 사망했을 때, 노동부에서는 현대중공업을 상대로 특별감독을 진행했다. 그해 10월 국회 국정감사에서는 이 문제가 이슈화되기도 했다. 이렇게 되면 감시가 심해질뿐더러 기업 이미지도 나빠진다. 원청이 이를 막는 방법 중 하나가 산재가 발생하는, 다시 말해 산재 신청을 받아 주는 하청업체에 불이익을 주는 것이다.

불이익을 주는 가장 강력한 방법은 재계약을 하지 않는 것이다. 원청은 매년 하청과 도급계약을 연장한다. 연장 기준은 그간 하청업체가 쌓은 실적과 원청에서 만든 평가 점수다. 산재가 발생한 업체에는 벌점이 부과되기 때문에 불이익을 받을 수밖에 없다.

하청업체는 독립된 법인으로 산재보험에 가입돼 있지만 포괄적으로는 원청인 현대중공업의 관리를 받아요. 하청업체는 자기 업체를 관리하는 부서 부서장의 승진 시기까지 잘 알고 있어야 해요. 승진 시기엔 알아서 산재 사고를 은폐하죠. 승진에서 미끄러진 부서장이 하청업체에 어떤 보복 조치를 할지 모르니까요. 부서장과 관계가 나빠지면 원청은 물량을 가지고 장난을 쳐요. 하청은 원청에서 주는 물량으로 한 달, 그리고 일 년을 살아야 해요. 물량을 안 주면 손가락을 빨 수밖에 없어요. 준다 해도 마진이 별로 남지 않는 물량만 떠넘기면 그것도 문제예요. 그러니 눈치를 볼 수밖에 없어요. 생존의 문제죠.

산재가 재계약 여부를 결정지을 만큼 큰 변수라는 이야기다. 하지만 하창민 지회장의 이야기는 좀 달랐다. 하청업체와의 재계약에서 핵심은 생산성이라고 했다. 2015년 7월, 현대중공업 노사는 산재 은폐를 몇 번 이상 반복한 업체를 퇴출하겠다고 합의했지만 그간 산재 문제로 하청업체와 재계약하지 않았다는 이야기는 한 차례도 들은 바 없다고 했다. 결국 산재 사망 사고는 생산 효율을 높이려다 발생하는 것일까? 대체 사람 목숨보다 중한 것은 무엇일까? 의문은 여전히 풀리지 않았다.

아픈 노동자는 돈이다

사람 목숨을 그 어느 곳보다 소중히 여겨야 할 곳은 병원이다. 나는 조금은 순진한 의문을 던져 보았다. 그래도 병원이라면 산재 은폐를 조금이라도 어렵게 하는 역할을 해주지 않을까? 하지만 병원은 또 다른 중요한 조력자였다. 환자를 돈으로 보는 병원의 이해관계는, 다치는 사람이 많은 조선소 하청업체의 이해관계와 긴밀한 연관을 맺고 있었다.

하청업체 입장에서 산재 처리를 막으려면 초동 조치가 중요하다. 무엇보다 다친 노동자가 병원에 치료를 받으러 갈 때부터 산재 신청을 하지 못하도록 손을 써야 한다. 초진 기록에 '일하다 다쳤다'고 기록되면 나중에 번복할 수 없기 때문이다. 일하다 다치면 본인이 원하지 않아도 무조건 산재 처리를 해야 한다.

하청업체는 워낙 일하다 다치는 사람이 많기 때문에 지정 병원이 있다. 우선 직원이 다치면 지정 병원에 보낸 뒤, 업체 총무가 병원 사무장과 통화한다. 일하다 다친 게 아닌 것으로 진료 차트를 조작해 달라고 요구하는 것이다.

작업복을 입고 들어온 환자라면 일하다 다친 것이 명백한데, 다른 곳에서 다친 것으로 해준다는 게 어떻게 가능할까? 하청업체 총무에 따르면 병원으로서는 하청업체만큼 반가운 손님도 없다. 환자가 곧 돈이나 다름없는 병원 입장에서는 열악한 작업환경으로 다치는 노동자가 많은 하청업체가 최고의 고객인 셈이다. 병원 사무장이 하청업체에 지정 병원으로 해달라는 로비도 많이 한다. 설날이나 추석 때는 하청업체 총무와 사장에게 과일 박스를 보내거나 상품권, 와인 등을 보내고, 향응을 제공하는 경우도 많다고 했다.

이와 같은 갑을 관계에서 병원은 하청업체 말을 들을 수밖에 없다. '다친 직원들 보내 줄 테니, 산재 인정만 못 받게 해 달라'고 청탁하면 병원도 흔쾌히 받아들인다. 병원 입장에서는 산재보험비든, 환자 개인 비용이든 치료비만 받으면 그만이었다.

빚더미에 앉은 사장

하청업체 총무를 만나고 나오는 길, 기다리던 전화가 왔다. 울산에 내려오기 전부터 만나려 애쓰던 하청업체 정 대표였다. 꼭 묻고 싶은 게 있었다.

다음날 오후 조선소 근처 하청업체 사무실에서 그를 만났다. 네

평 남짓한 사무실엔 집기와 컴퓨터 한 대가 놓여 있고, 탁자에는 커다란 배 모형이 어색하게 자리를 잡고 있었다. 그는 거의 쓰지 않는 사무실이라며 평소에는 조선소 안에 있는 사무실을 사용한다고 했다. 조선소 내에는 보는 눈이 있어서 이곳으로 나를 부른 게다.

정 대표는 기사화하면 안 된다는 이야기부터 꺼냈다. 기성● 문제와 관련된 서류가 정리된 후에 종합적으로 보도해 달라고 했다. 보도 여부는 이야기를 듣고 난 뒤 판단해도 늦지 않았다. 일단 그의 이야기부터 들어 보기로 했다.

우리라고 산재 안 받아 주고 싶겠어요. 말하면 뭐해요. 답답하기만 하죠. 매달 산재보험비 내면서 산재 처리 못하는 우리 심정은 어떻겠어요? 원청이 산재가 발생하면 문제가 된다고 압박을 하니 우리로서는 은폐할 수밖에 없어요. 산재 신청은 원청에서 못 하게 해요. 그러니 우리 생돈으로 병원비 내고 임금 다 지급해 주고 그럴 수밖에 없는 거예요. 산재 신청하면 다 해결되는데 말이죠. 우리가 보험에 가입하는 이유는 근로자가 다쳤을 때 신경 안 쓰려고 드는 거 아닌가요? 일하던 노동자가 손가락 잘려서 아파 죽겠다고 하는데, 불구가 되느냐 마느냐 하는데, 거기 가서 하청업체 총무가 '산재 신청하면 조진다. 어떻게 안 되겠나' 이래요. 말이 되나요. 깨끗이 '산재 신청해서 정상적으로 빨리 치료 받아라' 이래야 하는데 그러지 못하는 거

● 하도급 대금의 일종으로, 투입된 인원과 작업 시간 등을 계산해 원청업체가 하청업체에 주는 공사비를 가리킨다. 노무비, 잡비, 자재비 등이 모두 포함된다.

죠. 위에서 '애 다쳤는데 뭐 하냐, 산재 신청할 거 같냐 안 할 거 같냐' 이러면서 들들 볶는데 무슨 말을 하겠어요?

그는 지금은 하청업체 대표를 하고 있지만, 노동자로 시작해서 23년째 조선업에서 잔뼈가 굵은 사람으로 지금의 원·하청 구조의 문제를 훤히 꿰고 있었다. 정 대표는 불과 한 달 전 현대중공업에서 발생한 사고 이야기를 꺼냈다. 내가 조선소 취재에 다시 뛰어들게 만든 바로 그 사고였다.

2015년 6월 11일, 현대중공업 하청업체 직원 이 씨(44)가 철판 대조립 공정 과정에서 8백 킬로그램 무게의 철판에 깔려 사망했다. 대조립은 이런 철판들을 용접으로 붙여 커다란 철판을 만드는 작업이다. 크레인으로 1.5미터 높이 철 지지대 위에 8백 킬로그램 철판을 올려놓고 가용접한 후, 크레인에서 철판을 분리해 놓고 본용접을 한다. 이때 철판 하나당 철 지지대는 세 개가 기본이다. 하지만 이 원칙은 지켜지지 않았다. 사고 현장에서 철 지지대는 두 개에 불과했다. 게다가 가용접도 하지 않은 채 철판을 지지대에 올려만 놓고 크레인에서 철판을 분리했다. 결국 무게를 견디지 못하고 지지대가 부러졌다. 작업 시간을 절약하느라 일어난 일이었다.

정 대표는 이 사고가 근본적으로는 무리한 기성 삭감, 이른바 '기성 후려치기' 때문에 일어난 일이라고 했다. 사고가 난 업체는 현대중공업에 들어온 지 한 달도 안 된 임시 업체였다. 현대중공업 사내 협력업체협의회에 가입도 돼 있지 않았다. 원청에서 '후려치는' 기성을 감당하지 못하고 퇴출당한 업체를 대신해 들어온 것이다. 당연히 신규 업체는 후려친 기성을 그대로 받았다. 기성이 낮으니 인건비를 아끼는 수밖에 없었다. 애초 한 달 동안 진행해야 하는 공사를 보름 안에 마무리하려 했다. 그래야 겨우 수지를 맞출 수 있었다.

"이런 구조에서 일하면서 사고가 안 나는 게 되레 이상하죠." 정 대표는 혀를 끌끌 찼다. 조선소는 인건비가 공정비의 전부를 차지한다고 해도 과언은 아니다. 그러니 노동시간을 줄이는 게 공정비를 줄이는 가장 손쉬운 방법이다. 기성을 절반으로 삭감하면 그에 맞춰 작업 시간도 절반으로 줄여야 한다. 하청업체는 이렇게 해서 중간 이윤을 남길 수밖에 없다. 하창민 지회장의 이야기도 마찬가지였다.

산업재해가 반복적으로 일어나는 이유는 자명하다. 벌금을 수천억 원 부과한다 해도 지금처럼 빡빡하게 진행되는 공정이 바뀌지 않는 한 사고는 반복될 수밖에 없다. 빨리 생산해서 빨리 물품을 빼는 게 자기들에게 이익이라고 생각하고 실제 그렇게 공정이 진행되고 있다. 이 구조가 지속되는 한 답이 없다.

원청에서 공정 스케줄을 다 만든다. 하청은 그렇게 짜인 스케줄대로 일할 수밖에 없다. 전체 공정 흐름을 현대중공업에서 관리한다. 그런 공정의 일부분을 담당하는 게 하청업체다. 블록 하나를 제작하는데, 당장 내일까지 끝내야 한다고 하자. 하지만 다른 업체의 선공정이 끝나지 않으면 하고 싶어도 할 수 없다. 늦게 다른 업체 공정이 끝나면 그제야 일을 시작한다. 하지만 마감 시간은 정해져 있다. 어떻게 하겠나. 시간 맞춘다고 죽어라 일한다. 그런 식이다. 조립부에서 늦게 블록이 넘어오면 다음 공정을 해야 하는 의장 부서에서 그 시간만큼을 만회해야 한다. 급할 수밖에 없다. 그런 구조로 흘러가는 공정을 놔두고 안전을 이야기한다? 말이 안 된다. 공정 구조 자체를 변화시켜야 한다. 하지만 이런 문제는 부각되지 않고 있다.

무리한 기성 삭감이 몇몇 업체에만 국한된 일도 아니다. 고용노동부 울산지청에 따르면, 2015년 6월 기준으로 현대중공업 사내협력업체협의회 272개 소속 업체 중 60%가 임금을 주지 못했다. 2015년부터 2016년 초까지 하청 노동자 3천4백여 명의 임금 197억여원이 체불됐다. 퇴직금과 임금을 주지 못해 노동부에 피소된 업체 사장도 상당하다. 이런 상황에선 안전 그물망 설치는 고사하고 안전 교육도 어렵다. 안전 교육 시간도 노동시간으로 산정돼 임금을 줘야 하기 때문이다.

원청인 현대중공업은 왜 이렇게 말도 안 되는 기성을 책정하는 걸까.

눈에 띄게 기성을 깎은 것은 3년 전, 2012년부터였어요. 제가 생각할 때는 두 가지 이유예요. 첫째는 저가로 배를 수주했고, 둘째는 2010년경부터 미친 듯이 수주한 특수선(드릴십 등) 때문이죠. 해양플랜트 강화한다며 설레발치면서 생긴 일이에요.* 특수선을 저가로 수주해

* 해양플랜트는 바다에 매장되어 있는 석유, 가스와 같은 해양 자원들을 발굴, 시추, 생산해 내는 활동을 위한 장비와 설비를 포함한 제반 사업을 의미한다. 용도에 따라 시추용과 생산용으로, 설치 방식에 따라 고정식과 부유식으로 나눌 수 있다. 시추용 해양플랜트는 연안에서 사용하는 잭업(Jack up)과 원양에서 사용되는 드릴십(Drill ship)이 있다. 여기서 드릴십은 해상 플랜트 설치가 불가능한 심해 지역에서 원유를 찾아내는 선박 형태의 시추 설비. 선박의 기동성과 심해 시추 능력을 겸비한 대표적인 고부가가치 선박으로 통한다. 생산용 해양플랜트는 연안에서 사용하는 고정식 플랫폼(Fixed platform)과 원양에서 사용하는 FPSO와 FPU가 있다.

놓고서 뒷감당이 안 되는 거죠. 드릴십 같은 건 생전 만져 보지도 못한 배들이에요. 설계도 어렵죠. 꾸역꾸역 설계해서 우리(하청)한테 만들라고 하면 우리는 무슨 재주가 있습니까. 우리 역시 처음 접해 보니 고충이 많을 수밖에요. 작업하다 설계와 실물이 맞지 않아 원청에 이게 뭐냐고 물어보면 자기들도 모른다고 대충 맞춰서 해달라고 해요. 그럼 우리는 어떻게 해야 하나요? 꾸역꾸역 '장님 코끼리 만지기식'으로 일을 해야 해요. 그러니 작업 시간도 서너 배 늘어나는 거죠. 매일 잔업에 주말 작업까지 하니 인건비가 늘어날 수밖에 없어요.

하지만 이렇게 늘어난 인건비는 고스란히 하청 몫으로 넘겨졌다. 정 대표가 2014년에 작업 외 시간으로 노동자에게 준 임금이 약 8억 원이었다. 원청에 이와 관련한 보상 처리를 요구하면 "기성에 다 포함돼 있다"는 말만 돌아왔다.

직원이 120명이었다. 하루라도 임금을 늦게 주면 가정이 파탄 난다. 빚을 내서라도 돈을 줘야 한다. 원청은 이런 사실을 알고도 정 대표가 일을 제대로 못해서 그렇다고만 했다. 그렇게 빨아먹을 때까지 빨아먹은 뒤 더는 먹을 게 없다 싶으면 크레인으로 물건 들어 올리듯 업체 사장만 솎아 내고 그 자리에 새 사장을 앉혔다. 새 사장은 당연히 원청이 요구하는 단가를 그대로 받을 수밖에 없다.

폐업 처리를 하고 임시 업체를 만드는 경우도 있다. 현대중공업 하청업체에는 등급이 있다. 정식 등록 업체, 한시 등록 업체, 그리고 단기 등록 업체. 단기 등록 업체는 3개월만 일하는 업체다. 정식 등록 업체가 아닌 임시 업체들은 사내협력업체협의회에도 가입하지 않을뿐더러, 공탁금도 내지 않는다. 2015년 7월 기준으로 현대중공업 내 48개 하청업체가 폐업했다. 그해 6월까지 현대중공업 사내협력업체협의회에 가입된 업체는 272개였다. 대부분 후려친 기성을 감당하지 못하고 도산한 것이었다. 그렇게 폐업한 하청업체 빈자리에는 임시 업체가 들어온다. 정 대표에 따르면 48개 정식 업체가 폐업하면서 단기 등록 업체 약 90여 개가 더 생겨났다.

그냥 계약 해지를 하면 되는 일 아닐까? 원청에서는 왜 이렇게 복잡한 방법을 쓰는 것일까? 정 대표에 따르면 원청 현대중공업과 하청업체 사이에 맺은 도급 계약서에는 원청이 일방적으로 하청을 폐업시키지 못하도록 돼 있다. 이에 따른다면 하청의 동의가 있어야 계약서 수정이 가능하다. 그래서 기성 압박으로 하청이 스스로 자폭하게 하는 방법을 쓰는 것이다. "정식 등록 업체를 죽이는 방식으로 기성을 이용하고 있다"라고 정 대표는 표현했다.

하청 노동자가 제일 불쌍하죠. 우리야 사업을 한 거니 감수해야 하는 부분이 있어요. 하지만 하청 노동자는 달라요. 나도 그들처럼 일하던 시절이 있었습니다. 현장 노동자로 시작해 23년 동안 조선업 일을 해 왔어요. 한 달 월급 2백 만 원 받으면 은행이 다 빼갑니다. 단돈 10만 원이라도 구멍이 나면 밥을 못 먹어요. 지금 노가다판, 아니 조선업의 현실이에요. 우리 회사 다니는 노동자 120명 중 몇 명 빼고는 모두 전세 아니면 월세 살아요. 외국인과 사는 사람도 있고 혼자 사는 사람도 많아요. 잘나면 직영 가지 뭐 하러 하청 오겠어요? 하루 벌어 하루 먹고사는 친구들이에요. 이런 사람들에게 줘야 할 돈을 주지 못할 때는 마음이 무거워져요. 이 문제만 해결되면 나도 미련 없이 사업 정리하고 떠날 거예요.

정 대표가 일을 그만두려면 빚, 세금, 4대 보험 등이 정리돼야 한다. 하지만 현재로선 해결할 능력이 없다.

　누가 지금의 구조에서 자유로울 수 있을까? 그의 증언만으로도 현재 원·하청 간에 복잡하게 꼬여 있는 구조를 짚어 보기에 충분했다. 기사를 쓰지 않겠다고 했지만, 정 대표 이름을 익명 처리해 기사를 썼다. 그런데 기사를 내고 얼마 지나지 않아 정 대표를 다시 보게 됐다. 인터뷰를 한 지 5개월 뒤, 기성 하락으로 하청업체들이 본격적으로 폐업하기 시작할 무렵이었다.

4

산재보험의 이모저모

한국의 산업재해보상보험(이하 '산재보험')은 산업화 초기인 1964년부터 시행되기 시작했다. 처음에는 5백 인 이상 사업장에 한정되어 있었지만 2000년부터 1인 이상 사업장으로 확대 적용돼 현재 상시 1인 이상의 노동자(일용직 포함)를 고용한 사업장, 총공사금액 2천만 원 이상, 연면적 1백 제곱미터 이상의 공사는 의무적으로 산재보험에 가입해야 한다.

산재보험은 사업주들이 낸 보험금을 정부가 기금 형식으로 관리해 재해를 당한 노동자에게 지급하는 형식으로, 여타의 사회보험과 달리 전액 사업주가 비용을 부담하며(이는 사실 노동자에게 지불해야 할 사회적 임금에 해당한다), 재해를 당한 노동자가 병원이나 약국에서 치료를 받으면 요양 급여가, 치료 후에 장해가 발생하면 장해 급여가, 일을 하지 못하게 되면 그 기간만큼 휴업급여가, 사망하게 되면 유족에게 유족 급여가 지급된다.

산재보험 계산법

보험료를 산정하는 기준은 업종, 근로자 수, 산재 발생 여부, 이렇게 세 가지다. 일반요율 보험료는 '1년간 지급될 임금 총액×해당 사업 보험료율'로 계산하며, 보험료율은 고용노동부 장관이 매년 결정해 고시한다(2016년 현재 최고 요율은 광업으로 34%, 조선업의 경우 2.5% 요율을 적용받고 있다). 하지만 10인 이상 사업장부터는 '개별실적요율제'의 적용을 받아 산재 발생 여부를 따져 보험료를 할인해 돌려주는데, 개별실적요율은 일반요율에 보험수지율(3년간 재해 노동자에게 지급한 보험금/3년간 사업장에서 납부한 보험료)을 곱해 결정한다.

이와 같은 개별실적요율제를 통해 대기업이 돌려받는 산재보험료는 해마다 늘고 있다. 개별실적요율제가 적용돼 산재보험료 특례를 누린 상위 1백 개 대기업의 몫은 2012년 3,899억 원(31%)에서 2013년 4,043억 원(32%), 2014년 4,308억 원으로 나타났다. 2014년 개별실적요율제를 통해 전체 기업이 감면받은 보험료는 전체 1조3천억 원에 이른다.

현대중공업의 경우 2009년부터 2013년까지 5년간 총 955억7,358만 원을 할인받았다. 더구나 이는 현대중공업 계열사인 현대미포조선과 현대삼호중공업을 제외한 수치여서 현대중공업이 실제로 할인받은 산재보험료는 이보다 훨씬 많을 것으로 추정된다.

신청과 적용의 문제점

건강보험과 달리 산재보험 신청은 재해를 입은 당사자(또는 보호자)가 직접 근로복지공단을 방문해 신청해야 한다. 원칙적으로 여기서 사업자의 역할은 신청서 확인란에 날인을 하는 것뿐인데, 날인을 거부할 경우 날인거부사유서를 작성해 제출할 수도 있다. 하지만 재해의 업무 관련성을 신청자가 입증하도록 되어 있어 사업장의 협조가 없으면 산재를 인정받기 힘들다.

공상 처리는 명백한 불법으로, 적발되면 산재 은폐로 간주되어 1천만 원의 과태료가 부과되지만, 공상 형태로 이루어지는 산재 은폐 규모는 전체 산재의 80퍼센트에 달하는 것으로 추정된다. 또 노동조합이나 시민단체의 진정이나 고발로 감독이나 조사가 이루어지는 경우를 제외하고는 노동부가 산재 은폐를 적발 및 감독한 사례는 거의 없다. 게다가 2013년 현재 건강보험공단이나 119 구급대 등에서 산재 은폐로 노동부에 통보한 건수의 90%가 아무런 처벌도 받지 않는 경고 처분으로 처리되었다.

이 외에도 산재 노동자의 원직장 복귀율이 40%에 불과하고. 재활 치료의 경우 보험 급여가 되지 않아 제대로 치료되지 않은 상태에서 작업장으로 내몰리는 경우가 많으며. 부상이 아닌 직업성 질환의 산재 인정이 힘들고, 자영업자·농민·특수고용직 등이 여전히 산재의 사각지대에 놓여 있다는 등 많은 문제를 안고 있다.

산재 사망률은 최고지만 산재 사고율은 최저인 나라

한국은 OECD 최고의 산재 사망률을 자랑하지만, 산재 사고율은 매우 낮은 기이한 현상을 나타낸다. 고용노동부 자료에 따르면, 2008년 한국의 사망 만인율은 멕시코보다 높지만 부상 만인율은 멕시코의 5분의 1 수준에 불과하다.

(단위: ‰)

	한국	독일	호주	멕시코	스웨덴	이탈리아
부상 만인율	62.7	282.9	102.0	355.4	64.1	244.5
사망 만인율	1.59	0.20	0.21	1.00	0.15	0.40

대형 사고가 발생하기 전에는 경미한 사고와 징후가 나타나기 마련이라는 '하인리히 법칙'에 따르면, 중대 재해 1건이 발생하려면, 경상이 29명, 위험 행동이나 사건이 3백 건 발생해야 하는데, 이와 같은 한국의 기이한 산재율은 그만큼 산재 은폐가 많다는 방증이다. 실제 고용노동부 "산재 미보고 현황" 자료를 보면, 2011년부터 2013년까지 산재 사고 미보고로 총 2,790건을 적발했지만, 이 중 사망은 단 1건에 불과했다.

이와 같은 산재 은폐는 사업주가 부담해야 할 치료비를 건강보험으로 대체하게 한다는 점에서도 큰 문제다. 2008년부터 2012년까지 산재 은폐로 발생한 건강보험 재정 손실은 2,991억 원에 달하고, 2013년 9월까지 은폐 사실이 적발된 경우만 539억 원에 이른다.

산재 보험의 혜택을 받는 노동자들은 얼마나 될까?

2014년 국가인권위원회가 한림대 산학협력단에 의뢰한 "산재 위험 직종 실태 조사"를 보면, 일하다 다친 경험이 있는 조선업계 사내 하청 노동자 127명 중 산재보험으로 처리한 노동자는 7.2%에 그쳤다. 60%가 공상 처리했고(하청업체 부담), 치료비를 직접 부담한 사람이 28%, 아예 치료를 받지 않았다는 응답도 4.8%에 달했다. 산재보험으로 처리하지 않은 이유로는 '원·하청업체로부터 불이익을 받지 않기 위해서'(79명)라는 답변이 가장 많았고, '하청업체가 산재보험 처리를 못하게 강요해서'(52명)라는 응답이 뒤를 이었다(복수 응답).

2014년 4월 현대중공업 노조와 사내 하청지회가 공동으로 실시한 "사내 하청 노동 환경 실태 조사"는 더욱 심각하다. 업무상 재해와 관련해 '개인이 처리했다'라는 응답은 50.4%로 절반을 넘었고, 공상 처리했다는 응답이 43.7%, 산재 처리를 통해 치료받았다는 응답은 3.7%에 그쳤다.

산재 처리가 잘 이뤄지지 않는 이유에 대해선 절반 이상인 50.9%가 '해고, 업체 폐업, 블랙리스트 등 불이익을 당할까 두려워서'라고 답했다. '원청의 압력으로 업체에서 공상을 강요하기 때문에'라는 응답이 22.3%로 그 다음으로 많았고, '산재 신청에 대한 정보가 없어서'라는 응답이 17.0%로 뒤를 이었다.

참고문헌

"현대중, 5년간 약 1000억 산재보험료 할인받았다", 〈오마이뉴스〉(2014/05/01).
"'반쪽짜리' 산재보험 50년", 〈프레시안〉(2014/07/10).
"사고 은폐만 안 해도 '안전 사회' 만들 수 있다", 〈프레시안〉(2014/10/15).
"한정애 '100대 기업, 돌려받은 산재보험료 4천억'", 〈연합뉴스〉(2015/09/09).

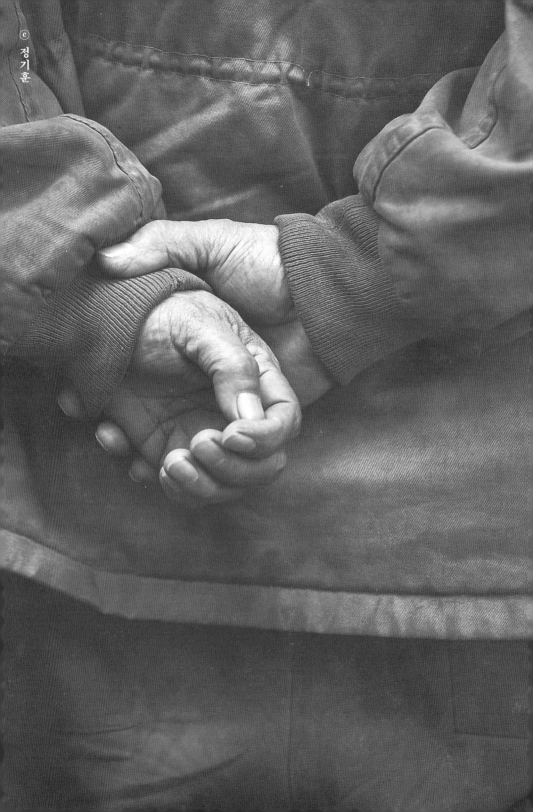

강철 노동자는 없다

4장

하청 노동자의 시간은 다르게 흐른다

"허 기자, 한밤중에 미안한데 …… 대우조선해양 조선소 크레인 위에서 농성하는 사람 알지? 그 사람 좀 만나 보면 어떨까? 아주 딱하게 됐어. 정규직 노조한테도 외면받고, 어디 도움 받을 곳도 없는 것 같아."

전용수 씨에게서 연락을 받은 건 2015년 6월, 대우조선해양 사내 하청업체에서 일했던 해고자가 회사의 복직 약속 이행을 촉구하며 크레인 위에 올라 고공 농성을 시작한 지 두 달여가 지났을 때였다.

"아, 그래요? 내일이라도 연락해 볼게요."

나는 의례적인 답변을 한 뒤 전화를 끊었다. 사실 그가 누구인지 잘 몰랐다. 아니 사실은 잊어버렸다. 강병재. 어디선가 많이 들어 본 이름인데……. 곰곰이 되짚어 보니 3년 전 조선소에 위장 취업했을 때 전용수 씨 소개로 만난 노동자들 가운데 한 분이었다.

강병재 씨는 2006년, 대우조선해양 하청업체 동성계전에 들어갔다. 전기 배선을 해주는 하청업체였다. 정규직과 같은 일을 해도 월급은 그들의 절반이었다. 게다가 출근해도 일거리가 없으면 그날 임금을 받지 못했다. 참다못해 회사에 부당함을 토로했다. 하지만 혼자만의 목소리로는 작업환경이 바뀔 기미가 보이지 않았다. 그래서 다른 노동자들과 '대우조선 하청노동자 조직위원회'를 만들었다. 그는 이 위원회의 의장이 됐다.

그러자 회사는 그를 해고했다. 정확히 말해 그가 속한 회사를 폐업시켰다. 복직 싸움은 그때부터 시작됐다. 2009년 3월의 일이다.

회사는 2년이 다 되도록 꿈쩍하지 않았다. 2011년 3월, 그는 급기야 대우조선해양 정문에 있는 송전탑에 올랐다. 회사로부터 복직 확약서를 받기까지 그는 15만4천 볼트 전류가 흐르는 곳에서 88일을 지냈다. 회사는 마지못해 복직을 약속했지만 언제 약속을 이행할지는 알 수 없었다. 내가 2012년 처음 강 씨를 만났을 때 그는 회사로부터 연락이 오기만을 기다리고 있었다.

"싸움을 시작할 때만 해도 33평 아파트가 있었지만 이젠 전세 살아요. 아파트 팔고 남은 돈으로 지금까지 싸웠어요. 혹시 언제 무슨 일이 있을지 몰라, 전세 아파트는 딸에게 맡겨 놨어요. 더는 돌아갈 곳도, 벗어날 수도 없는 막다른 길에 서있는 기분이에요."

이후 오랫동안 강 씨의 소식을 듣지 못했다. 무심하게도 그냥 복직했을 거라 생각했다. 그런데 강 씨는 또 크레인 위에 있었다. 회사는 4년이 다 되도록 약속을 지키지 않았던 것이다.

나는 왜 혼자 이 크레인(TTC-06호) 위에 올라와 있나. 집에서 혼자 밥을 끓여 먹고 학교를 가고, 다시 돌아와 혼자 잠을 청할 고3 딸을 생각하면 눈시울이 뜨겁다. 2011년에 이어 두 번째 고공 농성. 2011년 88일과 오늘로 144일째인 두 번째 고공 농성 날짜를 합치면 딸과 떨어져 하늘에서 생활한 것만 230여 일이다. 당장이라도 한달음에 달려 내려가 딸을 껴안아 주고 싶다.

2011년 88일간의 고공 농성 끝에 2012년 말까지 복직하기로 합의했었다. 대한민국 조선업계 매출 1위 기업. 아니, 올해 현재 전 세계 조선 산업 내 수주 잔량 세계 1위의 대기업인 대우조선해양에 나 같은 사내 하청 노동자 한 명 채용하는 건 아무 일도 아닐 테지만, 그들은 끝내 약속을 지키지 않았다. 정말 오르고 싶어서 오른 하늘이 아니었다.[8]

회사가 '1년 뒤 복직'을 또다시 약속할 때까지 그는 타워크레인에서 165일간 딸을 볼 수 없었다.

1970년, 전태일은 '주 40시간 노동' 근로기준법을 준수하라며 자신의 몸에 불을 붙였다. 노동자의 당연한 권리를 주장하기 위해 목숨을 버려야 하는 시대였다. 덕분에 하루 여덟 시간 이상 일하면, 1.5배의 수당을 받는 시스템도 만들어졌다. 하지만 하청 노동자들은 여전히 전태일 시대에서 멈춰 있는 것 같았다. 2016년 5월 현재 그는 여전히 회사가 약속을 지키기만을 기다리고 있다.

동상이몽

하청 노조를 만들려다 송전탑과 타워크레인까지 오르게 된 강병재 씨가 크레인 위에서 외로이 두 달을 넘기던 그즈음 언론에서는 현대중공업 정규직 노조가 하청 노조와 연대해 하청 노동자 조직화 사업을 본격적으로 진행한다는 이야기가 흘러나오고 있었다.[9] 12년간 '어용'이라는 멍에를 지고 있던 현대중공업 노조는 2013년 말 민주파 집행부가 노조를 장악하면서 전기를 맞았고, 이때부터 대

내외적으로 하청 노동자와 함께하려는 제스처를 취하기 시작했다. 2014년 있었던 하청 노동자 열세 명의 죽음에 대해 취재하고 있던 나는 이런 움직임을 직접 살펴보고 싶었다.

"이 머리띠요? 조합원들이 하도 매라고 해서 맸죠. 조합원들이 노조 집행부에 '니들 열심히 안 하면 쥑이뿐다' 이래요. 지금은 평상시가 아니라 전시라면서 꼭 두르라고 해요."

때는 임금 교섭이 한창이던 2015년 7월, 날 태우고 공장 내 노조 사무실로 향하던 김형균 현대중공업노동조합 정책실장의 머리에는 붉은 머리띠가 질끈 묶여 있었다.

교섭은 보통 몇 차례 노사가 만나 대화를 나눈다고 타결되지 않는다. 서로 간의 기싸움부터 시작해 지난한 과정을 거친 뒤에야 겨우 합의안 비슷한 게 나온다. 2015년에도 임금 합의안이 나오기까지 노사는 6개월간 무려 43차례나 만남을 가졌다. 2014년에 9개월이 걸렸던 데 비하면 그래도 약과다. 게다가 이렇게 합의안이 도출되면 곧바로 다음번의 새로운 임금 협상을 준비한다.

내가 방문한 그날은 마침 노사 간 임금 협상이 있는 날이었다. 넓지 않은 노조 사무실에 30여 명의 노조 간부들이 머리에 붉은 띠를 두르고 두 줄로 도열해 있었다. 맨 앞은 현대중공업 노조 위원장이었다. 협상에 앞서 위원장 등 교섭 위원들에게 힘을 북돋아 주는 자리였다. 각종 구호와 민중가요가 사무실 안에 쩌렁쩌렁 울려 퍼졌다. 그리고 교섭 위원들이 돌아가면서 한마디씩 하며 각오를 다졌다. 한 사람 한 사람 발언을 마칠 때마다 우레와 같은 박수가 쏟아졌다.

그렇게 10여 분이 지났을까. 머리띠를 두른 교섭 위원들이 우르르 노조 사무실을 빠져나가며 상황은 겨우 정리됐다. 그제야 나는

사무실 한구석을 차지하고 인터뷰를 시작할 수 있었다. 김형균 정책
실장은 앞으로 다가올 조선 산업의 변동을 고려할 때 하청 노동자의
조직화는 꼭 필요한 일이라고 역설했다.

요즘 조선소에 젊은 사람들이 많이 들어오지만 오래 일하지는 않아
요. 조선 산업에서 하청 노동자 평균 근속연수는 2.1년(2013년 기준 원
청은 12.1년)[10] 정도예요. 근속연수가 짧다는 건 숙련도가 낮다는 말이
죠. 조선업에서 글로벌 리더를 유지하려면 고부가가치 선박도 만들
어야 하고, 기술개발도 해야 해요. 하지만 현장 노동자들의 숙련도가
낮으면 어려워요. 일본이 그랬죠. 조선 산업이 하향 산업이라고 판단
하고는 투자하지 않았어요. 그 결과 고급 인력을 밖으로 빼앗겼어요.
9대 1 정도로 하청 노동자가 절대다수가 됐죠. 결국 경쟁력을 상실했
어요. 우리 입장에서는 잘된 일이죠. 하지만 일본 입장에서 보면 매
우 잘못된 결정이었어요.
그런데 지금 한국 조선 산업이 일본을 따라가고 있어요. 정규직 대
비정규직 비율이 배 이상 차이가 나죠. 이 문제가 한국 전체 조선 산
업에 미치는 영향은 대단히 커요. 우리가 하청 노동자를 조직하고 안
정시켜야 하는 이유는 단순히 노동자의 기본 권리를 되찾기 위해서
만은 아니에요. 하청 구조는 조선 산업의 미래를 생각해서 함께 고민
해야 해요. 지금이 서로 머리를 맞대고 논의할 수 있는 적절한 시기
라고 생각해요.

현대중공업 정규직 노조가 2015년 하청 노조와 함께 '하청 노조
원 조직화 사업'을 진행하기까지는 여러 단계를 거쳤다. 2013년 말

민주 노조가 출범한 뒤, 노조 집행부는 위원장 취임식 때 하청 노조 위원장인 하 지회장을 연사로 초청했다. 하 지회장은 해고자 신분이라 현대중공업 담장 안으로 들어오지 못한다. 그럼에도 원청 노조가 회사에 요구해 하청 노조 위원장이 공장 내로 들어가 연설할 수 있게 했다. 현대중공업 노조가 하청 노조와 함께하겠다는 신호를 보낸 셈이다.

이후 하청 노동자들이 어떤 상태에 있는지 파악하기 위해 대규모 실태 조사를 진행했다. 하지만 조사를 시작하면서도 반신반의했다. 하청 노동자들이 조사에 응해 줄까 의문이었다. 하지만 반응은 뜨거웠다. 설문지 3천 부를 배포했는데 그중 1천5백 부가 돌아왔다. 하청 노동자들이 원청 노조에 거는 기대가 크다는 방증이었다.

이를 토대로 원청 노조는 4대 요구안(토요일 여덟 시간 유급화, 성과급 지급, 정규직과 동일한 장학금 지급, 협력사 직원 퇴사 시 출입증 말소 즉시 처리)을 만들었다. 그리고 회사와의 교섭에서 이를 제시했다. 하지만 쉽지 않았다. 원청 노조가 하청 노동자와 관련된 요구를 하면 회사는 입을 닫았다.

"우리는 할 말 없다. 우리가 하청에 개입하면 문제가 복잡해진다."

회사는 하청 노동자 문제에는 단호한 선을 그었다. 원청의 사용자성을 인정하게 된다는 이유로 논의 자체를 거부했다. 그래도 노조는 요구를 계속했다. 그러나 2014년 2월이 지나도록 아무런 합의도 하지 못했다. 결국 4대 요구안은 단 한 건도 관철되지 않았다.

하청 노동자들의 실망은 이만저만이 아니었다. 이후 원청 노조는 다른 방법을 모색했다. 하청 노동자 문제를 근본적으로 해결하기 위해서는 하청 노동자끼리 단결해야 한다고 생각했다. 그간 자신들이 하청 노동자 이야기를 해봤자 아무 효력이 없었으니 당사자의 문제는 당사자가 이야기해야 한다는 것이었다. 그러려면 우선 조직력이 있어야 했다.

2015년 3월부터 원청 노조는 하청 노조 집단 가입 운동을 기획했다. 4월 한 달간 설명회를 비롯한 준비 과정을 거쳐 5월 초부터 열흘씩 대대적인 집단 가입 운동을 벌였다. 내부에서는 원청 노조의 대의원, 집행 간부들, 외부에서는 민주노총 지역 본부를 비롯한 조선하청권리찾기사업단 등이 총동원되었다.

하지만 전용수 씨의 얘기는 달랐다.

"생색내기만 하고 있더라고. 점심때 선전전하고, 조합원 가입하라는 현수막 붙인 게 고작이다 아이가. 이러면서 비정규직 조직화사업 한다고 언론에 이야기할 수 있는 기야?"

하청 노조 활동가였던 그는 하청 노조를 자신들 협상 카드로만 사용하려는 대기업 정규직 노조의 행태를 많이 보아 온 터였다. 그에게는 이번 행보 역시 다르지 않아 보였다. 노조가 대표적인 성과로 내세우는 작업 중지권에 대한 평가도 달랐다. 하창민 현대중공업 사내하청지회장의 말이다.

현대중공업 노사 간 협상으로 작업 중지권이 2015년부터 실시되고 있다. 하지만 실효성이 없다. 몇 명의 담당자들이 그 많은 공장 부지를 어떻게 돌아다니면서 적재적소에 작업 중지를 할 수 있겠나. 큰 성과인 양 부풀릴 필요 없다. 지금도 안전 관리 요원들이 돌아다닌다. 그들이 돌아다니며 하청 노동자가 위험한 일을 하거나 작업환경이 위험하다고 판단하면 작업을 중지하거나 위험하다는 스티커를 발부한다. 하지만 그런다고 위험이 사라지지 않는다. 스티커를 붙이면 잠시 작업이 중단될 뿐이다. 위험 요소가 제거되는 게 아니다. 모든 시설이 재정비된 뒤, 일하는 경우는 없다. 그러니 안전 관리 요원이 나오면 하청 노동자들은 둘 중 하나다. 재수 옴 붙었다며 도망치거나 그들을 상대로 꺼지라며 렌치 같은 장비를 던진다. 경고 스티커를 세 번 받은 노동자는 출입증을 반납해야 한다. 개인이 벌금도 내야 한다. 게다가 작업도 제대로 할 수 없다. 정해진 시간 안에 내 일을 끝내야 하는데 방해받는다고 생각한다. '니가 뭔데 내 일을 방해하느냐!' 이런 식이다. 이런 상황에서 작업 중지권에 큰 의미를 부여할 수 있을까? 첫 발을 내딛었다는 점에서 의미는 있다. 실효성을 위해서는 앞으로 어떻게 구체화할지 계속 고민해야 한다.

작업 중지권은 산업재해가 발생할 위험이 있거나 재해가 발생했을 때 작업을 중지시키고 이에 필요한 조치를 취한 뒤 다시 작업을 시작할 수 있도록 한 권리다. 현장 노동자가 노조 노동안전보건실 간부들에게 관련 내용을 알리면 간부가 작업 중지권을 발동한다. 현행 산업안전보건법에는 사용자가 이 권리를 행사할 수 있도록 규정하고 있다. 국내 기업 가운데서 노동자에 작업 중지권을 부여한 곳은 현대자동차와 STX조선 등 손에 꼽힐 정도다. 그만큼 의미도 커 보였다. 하지만 하청 노동자 전용수 씨, 하창민 지회장과 원청 노동자 김형균 실장 사이에 이토록 입장 차이를 보이는 것은 어떻게 된 걸까? 우선은 노조의 역사부터 살펴봐야겠다.

누구에게나 처음은 있다

　　1987년 이전만 해도 월급날이면 재미있는 광경이 연출됐다. 현대중공업 정문 앞에는 술집 주인들이 진을 치고 있었다. 외상값을 갚으라는 일종의 시위였다. 당시엔 모두가 자신의 이름이 적힌 노란 월급봉투를 받았는데, 술집 주인들은 현금을 쥐고 퇴근하는 노동자의 뒷덜미를 잡으려 혈안이 돼 있었다. 한 달에 4백여 시간을 일해 받는 돈은 20~25만 원. 이 가운데 절반은 생활비로, 나머지 절반은 술집 외상값으로 나갔다.

　　월급날 현대중공업 인근 술집이 몰려 있는 골목은 술에 취해 널브러진 노동자들로 걷기조차 힘들었다. 새벽까지 술을 마시다 길바닥에서 쪽잠을 자고 출근하는 사람들도 있었다. 그런 풍경은 월급날 뒤로도 이틀 사흘 지속됐다. 미래가 보이지 않는, 언제 다칠지 모르는 조선소 노동자의 삶은 그랬다.

　　월급이 적다 보니 퇴근길에 회사 물건을 작업복 안에 숨겨 나오는 노동자들도 있었다. 들고 나온 쇳조각은 회사 문 앞에서 기다리고 있는 엿장수에게 팔아 버리고 퇴근길 술값에 보탰다. 소모품을 들고 나와 집에서 쓰기도 했다. 이 때문에 급기야는 경비가 회사 출입문에서 퇴근하는 노동자의 몸을 수색하기도 했다.

　　대부분은 이곳에서 오래 일할 생각이 없었다. '5년 바짝 일해 여기를 뜨는 거야.' 대부분은 그런 생각들이었다. 일하다 죽는 일도 비일비재해 '죽음의 공장'으로 불리기도 했다. 이런 조건은 원청 노동자나 하청 노동자나 별 다를 바 없었다.

　　이런 공장에도 노동조합이 생기면서 점차 희망이 생겼다.

'우리도 회사와 잘 싸우면 외식도 하고, 차도 사고, 집도 살 수 있구나.'

현대중공업 노동자들은 두발 자율화, 임금 인상 등 17개 요구 조건을 내걸고 1987년 7월 28일부터 9월 21일까지 약 56일 간 파업과 농성, 가두시위를 벌였다. 그러고 나니 쥐꼬리만 하던 임금이 매년 뛰었다. 두발 제한 같은 인격 모독적 작업환경도 달라졌다. 위험한 작업환경이 개선되면서 산업재해도 이전보다는 줄어들었고, 일하다 죽는 노동자도 점차 줄었다. 1986년 8명이었던 사망자는 1987년 7명, 1988년 5명, 1989년 4명으로 줄어들었다.

월급봉투가 두툼해지고 작업 현장이 안전해지면서 노동자들의 실제 삶도 달라졌다. 여유가 생기다 보니 다른 곳으로 갈 생각을 하는 사람도 없어졌다. 이후엔 좀 더 다양한 부문에서 제대로 된 삶의 조건을 요구했다. 회사 근처에 살기 위해 울산 동구에 집을 마련하는 것은 물론, 회사에 아파트도 지어 달라고 했다. 이렇게 할 수 있었던 것은 모두 노조를 매개로 노동자 스스로 계획을 세우고 삶을 꾸릴 수 있다는 희망이 생겼기 때문이었다.

하지만 하청 노동자들에게는 그 희망이 현실이 되지 못했다.

하청 노조의 시작

현대중공업 정규직 노조가 하청 노동자를 조직화하려고 시도했던 것은 2015년이 처음은 아니었다. 2002년에도 현대중공업 정규직 노조는 사내 하청 문제를 전면에 내걸고 선전 활동을 시작하려 했다. 당시 사내 하청 노동자들의 호응은 폭발적이었다. 이 시기 정규직 노조는 정규직에게만 적용되던 노조 규약을 사내 하청 노동자들에게까지 확대하는 계획도 세웠다.

하지만 정규직 노조 대의원들 사이에서 비판이 터져 나왔다. 노조 집행부의 의지만으로는 회사 측에 협조적인 대의원들을 설득하기 어려웠고, 대부분의 조합원들도 정서상 이를 받아들이기 힘들어했다. 결국 집행부의 계획은 무산됐다.

이런 와중에 그해 6월, 노조 비리 문제가 터졌다. 노조 창립기념일 기념품 선정 과정에서 노조 사무국장이 돈을 받고 특정 업체를 선정한 사실이 밝혀진 것이다. 결국, 이를 책임지며 12대 집행부가 총사퇴하게 되고, 친기업적인 13대 최윤석 집행부가 들어섰다. 이때부터 비정규직 활동가들과의 연대 활동은 중단된다.

이후 하청 노동자들은 '정규직 노조 직(접)가입'을 포기하고 독자노조 결성을 추진한다. 그리고 2003년 8월 24일, 하청 노조를 설립한 이후 본격적으로 조합원을 조직하기 위해 현장으로 들어간다. 하지만 현장 분위기는 냉랭했다. 노조를 설립하고 일주일 뒤인 9월 1일, 점심시간을 이용해 현대중공업 3도크 옆 종합식당에서 노조설립보고대회를 열었다. 하지만 이 자리에서 하청 노동자들은 사측 관리자들의 감시가 두려워 박수를 치는 것조차 불가능했다.

그날 보고대회는 조성웅 준비위원회 대표, 이승렬 사무국장, 송충현 회계감사 등 사내 하청 노조 간부들과 '비정규직 투쟁 실천단'을 중심으로 한 정규직 활동가 10여 명이 참석했다. 노조 설립 전에 이미 노조 집행부 활동가들은 해고된 상태였다. 조성웅 당시 준비위원회 대표는 그동안 묵인돼 온 업체 총무의 출입증 사용을 이유로 원청 산업 보안과 경비들에 의해 현장에서 쫓겨난 뒤 무단 침입 및 사문서 위조 혐의로 고소당했다. 송충현 회계감사는 자신이 다니던 업체 자체가 폐업돼 해고자 신분이 됐다. 노조설립대회 때 이들은 회사 모르게 비밀리에 공장 내로 들어온 것이었다.

노조가 설립되자 노조에 가입한 1백여 명이 소속된 하청업체들이 잇달아 폐업했다. 원일기업(건조3부), 명호산업(가공5부), 원광산업(중전기) 등 노조원이 있는 곳이면 어김없었다. 조합원이 아닌 노동자들은 다른 업체로 취업시키고, 조합원과 간부들만 모두 해고된 경우도 있었다. 이들은 블랙리스트에 올라 재취업이 불가능해졌다. 그들은 노조설립보고대회를 끝으로 현장으로 돌아가지 못했다. 물론 배후에는 원청인 현대중공업이 있었다.

현장으로부터 분리된 노조 활동가들이 할 수 있는 일은 별로 없었다. 2003년 당시 2만여 명이었던 조직 대상자들에게 전화를 걸어 노조 가입을 권유하는 활동을 벌였으나 이런 방식으로는 현장에 팽배한 반노조 정서를 없앨 수 없었다. 재정적으로도 어려웠음은 물론이다. 조합원 수가 턱없이 부족한 하청 노조의 힘만으로 회사를 넘어설 수는 없었다. 결국 현대중공업 사내 하청 노조 집행부는 현장 노동자들과 괴리된 채 형식상의 노조 조직으로만 남게 됐다.

하청 노조의 수난

아마도 현대중공업 노조가 민주노총 산하 금속노조 소속이
라고 생각하는 사람이 많을 것이다. 하지만 현대중공업은 상급 단체
가 없는 독립 노조다. 2004년 당시 민주노총 금속산업연맹을 탈퇴
했다. 정확히는 제명당했다. 발단은 현대중공업 노조가 2004년 2월
14일 사망한 하청 노동자 박일수 씨를 열사로 칭하는 데 반대하면
서부터였다.

박일수 씨는 '한마음'이라는 사내협력업체협의회에서 활동했던 하청 노동자였다.[11] '한마음'은 현대중공업 사내 하청 노동조합 결성을 준비하던 곳으로 박일수 씨는 여기서 하청 노동자들을 조직하고 동료 직원들의 연월차, 임금 체불 건을 맡아서 진정서를 제출하는 일을 했다.

현대중공업 원청은 하청을 통해 박일수 씨를 해고할 것을 종용했다. 하청업체는 박 씨에게 절충안으로 "체불 임금 지급 능력이 생길 때까지 기다려 주면, 일단 휴직 처리를 하고 이후 다시 일할 수 있도록 해주겠다"면서 이 내용을 각서로 남기고 비밀에 부칠 것을 요구했다.

박 씨는 이를 거부했다. 탄압 사실과 각서 내용을 공개하는 유인물을 현장에 배포한 그는 결국 강제 휴직 당했다. 휴직 기간 중에도 박일수 씨는 활발히 활동했고, 2003년 8월, 현대중공업 사내하청노동조합이 결성됐다.

박일수 씨는 장기적 전망을 가지고 운동하기 위해서는 우선 복직을 해서 현장에서 하청 노동자를 조직해야 한다고 생각했다.

"물고기가 물을 떠나 살 수 없듯이 나는 조합원들 속에 함께 하지 않으면 살 수가 없다."

그는 현장으로 돌아가기 위해 부단히 노력했다. 그러나 2003년 12월 31일, 원청은 하청이 해고 통지서를 보내기도 전에 박일수 씨의 모든 전산 자료를 말소했다. 박일수 씨의 현장 출입을 원천 봉쇄한 셈이다. 현장으로 돌아가겠다는 그의 꿈은 완전히 좌절됐다.

이후에도 몇 차례 현장으로 돌아가려고 노력했지만 모두 수포로 돌아갔다. 희망을 잃어버린 박일수 씨는 결국 스스로 목숨을 끊었다. 죽어서도 공장으로 돌아가고 싶어서였을까. 박 씨는 자신이 일하던 공장 안에서 분신을 선택했다.

하청 노동자도 인간이다. 사람답게 살고 싶다. 하청 비정규직 노동자일 수밖에 없는 나의 신분에 한 점 부끄럼도 없다. 노동자 신분에 보람과 긍지, 자부심도 있었다. 하지만 한 인간으로서 이 사회에 또는 현대중공업 공장에 하청 비정규직 노동자로 산다는 것은 인간이길 포기해야 하는 것이며, 현대판 노예로 살아가야 하는 것이며, 기득권 가진 놈들의 배를 불려 주기 위해 제물로 살아가야 하는 것이다.[12]

박일수 씨의 죽음이 전해진 2월 14일, 민주노총 울산 지역 본부는 긴급 비상운영위원회를 소집했다. 위원회는 박일수 씨의 죽음은 개인적인 이해와 비관에 의한 것이 아니라 현대중공업의 비인간적인 차별과 노동 탄압이 낳은 죽음이며, 비정규직 노동자의 참혹한 현실을 해결하기 위한 것이었음을 분명히 했다. 그리고 현대중공업 노조가 참여한 가운데, 지역 본부 운영 위원들의 결정에 따라 '비정규직 차별 철폐, 노동 탄압 분쇄, 고 박일수 열사 분신투쟁대책위원회'를 구성했다. 그리고 이헌구 민주노총 울산지역본부장, 김경석 금속연맹 울산본부장, 탁학수 현대중공업 노조위원장, 조성웅 현대중공업 사내 하청노조위장을 협상 대표로 결정했다.

바로 다음날, 현대중공업 노조의 태도가 돌변했다. 2월 15일 기자회견을 통해 "민주노총 울산 지역 본부 운영위로 구성된 분신대책위가 박일수 동지의 분신을 이용해 조직 단위의 위상을 강화하고 정치적으로 이용하려 한다"며 공식적으로 분신대책위를 탈퇴했다.

게다가 자신들은 "분신대책위에 참여한 적이 없고, 박일수 동지는 도덕적인 부분에 문제가 있기 때문에 열사로 규정할 수 없으며, 따라서 대책위와 함께 활동하지 않겠다"는 입장을 밝혔다.[13]

이때부터 현대중공업 노조와 대책위 간의 갈등이 본격화됐다. 현대중공업 노조 대의원들은 2월 25일부터 박일수 씨 시신이 안치된 울산대병원 영안실을 침탈하기 시작하더니 3월 4일에는 2백여 명이 몰려와서 대책위 지도부와 사수대, 그리고 하청 노조 조합원들에게 폭력을 행사했다. 그리고 고인의 명복을 기리는 각종 현수막과 만장, 농성장으로 사용했던 천막을 뜯어내고 물품 등을 강탈해 갔다.

다른 한편 현대중공업 노조는 대책위 대신 노조가 교섭 자리에 나가야 한다며 '인정 투쟁'을 벌였고, 현대중공업 사측은 이를 빌미로 대책위의 교섭 요구와 교섭 형식에 대한 합의를 미뤘다. 교섭은 난항에 빠질 수밖에 없었다.[14]

2월 26일, 민주노총 금속연맹 중앙위원회는 만장일치로 현대중공업 노조를 중징계하기로 결정했고, 그해 9월 15일 임시대의원대회에서 현대중공업의 제명 건이 통과됐다. 전체 대의원 450여 명 가운데 264명이 참여, 232명(87.9%)이 제명에 찬성했다. 노조의 반조직적 행위, 열사 투쟁 정신 훼손, 영안실 난입, 그리고 회비 3억여 원 미납 등이 제명 사유였다.

정규직 노조와 비정규직 노조

노조란 조합원의 이익을 대변하는 조직이다. 사실 정규직 노조가 비정규직의 이익까지 '굳이' 챙겨야 할 의무는 없다. 정규직 노조가 하청 노조와 연대하고 결속할 이유는 없는 것이다.

1997년 IMF 이후 신자유주의의 확산과 노동 유연화는 정규직 노동자들에게 고용 불안에 대한 공포를 낳았다. 이는 '멀리도 말고 딱 지금처럼' 현상 유지를 원하는 노동자들을 만들었다. 자연히 노조도 '사회적 역할'보다는 단기 이익을 바라볼 수밖에 없게 됐다.

이런 구조에서 '노조가 비정규직 노동자와 연대해야 한다'고 당위적으로 역설하는 것은, 지금 상황을 극복하는 데 별 도움이 되지 않는다. 노조가 계급적 대표성, 사회적 약자를 대변하는 사회운동을 해야 한다는 주장은 정규직 조합원을 설득하기 어렵기 때문이다.

금속노조에서 제명당한 대우캐리어 노조의 경우 비정규 노조 설립을 지원하다가 정규직 조합원들의 반발로 지원을 철회했다. 심지어 공장에서 농성 중이던 비정규직 노동자들에게 폭력을 행사한 구사대 대열에 일부 정규직 조합원들이 섞여 있었다. 대우캐리어 노조만이 아니다. 회사에 비정규직 노조와 교섭하지 말라고 압박하다가 민주노총 사무금융연맹으로부터 제명된 코스콤 정규직 노조 등 비정규직 노조 방해 행위에 가담한 정규직 노조는 적지 않다.[15]

정규직 노조가 연대의 일환으로 비정규직 문제에 나서는 것은 자신의 이익과 연관이 있을 때다. 즉, '비정규직을 조직해야 한다'는 대의명분과 '현실적으로 비정규직까지 같이 안고 가야 도움이 된다'라는 노조의 이해관계가 결합되었을 경우다. 일례로 비정규직 숫자가 정규직보다 훨씬 많으면, 파업을 해도 회사에 아무런 영향을 미치지 못한다. 파업으로 인한 정규직의 빈자리를 비정규직이 채우면 그만이다. 이런 구조에서는 비정규직의 조직화가 필수적이다. 다시 말해 이런 상황이 되어야 비정규직 조직이 진행된다는 이야기다.

이와 같은 이해관계 없이 비정규직 싸움에 정규직 노조가 연대할 경우, 그런 결정을 내린 노조 집행부는 탄핵될 수도 있다. GM 대우 창원 공장의 경우, 정규직 노조 집행부가 비정규 조직화를 주도적으로 지원하다 조합원들에 의해 불신임을 당하기도 했다. 결국, 집행부는 교체됐다.

그런 점에서 현재의 현대중공업 정규직 노조는 비정규직 조직화에 우호적인 조건을 갖추고 있었다. 하청 노동자 수가 정규직 노동자의 거의 2배 가까이 되기 때문이다. 이런 구조에서 정규직 노조의 힘은 약해질 수밖에 없다. 노동조합의 힘은 조직된 노동자의 숫자가 좌우한다. 구성비를 따져 보면 노조 조직률은 25%(2015년 12월 기준 정규직 조합원 1만7,134명)에 불과하다. 더구나 앞으로 정규직 조합원 내 정년퇴직자가 많아지면 조합원 수는 더욱 줄어들 것이다. 노조의 목소리가 약해질 수밖에 없는 상황인 것이다.

다른 하나는 이미 조선소 하청업체에는 조합원들의 친구, 친인척들이 많이 들어와 있다는 점이다. 예전에는 조선업이 무척 힘들어 하청업체에 들어오지 않는 분위기였다. 그런데 지금은 많은 사람이 하청에 들어와서 일한다. 자연히 조합원들에게 하청 문제는 자기 자식의 문제, 친구의 문제가 됐다. 그런 점에서 하청 노동자의 처우가 개선돼야 한다는 공감대가 정규직 사이에 조금씩 생겨나기 시작했다. 하창민 지회장은 이렇게 말한다.

정규직 노조도 힘을 키우기 위해서는 하청 노조 조직이 반드시 필요하다는 것을 잘 알고 있다. 이전에 정규직 노조가 네 차례 파업을 했지만 아무런 힘도 발휘하지 못했다. 하청 노동자 조직 없이는 파업이 안 된다는 것을 뼈저리게 학습했다. 아무리 정규직 조합원이 파업해도 그보다 훨씬 많은 하청 노동자가 있기 때문에 공장은 잘 돌아간다. 민주파라고 말하는 집행부가 들어서기 전의 12년 역사는 정말 암울했다. 하청 노동자들이 정규직을 바라보는 시선은 고정돼 있다. '믿을 수 없는 집단. 우리를 이용하려는 집단'으로 규정돼 있다. 불신에 가득 차 있다. 신뢰 회복이 중요할 수밖에 없다.

노조에 가입하면 밥 못 벌어먹는다

현대중공업에서는 이미 2003년에 하청 노조를 만들려는 움직임이 있었지만 원청의 노골적인 방해로 사실상 조직이 와해된 이후 2015년까지 이렇다 할 움직임이 없었다. 회사가 이토록 오랫동안 그토록 많은 노동자들을 숨죽이도록 한 비결은 무엇일까?

현대중공업은 1987년 노동자 대투쟁을 거치면서 매우 치밀한 노무관리 체계를 갖추어 나갔다. 이는 물론 사내 하청 노사 관계에도 적용된다. 원청이 사내 하청 노동자들의 조합 활동을 통제하는 주요 수단은 하청업체 계약 해지와 사내 하청 노동자들의 출입증 발급이다.

특히 2003년 이후 출입증 발급이 전산화되면서 노동자 신상에 대한 포괄적인 관리가 가능해졌다. 원청은 하청에 맡긴 공정에 몇 명의 인원이 투입돼 몇 시간 일했는지 파악하기 위해 출입증을 발급하는데, 이것을 노조 통제에 이용한다. 하청에서 신규 노동자를 뽑았다고 명단을 올리면 원청에서 출입증을 발급해 주는데, 만약 블랙리스트에 오른 노조원이 있으면 출입증을 발급해 주지 않는 식이다. 노조 때문에 폐업한 업체에 근무했던 조합원들뿐만 아니라 이들과 친분이 있는 노동자들에게조차 출입증을 발급하지 않는다고 노조는 주장한다. 따라서 하청 노동자들에게 노조 가입은 곧바로 해고를 의미했다.[16]

현대중공업 하청 노조가 만들어지고 와해되는 과정을 지켜본 현미향 울산산재추방운동연합 사무국장은 이렇게 말한다.

현대중공업 사내 하청이 2백 개가 넘어요. 이 업체에서 잘려도 다른 업체에 들어가면 돼요. 그런데 블랙리스트에 이름이 올라가면 어떤 현중 사내 업체에도 못 들어가요. 거기만 못 들어가나요? 사외 협력 업체인 세진중공업에도 못 들어가요. 거기만 못 들어갈까요? 저희가 확인한 바로는 현대삼호중공업, 현대미포조선 하청업체에도 못 들어가요. 여기서 끝일까요? 대우조선, 삼성중공업에도 못 들어가죠. 추측이 아니에요. 2003년과 2004년, 현중 하청 노조에 가입한 분들이 실제 그런 신세에요. 블랙리스트에 올라 아직도 전국을 떠돌아다니며 일하고 있죠.

현대중공업 사측은 1987년 이후, 이중적 고용 관리 전략을 짰다. 사내 하청공, 즉 하청 노동자 비중을 확대하면서 고용 조절, 비용 절감 등을 꾀했다. 한국조선협회 자료를 보면 1990년 1,998명에 불과하던 사내 하청 노동자는 2004년 1만2,276명으로 여섯 배나 증가했다.

그러면서 원청 노동자가 기피하는 업무를 하청 노동자가 담당하게 됐다. 전체 조선소 하청 노동자들이 가장 많이 일하는 공정은 도장 공정으로 1만9,079명(16.7%)에 달한다. 도장은 도료 등 유해 물질을 취급하는데다 밀폐된 공간에서 이루어지는 작업이기 때문에 폭발 및 질식 위험이 있어서 조선소에서 가장 유해하고 위험한 작업 중 하나로 꼽힌다. 과거부터 원청 노동자들이 가장 꺼리는 업무 중 하나다.[17]

임금과 복지 혜택에서도 차별이 있었다. 2011년 기준으로 통상임금만 놓고 볼 때 STX조선은 정규직이 월 2백만 원, 사내 하청이 월 130만 원, 대우조선해양은 정규직이 213만 원, 사내 하청이 132만 원 수준인 것으로 조사됐다. 통상 임금 외에 각종 수당과 상여금, 직원 복지 제도의 격차를 감안하면 정규직과 사내 하청 노동자의 노동조건 차이는 더욱 벌어져 사내 하청 노동자의 급여 수준은 정규직의 40~60%에 불과하다.[18]

반면, 산업재해로 죽는 하청 노동자의 수는 늘어 갔다. 하청 노동자들의 불만이 커졌다. 정규직 노동자들처럼 자기들도 노조를 만들어 자신들의 권리를 지켜야겠다고 생각했다. 2003년 8월 현대중공업 사내 하청 노동조합이 결성됐다. 하지만 기본적인 노조 활동도 보장받지 못했다. 하청 노조 조합원이라는 사실이 드러나면 곧바로 해고되거나 업체가 폐업 처리됐다.

1987년 원청 노조의 탄생과 이후 투쟁 과정을 지켜본 사측 입장에서는 하청에서도 노조가 생기는 것만은 막아야 했다. 현대중공업은 지속해서 노조 파괴 전략을 펼쳤다. 하지만 하청 노동자들도 끈질기게 노조 조직화를 도모했다.

그 와중에 사내 하청 노동자 박일수 씨가 스스로 목숨을 끊었다. "하청 노동자도 사람이다. 인간답게 살고 싶다." 이 평범하다 못해 진부한 두 마디가 그의 유언이었다. 이와 더불어 소지공들의 임금 삭감안이 일방적으로 발표됐다. 이것이 기폭제로 작용했다. 10여 개 하청업체 120명의 하청 노동자가 공개적으로 노조에 집단 가입했다.

박일수 씨 분신 뒤 세 명의 하청 노동자가 용기를 냈어요. 비공개 조합원으로 있다가 공개 조합원을 선언했죠. 물론, 이 세 분은 박일수 씨 장례 기간에 다 잘렸어요. 이들 세 명 중 두 명이 소지공 노동자였어요. 한 분은 중공업을 돌면서 10년 이상 일해 온 숙련공이었고, 다른 한 분은 설득을 잘하시는 분이었어요. 나이도 있고 일도 잘하니 따르는 후배나 동료도 많았죠.

한번은 20대 초반 하청 노동자가 저희 사무실을 찾아왔어요. 일하다 눈에 철심이 박혔는데, 회사에서 산재 신청을 하지 말라고 했다는 거예요. 처음에는 불이익을 당할까봐 그렇게 하겠다고 했는데, 점점 억울하다는 생각이 들더래요. 이래저래 알아보니 누군가 이곳에 가서 상담을 받아 보라고 조언을 해줬대요. 그런데 이야기를 들어 보니 이미 산재가 아니라고 진술서를 쓴 상태였어요. 다치는 현장을 본 목격자가 있다면 모르겠지만, 있다 해도 이를 증언해 줄 노동자가 있을 리 없잖아요. 그런데 그 젊은이가 걱정하지 말라면서 아는 형님이 있는데 그분은 반드시 증언해 줄 거라고 했어요. 그러고는 사무실을 나갔죠. 저는 안 될 거라 생각했어요. 일하다 다친 당사자도 다쳤다고 말하지 못하는 판에, 남의 일에 불이익을 감수하고 나설 사람이 누가 있겠어요.

그런데 며칠 지나지 않아 그는 목격자 진술서를 가지고 나타났다. 진술서를 써준 사람은 조범일 씨였다. 그는 박일수 씨 분신 직후 소지공들을 모으기 시작했다. 마침 소지공 일당 삭감안이 발표돼면서 120명이 노조에 집단 가입했다.

하지만 결과는 참담했다. 박일수 씨 장례식 다음 날, 노조에 가입한 노동자들은 모두 해고됐다. 조합원이 있는 업체를 폐업한 뒤, 그 업체에서 조합원이 아닌 노동자는 다른 업체에 취업시켜 주는 식으로 해고가 진행됐다.

현미향 국장에 따르면, 지금까지 이들은 울산에 발을 붙이지 못하고 있었다. 가족과 떨어져서 통영, 거제, 목포 등 노무관리나 정보 소통이 안 되는 작은 조선소를 전전하면서 생계를 이어 가고 있다. 공개 조합원 선언을 하고 조합원을 조직했던 두 사람은 자신들 때문에 후배와 동료가 피해를 봤다는 생각에 지금도 정신적으로도 많이 힘들어 하고 있다고 했다.

이런 철저한 '응징'의 여파는 지금도 계속되고 있다. 울산으로 돌아오지 못하는 하청 노동자들의 이야기는 다른 하청 노동자들에게도 각인돼 있다.

"'노조에 가입하면 울산에서 밥 못 벌어먹는다.' 이런 정서가 현장을 지배하고 있어요."

현미향 국장은 이 때문에 현대중공업 원하청 노조가 진행하는 하청 노조 조직화 사업도 지지부진한 상태라고 덧붙였다.

하청 노동자도 인간답게 살아 보겠다고 노조를 만들었는데, 그 결과는 참담했고 그 여파는 지금도 이어지고 있잖아요. 현대중공업 하청 노동자들은 그런 과정을 현장에서 다 지켜봤고요. 노조에 가입하면 현대중공업만이 아니라 삼성중공업, 대우조선해양 등에서 밥 벌어먹고 못 산다는 인식이 깊게 각인됐죠. 그것 때문에 조직화 작업이 쉽지 않아요.

하창민 지회장도 동의했다.

원청 노조의 조력이 있어도 하청 노조를 조직하기란 쉽지 않다. 블랙리스트가 작동하고 있기 때문이다. 노조에 가입한 노동자가 있는 하청업체는 그 업체 자체가 폐업되기도 한다. 그런 황당한 일들을 옆에서 지켜본 하청 노동자들이 노조에 가입한다는 게 쉬운 일은 아니다.

노조에 관심이 없어서가 아니었다. 2014년 현대중공업 원청과 하청 노조가 하청 노동자 1천4백 명을 대상으로 설문 조사한 내용을 보면 이들 중 36.5%는 '노조에 가입할 의향이 있다'라고 답했다. 하지만 그러지 못하는 이유를 '해고와 블랙리스트 때문'이라고 답한 사람이 61.7%에 달했다. 노조에 관심이 있어도 선뜻 나서기 어려운 현실 조건이 큰 장벽인 것이다.

하청 노조를 조직했던 두 사람은 지금 어디서 어떻게 살고 있을까? 현 사무국장에게 그들의 근황을 물었다.

"혹시 그분들 만날 수 있을까요?"

"최근 상황이 많이 안 좋아져서 어떨지 잘 모르겠어요."

현 국장은 말끝을 흐렸다. 그러면서 아리송한 말을 남겼다.

"허 기자님도 잘 아시잖아요."

내가 안다니 뭐를? 그분들의 괴로운 상황을 충분히 추측할 수 있지 않느냐는 뜻인가?

"그중 한 분이 허 기자님도 잘 아는 전용수 씨에요."

머리를 한 대 맞은 것 같았다. 현대중공업에서 노조 활동을 한 줄은 알았지만 노조 조직을 주도한 사람이 전용수 씨인 줄은 꿈에도 몰랐다. 불현듯 기자 그만두고 조선소로 들어오라 꾀던 말이 생각났다.

며칠 뒤, 서울 올라가기 전에 전용수 씨를 만났다. 함께 노조 활동을 했던 분도 대동했다. 아뿔싸. 그분도 내가 아는 사람이었다. 과거 오리엔탈정공, 세진중공업 취재 때 전용수 씨와 함께 있던 사람이었다. 그때는 그저 말 많은 아저씨라고만 생각했는데…….

어렵게 자리에 나왔다고 했다. 과거는 묻지 말라고 했다. 지금은 일절 노조 활동 안 하고 묵묵히 가족의 생계를 책임지며 살고 있었다. 이전과는 좀 달라 보였다. 별 영양가도 없는 수다를 떨면서 술이 돌았다.

그렇게 몇 잔이 돌았을까.

"허 기자, 눈에 철심 박힌 놈만 아니었다면 나는 노조 활동 안 했을 거야. 가끔 여수, 진해에서 연락 오는 친구들 때문에 너무 힘들어. 내가 그들 인생을 망친 것 같아. 전화 오면 피하지도 못하겠어. 주저리주저리 끝도 없이 한풀이가 이어지지. 그런데 이야기 들어 주는 것도 참 힘들다. 자꾸 자책을 하게 돼. 그때 내가 왜 그랬을까. 니

ⓒ 금속노조 현대중공업 사내하청지회

가 보기엔 어때? 내가 그렇게 잘못 살았나? 무슨 큰 잘못을 저질렀다고 아직 이런 형벌을 받고 있는 걸까. 대체……."

애초 그날 저녁 기차를 타고 서울로 올라갈 계획이었다. 서울에서 할 일이 태산이었다. 하지만 꼬부라진 혀로 나를 잡는 그들의 손을 뿌리칠 수 없었다. 왜 술을 더 먹었는지, 무슨 이야기를 했는지 잘 기억나지 않는다. 내가 할 수 있는 게 그것 말고는 없었다.

그 많던 이윤은 다 어디로 갔을까?

1972년에 세워진 현대중공업은 일본 등 해외와 비교해 후발 주자였다. 기술력도 부족했고, 경험도 미천했다. 하지만 지금은 세계 1위라는 타이틀을 달고 있다. 선박 제작 기일을 앞당기면서 경쟁력을 갖춘 것이었다.

그 사이 배를 만들던 수많은 노동자가 죽어 갔다. 현대중공업에서 첫 선박을 만들던 1974년에는 22명, 그 다음 해부터는 각각 19명, 15명, 23명이 죽었다. 이 숫자는 1980년대 후반부터 줄어들기 시작했지만 10명 내외로 꾸준히 발생하고 있다.

이런 구조가 고착된 배경에는 자본의 속성이 자리 잡고 있다. 핵심은 '이윤의 극대화'다. 적은 노력과 재화를 들여 많은 이윤을 창출해 내는 게 기업의 목적이다. 그리고 그 이윤은 주주에게 돌아간다. 이들은 하청에서 재하청으로 이뤄지는 구조를 만들었다. 하청을 쥐어짜서 생기는 이윤은 또다시 대주주들에게 돌아갔다.

현대중공업은 2013년 4분기부터 2015년 1분기까지 6분기 연속 적자를 기록했다. 누적 적자액만 3조5천억 원에 달한다. 조선소 창립 이후 최대 적자 폭이다. 하지만 그전까지만 해도 승승장구했다.

2002년 '왕자의 난' 이후 현대그룹에서 분리된 현대중공업 그룹은 2000년대 하반기부터 계열사를 확장해 왔다. 2008년 하이투자증권을 시작으로 2009년에는 비상장사인 호텔현대를, 2012년에는 신고려관광 등을 사들였다. 2010년 2월 이후 M&A 현황을 보면 현대중공업은 모두 3조872억 원을 들여 5개 기업을 인수했다. 이 중 현대오일뱅크를 인수하는 데 2조8,933억 원이 들었다. 전체 인수금액의 94%에 해당한다.

보유 주식도 상당하다. 현대중공업과 현대미포조선, 삼호중공업 등 3개 계열사는 2015년 9월 현재 모두 3조1천억 원을 웃도는 매도 가능 상장사 주식을 보유하고 있다. 2014년 3분기 감사보고서상 현대중공업이 보유한 상장사 주식은 현대차(440만 주, 7천4백억 원), 기아차(8만8천 주, 4천9백억 원), 현대엘리베이터(21만7천 주, 129억 원), 현대상선(2천3백여만 주, 6천4백억 원) 등으로 모두 1조4천억 원에 이른다. 현대삼호중공업은 현대차(226만5천 주, 3천8백억 원)와 현대상선(1천만 주, 2,880억 원), 포스코(130만8천 주, 3천8백억 원) 등의 주식을 1조5천억 원어치 갖고 있고, 현대미포조선은 KCC(39만7천 주, 2천3백억 원) 주식을 보유하고 있다.

현대중공업은 2015년 7월에는 계열사인 현대호텔에 2,486억 원을 출자했다. 현금 735억 원과 현물출자 1,751억을 합한 수치다. 그래서 현대중공업이 보유한 주식 일부만 팔아도 지금의 적자를 충당할 수 있다는 지적이 나오는 것이다.

주주들을 챙기는 것도 잊지 않았다. 현대중공업은 2007년부터 2014년까지 주주들에게 2조820억 원을 현금으로 배당했다. 이 가운데 2010년부터 2014년까지 주식 배당금은 1조1,030억이다. 금융 위기 이후 조선업이 불황이라고 할 때도 주식 배당금은 꼬박꼬박 챙겼던 셈이다. 현대중공업 최대 주주인 정몽준은 2008년 615억 원, 2009년 616억 원, 2010년 287억4천만 원, 2012년 308억 원, 2014년 153억 원의 주식 배당금을 받았다.

창사 이래 최대 규모 적자를 기록하게 만든 장본인 이재성 전 현대중공업 회장은 2014년 9월 퇴직하면서 36억9천9백만 원을 지급받았다. 급여 4억4천1백만 원, 상여금 2억5천8백만 원, 퇴직금 24억3천5백만 원이 포함된 액수다. 명절 귀향비로도 월급의 50%를 지급받았다. 김외현 전 사장은 급여 3억6천1백만 원, 상여금 8천7백만 원, 퇴직금 8억7천2백만 원 등을 포함해 총 17억9천3백만 원을 받았다. 여기에 이들 후임으로 새로 취임한 권오갑 사장을 비롯한 임원들의 보수도 이전보다 19억5천만 원 높아진 61억5천만 원이 됐다.

그렇게 계열사가 늘어나고 조 단위 주식 배당금 잔치가 열리고 천문학적인 상여금이 지급되는 동안 하청 노동자들의 삶은 어떻게 됐을까?

현대중공업이 적자 구조로 접어들면서부터 문제는 더 심각해졌다. 2015년 2분기에 현대중공업은 1,710억 원의 잠정 영업 손실을 냈다. 현대중공업은 이것을 구조 조정으로 해결하려 했다. 사무직 1천5백 명 규모의 희망퇴직을 진행한다고 밝히기도 했다. 48개 하청업체가 폐업하면서 자연스럽게 그 자리는 단가가 더 낮은 하청업체로 채워졌다.

이익이 날 때는 계열사를 확장하고 주주 배당금 잔치를 벌이는 등 회사가 이익을 독식하는 구조였지만, 적자가 발생할 때는 손실을 모두 하청 노동자에게 전가한 것이다. 수많은 하청업체가 무리한 기성 삭감으로 줄도산하고, 그 과정에서 하청 노동자들은 임금 체불과 정리 해고는 물론, 일하다 목숨까지 잃고 있었다. '이윤의 극대화'라는 미명하에 수많은 노동자가 소리 소문 없이 사라지고 있다. 2014년 고인이 된 열세 명도 바로 그들 가운데 하나였다.

외나무다리 위를 뛰어라, 단 넘어지지 말고

일하다 열세 명이나 죽은 것을 정부는 아무 일 아니라고 생각했을까? 2014년 3월과 4월 두 달 동안 연속해서 사망 사고가 발생하자 노동부 부산지방고용노동청은 2014년 4월 28일부터 5월 9일까지 현대중공업을 대상으로 산업안전보건 특별감독을 실시했다. 특별감독은 어떤 효과가 있었을까?

특별감독 결과 보고서를 보면 현대중공업은 여러 면에서 안전조치가 미비했다.* 부산지방고용노동청은 산업안전보건법 위반으로

---

* 특별감독 결과 작업장 조명등 미설치, 전기 차단기 작동 중단, 크레인 훅 해지 장치 미설치, 안전 난간 미설치 등으로 추락·감전·충돌·낙하

총 562건을 지적했고, 이 중 현대중공업이 519건(92.4%), 협력 업체가 40건(7.1%)을 차지했다. 세부적으로 보면 총 562건 중 안전상 조치 위반이 392건(69.6%), 위해 위험 기계 기구 조치 위반 19건(3.4%), 보건상의 조치 위반 20건(3.6%), 작업환경 측정 및 건강진단 실시 의무 위반 37건(6.6%) 등이었다.

법 위반 사항에 대한 조치 기준은 사법 처리가 376건, 작업 중지 41건, 사용 중지 18건, 과태료 92건(10억6,082만 원), 시정 명령 375건, 권고 80건이었다. 부산지방고용노동청은 이 보고서에서 현대중공업의 "안전 최우선의 경영 철학 및 방침이 미흡하다"며 몇 가지 근거를 제시했다.

우선 최근 3년간(2011~2013년) 재해율의 변화가 없음에도 2011년(263억451만 원) 대비 2013년(102억76만6천 원) 안전 투자 금액을 61%나 감소시켰다는 점이 지적됐다. 안전보건공단에 따르면 현대중공업에서는 2011년 143건, 2012년 188건, 2013년 180건의 재해가 발생했다. 재해는 늘어났지만 안전 관련 투자금은 되레 줄어든 셈이다.

2013년 특별감독 때 지적된 위반 내용이 2014년 특별감독 때도 대부분 시정되지 않았다는 점도 언급했다. 또한 조선업 전 분야의 작업 공정이 동시다발적으로 진행되고, 원·하청 노동자가 혼재돼 작업하는 특성을 감안할 때, 원청인 현대중공업이 반드시 하청업체

등 재래형 재해 위험 가능성이 있다는 점, 원청 안전보건관리자가 업무를 전담해 수행하지 아니한 점, 현대중공업(275명) 및 협력 업체 26개 사 소속 노동자(511명) 특수건강진단 검사 항목이 누락된 점, 안전 인증 및 안전 검사를 받지 않은 고소 작업대, 압력 용기를 사용한 점 등이 적발됐다.

들을 감독해야 하지만 그렇지 못했다는 지적도 있었다.

안전 담당자 234명의 산업 안전 관련 자격증 취득률이 35%에 불과한 것도 지적 대상이었다. 부산지청은 "위험을 보는 것이 안전의 시작임을 인지하고 안전 담당자에 대한 교육 훈련 강화로 안전 담당자의 전문성 강화가 필요하다"고 주문했다.

특별감독의 결과는 어땠을까? 현대중공업은 특별감독 이후 총 3천억 원을 투입해 재해 위험 요인과 예방 대책들을 재점검·보완하기로 했다. 하청업체 안전 전담 요원도 2백여 명 수준으로 기존보다 두 배 이상 증원했다.

하지만 상황은 달라지지 않았다. 노동부 특별감독 이후에도 여덟 명의 노동자가 사망했다. 그중 한 명은 노동부 특별감독 기간인 4월 28일에 사망했다.

사실 현대중공업을 대상으로 한 노동부의 특별감독은 2014년에만 있었던 게 아니다. 2011년부터 매해 특별감독을 실시했지만 문제를 바로잡지 못했다. 일례로 '2013년 특별 근로 감독 세부 위반 내용'을 보면 추락 방지 조치 미실시, 안전 난간 미설치 등 안전 관련 사항이 반복적으로 지적됐다. 그래서 노동부 특별감독이 생색내기에 불과하다는 지적이 나오는 것이다.

정말 그럴까? 하창민 지회장은 "특별감독관이 조선소 현황을 전혀 모른다"라고 말했다. 실제 일하는 조건과 상황 등을 조사하려면 불시에 찾아가야 하는데 그러지 않는다는 것이다. 감독관이 현대중공업 사측이 잘 정리해 둔 곳만 둘러보고는 지적 사항을 정리한다고 했다. 외형적으로는 특별감독을 실시하고 규제하는 것 같지만, 원청에서 책임지는 것은 아무것도 없었다.

사고가 나도 원청에서는 손해날 게 없다. 모른 척하면 그만이다. 실제 원청인 현대중공업은 지난 2009년부터 2013년까지 5년간 총 955억 7,358만 원의 산재보험료를 할인받았다. 해마다 평균 191억여 원의 산재보험료를 할인받은 셈이다. 2014년 4월에 두 달 동안 하청 노동자 8명이 죽자 노동부에서 특별근로감독을 나왔지만 고작 과태료로 10억 원을 부과했다. 그나마도 4억은 나중에 감면해 줬다.[19]

그렇다고 특별감독이 아닌 상시 감독을 실시하는 것도 쉽지는 않다. 노동부 산업안전감독관은 지역별로 배치돼 있는데, 그 수가 턱없이 모자란다. 현대중공업 지역인 부산지방고용노동청에는 66명의 감독관이 있다.

이석현 새정치민주연합 의원실이 2014년 10월 노동부에서 받은 자료를 보면 부산청 산업안전감독관 1명당 관리 사업장은 3,988개이고 관리 노동자는 3만5,614명이다. 전체적으로 보면 348명의 감독관이 1인당 평균 4,850개 사업장, 4만2,364명의 노동자를 담당하고 있다. 상시 감독은 불가능하다는 이야기다.

박세민 금속노조 노동안전보건실장은 '맞춤형 감시'가 필요하다고 지적한다. 노동부 산업안전 감독원은 적은 인원이 지역별로 배치돼 있는데, "지역이 아닌 업종별, 즉 조선, 자동차, 화학 등 전문성 중심으로 감독관을 배치해야 한다"는 것이다. 하지만 노동부는 인력·재정 문제 등을 언급하며 난색을 표하고 있다.

노동시장의 가장 중요한 두 가지 규제 양식은 '국가에 의한 직접적·법률적 규제'와 '노동조합의 단체교섭을 통한 규제'로 규정된다.[20] 이 두 가지가 결합함으로써 고용 관계 내에서 차별적이고 불

평등한 관행이 재생되는 것을 규제할 수 있다. 하지만 하청 노조의
경우 이 두 가지 모두 먼 이야기다.

5

일하다 사람이 왜 죽나요?

현대중공업의 주식을 보유하고 있는 투자자들 중에는 기업의 사회적 책임, 즉, 노동, 인권, 환경 등의 가치까지 고려해 투자해야 할 의무를 가진 곳이 꽤 있다. 국내에는 국민연금, 해외에는 네덜란드 연기금자산운용APG 등이 그들이다. 배 제작을 요청하는 선주사도 마찬가지다. 선주사들은 대부분 기업의 사회적 책임을 강조하고 윤리 경영을 지키려는 유럽 기업들이다. '기업인권네트워크'와 '노동건강연대'는 '현대중공업 비정규직 산재 사망 사고 네트워크'(이하 네트워크)를 구성하고 이들에게 하청 노동자들의 산재 사망 내용을 전하며 책임 있는 투자를 요청했다.

얼마 지나지 않아 APG의 아시아 본부로부터 연락이 왔다. 아시아 본부 지속가능·지배 구조 담당자가 울산을 방문했고, 하청 노동자들을 직접 만났다. 담당자는 APG 이사회 등을 통한 구조적 해결 방법을 모색하기로 했다. 2014년 8월과 9월에는 네덜란드 공적연금ABP과 노르웨이 중앙은행 산하 투자관리청NBIM으로부터 답변을 받았다.

"ABP의 입장에서 이는 충격적인 정보입니다. 이 정보는 현대중공업이 대답해야 할 많은 질문들을 제기합니다."

NBIM도 현대중공업의 산재 사망 문제를, 자신들이 준수하기로 한 기업 인권 윤리에 맞춰 검토하겠다는 답변을 보내왔다.

"우리는 OECD 가이드라인을 따르고 있다. 우리는 기업들이 국제적으로 승인된 기준과 조약을 준수해야 한다고 믿으며, 위험 관리 절차로서 현대중공업의 상황을 확인하고, 2015년 3월, 현대중공업 이사회에 통보했다. 우리는 윤리위원회에 위 사실을 통보했고, 지속해서 모니터링을 할 것이며 윤리위원회의 결정 사항을 따를 예정이다."

해외에서 이런 반응을 보인 이유는 세 가지 원칙, 즉 OECD 다국적기업 가이드라인, 유엔 글로벌 콤팩트, OECD 기업지배구조원칙 때문이었다. 이런 세 가지 원칙에 비춰 볼 때, 현대중공업의 산재 사망 사고는 기업의 사회적 책임을 방기한 일이기 때문이다. 일하다 사람이 죽어 나가는데도 방관하고 있다면 투자운영회사 입장에서도 문제시할 수밖에 없는 일이었다.

반면, 정작 당사자는 사태를 '모르쇠'로 일관했다. 2014년 9월 29일, 네트워크는 현대중공업에 '현대중공업 사내 하청 노동자의 산재 현황'과 '산재 안전 관련한 몇 가지 질의'를 보냈지만 묵묵부답이다.

네트워크는 해외 연기금에 보낸 의견서를 현대중공업 주주 가운데 하나인 한국 국민연금에도 보냈다. 이들의 답변은 산재를 바라보는 한국 사회의 시선이 어떤지를 명확히 보여 준다.

"귀 기관이 요청하고 있는 사안은 국민연금의 안정적인 투자 수익 제고와 직접적인 관련성이 명확하지 않으며 …… 국민연금의 책임 투자의 범위와 한계에 대해서는 …… 아직 합의에 이르지 못한 상황입니다. 따라서 현행 기금 운용 규범 체계 내에서는 귀 기관의 요청 사항을 수행하기 어렵습니다."

참고문헌
박혜영, "노르웨이 언론 '현대중공업 사망' 보도…' 충격적 정보'"(〈프레시안〉 2015/09/08).

6

하청 노동자의 죽음은
누가 책임져야 할까?

영국과 호주의 기업살인법

산업안전보건법(제29조)에는 원청 사용자에게 하청 노동의 안전·보건 조치를 의무화하고 있지만 이는 유명무실한 상황이다. 하청 노동자가 사고를 당했다고 해서 원청 사용자가 실형을 선고받은 예는 거의 없다. 고작해야 벌금형이 대부분이다.

반면, 해외는 조금 다르다. 영국과 호주 등에서 제정된 기업살인법은 사업주가 안전조치 의무를 다하지 않아 노동자가 사망 사고를 당했을 경우 3년 이상의 징역 또는 5억 원 이하의 벌금에 처하도록 하고 있다. 또한 사고로 인해 노동자 또는 시민 두 명 이상이 피해를 당하면 가중처벌 하도록 돼 있다.

영국에서는 1987년 194명이 사망한 헤럴드 오브 프리 엔터프라이즈 호 침몰 사고 후 고위직 임원들과 기업이 무죄 판결을 받고 빠져나가는 비슷한 사건들이 이어지자 기업의 과실치사를 별도의 입법을 통해 처벌해야 한다는 주장이 제기됐다. 그 뒤로 10여 년에 걸친 유족들의 운동, 사회적 논의와 법적 토론, 노동조합과 운동 단체들의 활동을 통해 2007년, 기업살인법이 제정됐다.

호주는 2003년, 안전을 무시하거나 안전관리를 등한시하도록 조장·묵인하는 '기업 문화'의 존재 자체를 근거로 기업의 형사책임을 인정하는 기업살인법을 제정했다.

7

4.28 세계 산재 사망 노동자 추모의 날
백악관 추모 성명

우리나라는 세계에서 가장 재능 있고, 역동적이고, 효율적인 노동력을 자랑합니다. 노동자들은 우리 가정에 전기를 들어오게 하며 우리 가족이 먹을 음식을 만듭니다. 그들은 고층 빌딩을 세우고, 상품을 시장에 배달하며, 세계가 부러워하는 제품들을 만들어 냅니다. 아울러, 그들은 우리 경제의 중추를 형성합니다. 국가로서, 우리는 이런 핵심적인 일을 수행하는 사람들을 보호할 의무가 있습니다. 그러나 안타깝게도, 수천 명의 미국 노동자가 매년 직장에서 사망하고, 수백만 명의 더 많은 노동자들이 작업 중 부상이나 질병으로 고통받고 있습니다. 세계 산재 사망 노동자 추모의 날에 우리는 그들을 기리며, 어느 누구도 집에 월급을 가져가기 위해 자신의 목숨을 걸어야 하지 않아야 한다는 점을 재확인합니다.

20세기 전환기에, 노동자들은 위험한 여건에 직면했습니다. 밖에서 잠긴 공장 문은, 비상시 빠른 대피를 막았습니다.● 조잡한 장비와 장시간 교대

● 세계 산재 사망 노동자 추모의 날은 어떻게 생겨났을까?

1993년 4월 10일 태국 카데르의 한 공장에서 화재가 발생했다. 이 공장은 당시 한창 인기 있던 심슨 인형을 만드는 공장이었다. 화재가 발생하자 회사는 직원들을 대피시키기는커녕 노동자들이 일당보다 비싼 심슨 인형을 훔쳐 갈까 봐 공장 문을 밖에서 걸어 잠갔다. 이로 인해 188명의 노동자가 사망했다. 유엔 '지속가능한 발전위원회' 회의에 참석했던 각국 노동조합 대표자들은 이 사건을 기억하기 위해 1996년 4월 28일, 촛불을 밝혔다. 세계 산재 사망 노동자 추모의 날은 이렇게 시작됐다(『노동자연대』 173호, 2016/04/28).

근무는 심각한 부상과 사망을 너무나 흔한 것으로 만들었습니다. 부상으로 더 이상 일하지 못하게 될 경우 이는 빈곤과 기아로 이어졌습니다. 갱도에서 철로, 그리고 공장 작업 현장에 이르기까지, 노동자들은 소리 내어 말하기 시작했습니다. 수 세대에 걸친 노동조합 조직가와 활동가들 덕분에, 노동 조건은 천천히 개선되기 시작했습니다. 그러나 몇십 년이 지난 후에야 우리의 법은 안전한 작업장에서 일할 권리를 보장하게 되었습니다. 1969년 연방 석탄광산 보건 및 안전법은 광산 산업에 대한 종합적인 보건 및 안전 기준을 설립했고, 1970년 산업 안전보건법은 모든 노동자에 대해 유사한 기준을 제정했습니다. 이 법률들은 오늘날 노동자 보호의 초석으로 남아 있으며, 정부는 노동자들이 자신의 권리를 알게끔 하고, 사업장이 그 법을 준수하며, 법 위반자는 책임을 지도록 그 법을 시행하는 데 전념하고 있습니다.

오늘날, 우리의 사념과 기도는 작업장의 사고와 작업 관련 질병으로 사랑하는 이들을 잃은 모든 사람들과 함께합니다. 그러나 우리는 그들에게 기도보다 더 많은 것을 빚지고 있습니다. 우리들은 행동과 책임을 빚지고 있습니다. 세계에서 가장 위험한 직업에서 모든 위험을 제거할 수는 없지만, 우리는 노동자가 조립 라인이나 갱로에 들어설 때, 그들의 국가가 자신의 안전과 꿈을 보호하기 위해, 그들과 함께 서있음을 보장할 수 있습니다. (중략)

2013년 4월 26일
버락 오바마

참고문헌

김철주, "왜 월급을 받기 위해 목숨을 걸어야 하나", 〈프레시안〉(2016/04/28).

아무도 안전하지 않다

사장이 된 노동자들

5 장

정규직 아버지와 비정규직 아들

한 달 전 일하다 의식불명이 된 하청 노동자 이정욱 씨(28)가 결국 가족의 합의하에 산소마스크를 떼기로 했다. 밤늦게 연락을 받은 나는 일요일 첫차를 타고 울산에 갔다.

블록을 지지하는 구조물을 철거하던 이 씨는 2015년 9월 2일 밤 11시 10분께 크레인에 매달려 이동 중인 블록에 부딪혀 도크 바닥으로 떨어졌다. 우측 두개골 골절 및 뇌출혈상. 그가 일하던 블록은 도크 바닥에서 12미터 높이에 있었다.

도크는 블록을 결합해 선박을 완성하는 곳이다. 이 씨와 다른 업무를 하던 작업자들은 새로 결합할 블록을 크레인에 매달고 이동 중이었다. 블록을 크레인에 매달 때는 좌우 균형을 잘 맞춰야 하지만 그러지 못했다. 이내 균형이 어긋난 블록이 좌우로 흔들리기 시작했다. 결국 주위에 있던 이정욱 씨가 블록과 부딪치면서 사고가 발생했다. 또 다른 블록의 벽면에 매달려 작업을 하던 이 씨는 블록이 다가오는 것을 미처 확인할 수 없었던 것이다.

크레인으로 블록을 나를 때 신호수의 역할은 절대적이다. 블록이 움직일 동선 주변에 사람이 있는지 확인하고 대피하도록 해야 한다. 하지만 자신이 속한 하청업체가 운반해야 하는 블록 안에 사람이 있는지만 확인하고 곧바로 블록을 이동시킨 게 사고의 원인이었다.

하 지회장은 이정욱 씨 아버지와 잘 아는 사이라며 내 손을 끌었다. 마음이 무거웠다. 늘 그렇듯 유가족 인터뷰는 가장 힘든 인터뷰 중 하나다. 우리는 울산대병원 뒤편에서 아버지 이만우 씨(57)를 만났다.

"서울서 이까지 오느라 욕 좀 봤겠소. 이야기는 좀 있다가 합시다."

아직 아들의 마지막 가는 길이 정리되지 않았다. 아버지 이만우 씨는 아들의 장기를 모두 기증하기로 했다. 기증 절차를 위해 의사를 만나고 나서 인터뷰를 하자고 했다. 한참 뒤 다시 나타난 이만우 씨는 담담하게 아들과 자신의 이야기를 풀어놓았다.

아버지 이만우 씨는 조선소 노동자다. 현대중공업 정규직으로 1986년에 입사했다. 내년이면 일한 지 만 30년이 된다. 부산에서 생활하다 27세에 결혼했다. 처자식을 먹여 살려야 했다. 일은 험해도 조선소에서 일하면 목돈을 쥘 수 있다는 이야기를 듣고 울산 현대중공업에 입사했다. 딱 5년만 열심히 일하면 목돈을 모을 수 있다고 생각했다. 그러고는 다시 부산에 내려갈 계획이었다. 하지만 그는 조선소를 떠나지 못했다.

그사이 자식들이 자랐다. 막내인 아들은 고등학교 졸업 후 전문대에 입학했다. 요즘 같은 세상에서 그런 '스펙'으로는 어찌 살지 막막했다. 아들은 고민하다 졸업도 하기 전에 군에 자원입대했다. 아버지인 이 씨도 아들 생각만 하면 골치가 아팠다. 일자리 구하기가 그리 어렵다고, 가방끈 긴 사람들도 취업하기 어렵다는 이야기에 마음이 쓰였다. 아들은 정규직인 자신과는 다른 시대를 살고 있었다.

전역 후 집으로 돌아온 아들을 붙들어 앉혔다. "힘든 일이지만 적응하기 나름이여." 아버지는 고심 끝에 비정규직으로라도 조선소에 취업하는 게 어떻겠느냐는 말을 어렵사리 꺼냈다. 아버지가 생각할 때, 전문대 학력 가지고는 취업이 된다는 보장이 없었다. 그나마 현대중공업 하청 노동자로 일하다 보면 정규직으로 전환될 기회라도 있을 거라 생각했다.

아버지의 이야기를 한참 듣던 아들도 진지하게 고민하는 것 같았다. 아들은 얼마 뒤 조선소 직업훈련원에 들어갔다. 제대한 지 20일 만이었다.

그렇게 아들은 스물두 살 나이에 현대중공업 하청업체 용접공으로 일하기 시작했다. 성실하고 실력도 좋았다. 임금을 올려 줄 테니 오라는 제안도 많이 받았다. 하지만 정규직 전환은 쉽지 않았다. 그런 제안을 해오는 건 모두 하청업체들뿐이었다.

이 씨는 그런 아들이 대견스러우면서도 한편으로는 안쓰러웠다. 초등학교만 졸업한 아버지로서는 시대를 잘 타고난 것 말고는 아들보다 나은 게 없었다. 하지만 자신은 정규직이고 아들은 비정규직이었다. 그렇게 6년이 흘렀다. 그사이 아들은 가정을 꾸렸고, 손주 둘을 안겨 줬다.

어느 날, 일을 마치고 동료들과 회식을 하고 있는데 딸에게 전화가 왔다.

"아버지, 정욱이가 일하다 다쳐서 병원으로 실려 왔어요. 빨리 오세요."

급히 택시를 타고 아들이 누워 있는 울산대학교병원으로 향했다. 대수롭지 않게 생각하려 했다. 수술하면 괜찮겠지. 병원에 도착하니 아들이 다니던 회사 대표를 비롯해 현대중공업 노조 관계자들이 모여 있었다. 아버지의 가슴은 내려앉았다.

아들은 의식을 찾지 못했다. 약물 치료도 소용없었다. 하늘이 무너지는 것만 같았다. 며느리 뱃속에는 셋째 손주가 자라고 있었다. 손녀가 유복자가 되는 것만은 막고 싶었다. 며느리는 유도 분만제를 맞은 뒤 손녀딸을 낳았다. 아들이 의식불명이 된 다음날이었다. 축복받아야 마땅했지만, 그러지 못했다. 앞으로 며느리 혼자 두 손주와 갓난아기를 어떻게 키울 수 있을지를 생각하면 막막했다.

며느리가 다섯 살 된 큰 아이를 데리러 어린이집을 가던 날이었다. 그날따라 비가 많이 내렸다. 어린이집 앞에는 아이를 데리러 온 아빠들의 차가 즐비했다. 그 모습을 물끄러미 쳐다보던 아이가 시무룩한 목소리로 며느리에게 물었다. "아빠는 어디 갔어?" 억장이 무너지고 가슴이 찢어졌다. 며느리는 겨우 마음을 다잡았다고 했다. 아버지는 자신이 아들을 조선소에 취업시켜 이렇게 만든 게 아닌가 자책했다. 병상에 누워 있는 아들을 보며 끊임없이 반문했다. 그러지 말았어야 했던 게 아닐까?

결정의 순간이 찾아왔다. 더는 차도가 없으니 어찌 해볼 도리가 없었다. 이제는 떠나보내야 할 시간. 하지만 아직 꽃도 못 핀 아들이 한 줌 재로 돌아간다는 게 영 마음에 걸렸다. 떠나더라도 다른 이에게 희망을 주었으면 하는 마음에서 장기를 기증하기로 했다. 나중에 손주들에게 "아빠는 죽은 게 아니라 어디선가 남에게 희망을 주면서 살아가고 있다"라고 말하고 싶었다.

아버지는 사고가 발생한 지 한 달여 만에 아들을 가슴에 묻었다. 공교롭게도 아들이 떠난 날은 아버지 이 씨의 생일 전날이었다. 앞으로 자신의 생일날 아들 제사상을 차려야 하는 줄도 생각하지 못했다. 경황이 없던 터라 자기 생일도 미처 몰랐다. 알고 나서도 달라질 건 없었다. 자기 생일 때문에 아들을 하루 더 붙잡는다는 게 아버지에겐 아무런 의미도 없는 일이었다.

"아들과 같은 하청 노동자, 비정규직들도 정규직인 나와 똑같이 일한다. 원·하청을 떠나 노동자들은 모두 같은 노동자들이다. 하지만 회사는 원·하청으로 나눠 노동자를 갈라치기 한다. 이것으로 사람 목숨의 가치도 구분하고 있다. 원청이 나서서 이 문제를 해결해야 한다. 그래야 다시는 내 아들과 같은 일이 일어나지 않는다."

이 씨는 현대중공업이 직접 교섭에 나오길 바랐다. 원청인 현대중공업에서 협상에 참여하지 않으면 교섭 자체를 하지 않겠다고 했다. 이 씨는 아들의 사례가 현대중공업의 책임을 명확히 하는 선례가 되길 바란다고 했다. 그게 아버지로서 앞으로 해야 할 일이라고 생각했다.

인터뷰 도중 이 씨의 전화벨이 짧게 울렸다. 한참을 물끄러미 핸드폰을 들여다보던 이 씨가 허탈하게 웃었다.

"현대중공업에서 29년 동안 일했는데, 사장한테 생일 축하 문자를 받기는 처음이다."

권오갑 현대중공업 대표이사가 이 씨에게 생일 축하 메시지를 보낸 것이었다.

이 씨는 그간 노조 활동에 열심이었다. 그는 민주 노조 편이었다. 혹시 그런 자신의 이력이 아들의 앞길을 막은 게 아닐까. 만약 자신이 노조 활동도 하지 않고, 회사 쪽에 협조적인 노동자였다면 아들이 별 탈 없이 정규직이 되지 않았을까. 그랬다면 이렇게 떠나보낼 일도 없지 않았을까. 아들을 잃은 아버지의 자책은 끝이 없었다.

원청이 나섰다

이제껏 하청 노동자가 죽어도 원청에서는 결코 나선 적이 없었다. 하청 노동자의 죽음은 자신들과 상관없다는 입장을 늘 고수해 왔다. 이번에도 마찬가지였다. 아버지는 가만히 있을 수 없었다. 이만우 씨는 현대중공업 정문 앞에서 농성을 시작했다. 곡기도 끊었다. 하지만 회사는 요지부동이었다.

그즈음 현대중공업 사내 하청업체 총무가 자신의 어머니 집 옥상에서 빨랫줄에 목을 맨 채 발견됐다. 그는 이만우 씨의 아들 이정욱 씨와 같은 업체에서 일하던 총무였다.

주변의 증언에 따르면, 그는 기성 삭감과 유족 협상 문제로 수시로 원청에 불려 다니며 심한 스트레스를 받았다. 이정욱 씨가 죽은 뒤, 교섭이 제대로 이뤄지지 않자 원청에서 하청업체 총무에게 심한 압박을 가했고, 이를 견디지 못해 자살했다는 것이다.

나는 울산 동부경찰서에 연락해 사건을 확인한 후 곧바로 기사를 썼다.[21] 경찰은 이런 사건에 관해서는 늘 말을 아끼지만 기사로 쓰기에는 충분했다.

총무의 자살로 원청이 직간접적으로 관여했다는 정황이 드러났으니 일은 더 커질 게 분명했다. 울산으로 내려가야 하나 말아야 하나 고민하던 찰나, 전화벨이 울렸다. 울산 지역 번호가 찍혀 있었다.

"허환주 기자요? 나 자살한 총무의 업체 사장 형이요. 전화 가능한교?"

업체 사장도 아니고, 업체 사장의 형이 대체 내게 무슨 볼일인 걸까?

"다른 게 아니라 기사 보고 연락했소. 기사 참 잘 쓰네. 기자 양반이라 그런가. 내 하나 물어볼 게 있소. 당신은 하창민이 하는 이야기는 모두 받아 적는교? 그거 확인은 안 하는교? 그냥 개나 소나 짖으면 다 기사가 되는교? 그럼 내 이야기도 좀 기사로 만들어 주소. 함 만납시다. 내 말도 기사로 써주소."

그는 대놓고 불편한 심경을 드러냈다. 나 역시 하 지회장으로부터 전해 들은 '주변의 증언'을 직접 확인하지 않고 기사화한 터라 찔리는 바가 있었다. 나는 정중히 해명하려 노력했다.

"경찰에서 관련 내용을 공개하지 않고 있습니다. 사내 하청지회는 공신력을 지닌 조직입니다. 그 조직의 수장이 한 이야기라 기사로 쓸 수 있다고 생각했습니다."

말이 끝나기 무섭게 차마 입에 담기 힘든 단어들이 수화기 너머로 흘러나왔다.

"하창민 꼬붕이냐. 내 함 보자."

나 역시 더는 참기 힘들었다.

"당신 꼬붕도 되어 줄 테니 한번 만납시다. 서울로 올라오시죠."

'서울'이라는 말을 듣자 그쪽에서는 갑자기 당황한 것 같았다. 〈프레시안〉이 울산에 있는 줄 알았단다. 그는 수그러든 목소리로 말했다.

"짐 울산은 난리가 났어요. 기자님도 한번 생각해 보세요. 한 업체에서 한 달 새 두 명이 죽어 나갔어요. 이거 수습하려고 난리인데 기사를 왜 그렇게 쓰십니까. 기자님은 원청 압박으로 총무가 자살했다고 확신할 수 있나요? 어떻게 그렇게 기사를 쓸 수 있어요?"

나 역시 조금은 누그러졌지만 그냥 넘어갈 수는 없었다. 업체 직원의 증언이었음을 밝혔다. 그러자 그는 펄쩍 뛰었다.

"내가 아는데 그건 거짓말입니다. 그날 총무가 자살했다는 소식을 듣고는 일요일(1일)인데도 곧바로 업체 직원 모두 병원으로 집합시켰어요. 그리고 그 다음날까지 병원을 지켰는데 누가 그런 소리를 할 수 있나요? 내가 그 자리를 지켰는데 직원들은 누구도 만난 적 없었어요. 전화도 한 적 없고요."

입단속을 위해 사후에 업체 직원들을 관리했다고 스스로 밝힌 셈이었다. 나는 "그렇다면 반대로 총무가 원청에서 교섭 관련 압박을 받은 적이 전혀 없었다고 단정할 수 있느냐"라고 되물었다.

"죽기 며칠 전 나랑 술을 마신 적이 있어요. 그때도 교섭이 안 돼서 미치겠다고만 했지 원청이 압박한다는 이야기는 없었어요. 원청이 압박을 했다는 건 정황밖에 없는 거잖아요."

나는 단도직입적으로 물었다.

"당신 생각에는 원청이 총무를 압박하지 않았을 것 같습니까?"

그는 답변을 회피했다.

하청 총무의 자살이 큰 사건임은 분명했다. 그간 수십 건의 현대중공업 기사를 썼으나 단 한번 연락조차 없던 현대중공업 홍보팀에서도 전화가 왔다.

"안 그래도 한번 연락드리려고 했는데, 이제야 연락드립니다. 조만간 점심 한번 먹으면 어떨까요? 그리고 오늘 쓰신 기사는 현재 경찰이 수사 중이지 않습니까. 허허. 수사 결과가 나올 때까지 조금만 기다려 주시는 게 어떻겠습니까. 아직 정확한 원인이 밝혀진 게 아니니까요. 사람이 목숨을 끊는 데에는 여러 가지 원인이 있지 않겠습니까. 허허."

군이 홍보팀 직원과 얼굴 붉힐 필요는 없었다. 나 역시 허허실실 통화를 마무리 지었다. 내게까지 이런 연락이 오는 걸 보면 사안이 크긴 크구나 싶었다. 그리고 며칠 지나지 않아 이정욱 씨 문제가 원만하게 해결됐다는 소식이 들려왔다. 결과는 공개되지 않았지만 원청에서 개입해 사태를 무마한 모양이었다.

노조를 하게 된 관리자

이쯤에서 하창민 지회장 이야기를 해야겠다. 부산에서 나고 자란 하창민은 공고를 다니다 중퇴한 뒤 우여곡절 끝에 작은 공장에 용접공으로 취직해 이십대 절반을 보냈다. 이후 1996년 울산으로 거처를 옮겼다. 여기서 그는 현대자동차 하청업체에 들어가 3개월 일한 뒤, 석유화학단지로 이직해 약 2년을 있었다. 그러다 조선소에서 일하면 돈을 더 준다는 이야기에 현대미포조선소에 취업했다.

하지만 그것도 잠시, IMF가 터졌다. 대다수 노동자가 하루아침에 길거리로 나앉았고 하창민도 예외일 수 없었다. 1999년 1월, 회사에서 더는 나오지 말라고 했다.

생계도 생계였지만 자존심이 무척 상했다. 한번 쓰고 버리는 게 노동자인가 싶었다. 더는 이곳에 발붙이고 싶지 않았다. 안정적으로 살고 싶었다. 네 살과 두 살 아이가 있었다. 그해 1월부터 공무원 시험을 준비했다. 집 근처 도서관에서 한참 어린 아이들과 섞여 공부했다. 결과도 좋았다. 그해 3월 공무원 필기시험에 붙었다. 다른 삶을 살 수 있으리라는 희망이 생겼다.

하지만 그런 생각은 얼마 가지 못했다. 손쉽게 붙을 거라 생각했던 최종 면접에서 떨어지고 말았다. 철모르던 시절 폭행 사건으로 벌금형을 받았던 일이 발목을 잡았다. 그래도 굴하지 않고 경찰 공무원 시험도 치렀다. 설마 또 떨어질까 싶었지만 최종 면접에서 또다시 같은 이유로 고배를 마셨다.

그해 9월, 강원도 지방 경찰직 시험에도 응시했다. 마지막이라 생각했다. 이번에도 최종 면접까지 올라갔다. 지금은 돌아가신 장인이 그 소식을 듣고는 손수 양복 한 벌을 사위에게 안겼다. 그때를 생각하면 아직도 코끝이 시큰거린다.

하지만 장인의 정성도 소용없었다. 더는 공부할 여력도, 가장으로서 면목도 없었다. 배운 게 도둑질이라 다시 조선소 문을 두드렸다. 조선소에서 쫓겨난 지 1년 만에 현대중공업 하청업체에 들어간 것이다.

죽기 살기로 일했다. 일머리가 있었던지라 3개월 만에 현장 관리자가 됐다. 여기저기 불려 다니면서 일했다. 함께 일하는 사람들을 잘 챙기고 일은 확실히 마무리했다. 돈도 많이 모았다. 조선소는 열심히 하는 만큼 대가를 받을 수 있는 곳 같았다. 적어도 그때 하 지회장에게는 그랬다.

그러던 어느 날 사건이 터졌다.

"니 똑바로 일해라잉."

갓 스물을 넘긴 직원에게 이런 농담을 던지고 다른 작업장으로 가는 길이었다. 그가 자리를 뜬 지 채 5분도 되지 않아 위에서 블록이 떨어졌다. 이 사고로 방금 전까지 그와 농담을 나누던 젊은 직원이 압사했다.

그렇게 황망할 데가 없었다. 그런데 문제는 그 다음이었다. 회사는 일이 급하다며 시신을 수습한 뒤 다시 작업을 시작하려 했다. 눈에서 불똥이 튀었다. 사람이 할 짓이 아니라고 생각했다. 밑에 있는 직원들에게 작업 중지를 지시했다. 그러고는 그들과 함께 고인이 된 직원의 장례식장으로 향했다. 그렇게 3일장을 치렀다. 그게 예의라고 생각했다. 하지만 회사는 그런 그를 마뜩찮게 생각했다.

하 지회장은 노조 활동도 시작했다. 작업 관리자다 보니 조합원을 조직하기도 수월했다. 욕심이 생겼다. 더 많은 노동자를 조직하고 싶었다. 일한 만큼 돈을 받아야 하는데 자기와 함께 일하는 노동자들은 그런 대우를 받지 못한다고 생각했다. 어떻게 하면 더 많은 조합원을 조직할 수 있을까 고민했다. 여기저기 업체를 돌아다니며 일하는 물량팀을 조직하는 것이 좋을 것 같았다. 사실 관리자 신분으로 노동자에게 조합에 가입하라고 권유하는 것도 불편한 일이었다. "자기는 먹고살 만하니 노동조합 활동한다." 이런 뒷말을 듣기도 거북했다. 그래서 물량팀으로 적을 옮겼다.

업체에서는 그가 물량팀으로 넘어가자 기회를 잡은 듯했다. 어느 업체에서도 그에게 물량을 주지 않았다. 아무리 일을 잘해도 소용없었다. 어느새 그는 블랙리스트에 올라 있었다. 애초 일하던 업체로 돌아가려 했으나 거기서도 문전박대를 당했다.

하창민은 입술을 질끈 물었다. 그렇게 해서 지금껏 노조 일을 하게 됐다. 하 지회장이 하청 노조 위원장을 맡은 지도 5년이나 됐다.

사장도 힘들다

그간 하 지회장과 나는 물밑에서 하청업체 사장들과 접촉하고 있었다. 무리한 기성 삭감으로 폐업하는 업체들이 속출하던 때였다. 이에 대한 부담은 고스란히 하청 노동자에게 전가됐다. 대표적인 게 체불임금이었다. 미처 임금을 주지 못하고 업체가 폐업하니 퇴직금은 물론이고 그간 일한 돈조차 제대로 받지 못하는 노동자들이 많았다. 나는 현재 하청업체의 실제 경영 상황이 어떤지 알고 싶었다.

그러던 중 하 지회장이 어렵게 하청업체 사장과 함께 서울로 올라왔다. 2015년 11월 30일자로 폐업된 업체의 신성식 씨였다. 울화통이 치밀어 견딜 수 없어 여기까지 오게 됐다고 했다.

현대중공업 하청업체 ○○기업을 운영했던 신 씨는 1978년 4월, 현대미포조선에 입사했다. 이후 1984년 8월께 현대중공업으로 전입했다. 줄어든 물량 때문이었다. 그렇게 30년 넘게 노동자로 살아온 그에게도 기회가 찾아왔다. 2011년 초였다. 하청업체 한 곳이 부도 처리되면서 원청인 현대중공업에서는 이를 인수할 사람을 찾고 있었다. 회사 상무가 신 씨를 대표로 추천했다. 신 씨도 사업을 해보고 싶었다. 정년퇴임을 4년 앞두고 찾아온 기회였다. 조선 경기가 회복세를 타고 있던 때이기도 해서 그는 희망에 부풀었다. 인수할 때 전임 대표가 남긴 빚, 즉 임금 체불액 1억8천만 원을 갚아 주는 조건으로 하청업체를 인수했다. 2011년 3월, 신 씨는 평생 노동자로 살다가 90명이 일하는 업체의 대표가 됐다.

하청업체 사장 일이라는 게 쉽지만은 않았다. 원청에서 받는 기성으로 노동자들 임금과 운영비를 내고 나면 매번 적자가 났다. 조선업이 활황기를 맞으면 괜찮아지겠지 생각하며 버텼다. 사실 평생 조선업 기름밥만 먹어 왔기 때문에 그것 말고는 딱히 할 일도 없었다.

하지만 상황은 갈수록 나빠졌다. 경기가 어렵다는 이유로 대규모 구조 조정을 감행한 뒤부터(2015년 1월부터 과장급 이상 사무직 1천5백 명의 희망퇴직을 신청받고 실제 1천3백여 명을 감축했다) 원청은 고통 분담을 근거로 기성 인하를 강요했다. 신 씨 회사의 2015년 4월부터 10월까지 기성 및 지출 내역서를 보면 4월 기성 실지급금이 3억4,859만1,883원인 반면, 임금 지급비와 경비 합계는 4억7,712만1,469원이었다. 1억여 원이 적자였다. 5월은 기성 실지급금이 3억6,172만7,794원, 총 경비 합산은 5억6,356만2,284원으로 2억 원의 적자를 기록했다. 같은 식으로 6월에는 1억4천여만 원, 7월에는 6천920여만 원, 8월은 4천5백여만 원, 9월은 1억 원, 10월에는 9천2백여만 원의 적자를 기록했다.

매달 인건비와 운영비의 40~50% 정도만을 원청에서 지급했기 때문이다. 이전과 똑같은 시간과 인력을 투입해 작업했지만 기성비를 절반밖에 받지 못했다. 견디다 못한 신 씨가 항의했지만 소용없었다. 신 씨의 능력이 부족한 탓이라는 답변만 돌아왔다.

그래도 시간이 지나면 괜찮아지리라 믿고 버텼다. 매달 적자를 감내했다. 하지만 더는 견딜 수 없었다. 그사이 노동자들 임금을 주기 위해, 살고 있던 아파트 담보대출은 물론, 중소기업청에서 1억 원도 대출받았다. 빚은 여기서 그치지 않았다. 은행 마이너스 대출이 8천만 원, 가족 명의로 제2금융권에서 빌려 쓴 사채가 2억8천만 원이나 됐다. 이 모든 게 지난 4년 6개월 동안 대표를 하면서 생긴 빚이다.

그해 11월 말, 결국 신 씨는 폐업을 결심했다. 현대중공업에서는 그 달에도 한 달 일한 기성으로 1억8천만 원을 가져가라고 했고, 이는 그 달 나갈 임금의 절반도 되지 않는 돈이었다. 11월 임금을 해결하려면 또다시 1억5천만 원의 빚을 내야 했다. 그는 회사에 자신이 내걸었던 업체 보증금 8천여만 원으로 11월 임금을 해결하겠으니 여기서 모자란 부분을 원청에서 도와 달라고 부탁했다. 회사는 노력해 보겠다고 했다. 그 말을 믿고 신 씨는 업체를 폐업했다. 하지만 여전히 임금 체불 문제는 해결되지 않고 있다. 게다가 90명의 직원들에게 지급해야 하는 퇴직금이 약 4억 원. 이 돈은 어떻게 마련해야 할지 막막할 따름이다.

신 씨는 자신을 '바지 사장'이라 했다. "모든 업무 공정은 사실상 원청에서 지시하고 관리"했으며 "업체 대표가 하는 일은 인력 수급과 관리뿐"이었다. 문제가 생길 때만 책임을 떠맡는 사람이 하청업체 사장이었다.

실제 신 씨의 업체가 원청에서 받은 공문을 보니 휴일 근무부터 야간 근무, 공정 방식까지 원청에서 일일이 지시해 온 것을 알 수 있었다. 'TANK COVER 공정 송부의 건'에서는 "주야간 조를 나눠서 배치하지 않으면 달성할 수 없는 공정이오니, 힘드시더라도, PE과의 저력을 보여 줬으면 합니다"라고 사실상 야간 근무를 독촉하고 있다. 또 'LPG호선 UPPER DECK 너클 부위 관리'에서는 "너클 포인트 관리가 중요" "내업에서 너클이 덜 잡힌 부분은 취부 전 오버헤드 비드 백히팅해서 잡고 취부 바람" 등 구체적으로 공정까지도 일일이 설명·지시했다. 또 '휴일 근무 계획 관련의 건'에서는 "금주 휴일 근무(24일, 25일) 계획을 10월 19일 오후 3시까지 제출 바란다"라고 통지했다. 하청업체의 휴일 근무까지 일일이 체크하고 있는 셈이었다.

신 씨는 "공사를 진행할 때 매일 아침 조회 시간에 원청 부서 관리자가 인원을 점검하고 업무를 지시했으며, 그날 점심, 저녁 등 식사하는 직원들의 명단을 보고서로 제출하도록 했다"면서 "원청은 사실상 모든 공정 과정에 관여하고 지시해 왔다"고 주장했다.

그럼에도 불구하고 적자 피해는 고스란히 하청업체와 하청 노동자에게 전가되고 있었다. 신 씨에 따르면 "현재 원청은 발생한 임금의 40~50% 정도밖에 되지 않는 기성을 하청에 주면서 일은 전년과 똑같이 시키고" 있었다. 현대중공업에서는 투입된 인력과 작업 시간 등을 고려해 실적에 따라 기성을 정상적으로 지급해 왔다고 주장하지만, 신 씨는 "6개 사내 하청업체가 비슷한 인원과 작업 시간으로 실적을 쌓았는데 일을 끝낸 뒤 기성을 받아 보면 아무런 기준도 없이 중구난방"이라고 비판했다.

신 씨와 인터뷰를 끝내고 식사를 함께 했다. 신 씨는 어제부터 아무것도 못 먹었다고 했다. 이날 신 씨는 딸을 대동했다. 밤에 잠도 못 자고 식사도 제대로 못하는 아버지가 걱정되어 함께 올라왔단다. 혹시 다른 마음을 먹을까 걱정이라고도 했다.

"저도 회사에서 일하다 보니 현장 노동자들이 파업이나 1인 시위하는 걸 종종 접해요. 그때는 그 사람들이 왜 그러는지 전혀 몰랐어요. 그런데 요즘 아버지를 보니 그 마음을 조금은 이해할 것 같아요. 얼마나 억울하면 그러겠어요. 아버지가 걱정돼서 새벽에 아버지 방에 가보면 아버지가 없어요. 어디 가셨나 보면 베란다에서 하염없이 창밖만 보고 계세요."

나중에 들은 이야기지만, 사실 신 씨와 하 지회장은 불편한 관계였다. 신 씨 회사에서 일하는 노동자 중 몇몇이 하청 노조에 가입해 있었다. 신 씨는 그것을 무척 불편해 했고 그에겐 하 지회장이 눈엣 가시 같은 존재였다. 둘은 사사건건 부딪혔다. 그런데 지금은 되레 하 지회장에게 자신의 처지를 하소연하면서 도움을 청하는 상황이 된 것이다. 신 씨는 예전에 일 잘한다는 이야기는 익히 들었다며 하 지회장을 한껏 추켜세웠다.

사장도 비정규직

일주일 뒤 나는 다시 울산으로 내려갔다. 신 씨가 자신과 비슷한 처지에 있는 하청업체 사장들을 소개해 주기로 했다. 현대중공업 정문 앞에서 신 씨를 만났다. 그의 차를 타고 10분쯤 달렸을까. 바닷가 근처 한적한 도로로 접어들었다. 그 길 한쪽에 이명석 씨(54) 사무실이 있었다.

이명석 씨가 처음 조선소에 발을 디딘 건 1978년이었다. 한진중공업에서 청소 일부터 시작했다. 열일곱 살 청년은 하나하나 일을 배워 갔다. 오랫동안 한진중공업에서 일하다 대평조선 등 몇몇 조선소를 거쳐 2007년 현대중공업 하청업체에 입사했다.

그는 책임감이 강했다. 맡은 작업은 정해진 시간 안에 마무리하려고 노력했다. 자연히 위에서도 인정받았다. 직장, 작업반장을 거쳐 작업소장까지 올라갔다.

그러던 어느 날 하청업체를 관리하는 원청 관리자가 이 씨를 불렀다. 부도가 나서 이름만 있는 하청업체를 맡아 운영해 보라고 했다. 다만 노동자들이 뿔뿔이 흩어졌기 때문에 이 씨가 직접 노동자들을 모아야 한다는 전제가 붙었다.

조선소에서 잔뼈가 굵은 이 씨에게 그런 건 전혀 문제 될 게 없었다. '물량팀'도 운영해 봤기 때문에 노동자를 끌어들이는 일은 식은 죽 먹기였다. 한 가지 걸리는 게 있었다. 자신이 인수할 업체가 임시 업체인지, 정규 업체인지였다. 임시 업체일 경우, 3~6개월만 하청업체로 등록한 뒤, 실적에 따라 원청과 재계약을 해야 한다. 일종의 업체 내 '비정규직'인 셈이었다. 게다가 정규 업체와 달리 하청 노동자의 복지와 관련된 지원을 일절 받을 수 없었다.

그는 조심스럽게 이런 우려를 드러냈다. 원청 관리자는 걱정하지 말라며 정규 업체임을 강조했다. 그는 곧바로 전국에 흩어져 있는 조선소 노동자들을 불러 모았다. 평소 연락하며 지내던 친한 형·동생들이었다. 작업은 2013년 3월부터 시작됐다.

조선소 운영은 인력이 전부라 해도 과언이 아니다. 원청에서 업체 사장으로 이 씨를 점찍은 이유도 이 때문이었다. 12월까지 마무리할 공사가 있는데 담당 업체는 부도가 난 상태였다. 일할 노동자를 섭외할 능력 있는 사람도 찾기 어려웠다. 평소 일 잘하고 '물량팀' 노동자를 잘 아는 이 씨가 적임자였다.

하지만 막상 일을 시작하니 이야기가 달라졌다. 약속한 기성에 턱없이 못 미치는 금액이 지급됐다. 3월에는 약속했던 금액의 62%, 4월에는 67%, 5월에는 54%, 6월에는 62%가 지급됐다. 급기야 7월에는 36%까지 떨어졌다.

게다가 정규 업체인 줄 알았던 회사는 임시 업체였다. 나중에 계약 연장을 할 수 있는지도 문제였지만, 가장 큰 문제는 노동자들의 복지였다. 임시 업체의 경우 작업복·작업화는 물론 중식·간식·석식 대금이 전혀 지급되지 않았다. 정규 업체는 원청에서 이를 지급했지만 임시 업체는 업체 사장이 모두 부담해야 했다. 여름휴가비, 명절 상여금, 성과급 등도 마찬가지였다. 일하는 노동자가 1백 명일 때는 한 달 점심값만 1억 가까이 들었다. 업체를 인수할 때는 전혀 예상치 못했던 비용들이었다.

이 씨는 원청 관리자가 자신에게 거짓말을 했다는 걸 깨달았다. 그해 12월까지 급히 처리할 물량 때문에 자신을 이용한 것이었다. 직접 만나 따져도 보았지만 소용없었다. 과거 이 씨가 있던 회사의 임금 체불 문제 때문에 정규 업체 등록이 거부되었던 것이다. 정규 업체 등록에 왜 그런 평가가 있어야 하는지 이해가 가지 않았다. 하청업체의 체불임금 문제는 원청에서 책임지지 않는다. 게다가 전 업체에서 이 씨는 사장도 아닌 작업 소장이었다. 작업 소장이 그런 것까지 책임져야 할 리 없다. 정규 업체로 인정하지 않으려는 핑계일 뿐이었다. 하지만 칼자루는 원청이 쥐고 있었다.

결국 그해 9월, 계약 기간이 끝나고 이 씨의 회사는 폐업 처리됐다. 더 큰 문제는 체불임금이었다. 6천7백만 원이나 되는 체불임금만이라도 원청에 해결해 달라고 부탁했지만, 이 씨가 회사 운영을 제대로 하지 못해 발생한 문제라는 답변만 돌아왔다.

이 씨는 임금을 지불하느라 이미 빚을 지고 있던 터라 더는 빌릴 곳도 없었다. 재판에 넘겨졌고 집행유예를 받았다. 그의 인생에도 '빨간 줄'이 처졌다. 그간 형·동생하며 지내 온 노동자들에게는 임금을 떼먹은 악덕 사장이 되어 버렸고, 평생 조선밥 먹으며 모은 돈도

6개월 동안 모두 날라 갔다. 빚만 끝도 없이 늘고 있었다.

한순간에 모든 것을 잃어버린 듯한 답답한 마음에 공정거래위원회를 찾았다. 불공정 하도급 거래 행위로 신고했다. 2015년 7월 최종 결과가 나왔다. "증거 불충분으로 심의 절차를 종료합니다." 공정거래위원회는 불공정 하도급 거래를 했다는 증거가 없다고 했다.

사실 증거는 없었다. 애초 도급 계약을 맺을 때, 계약서를 작성하지 않기 때문이다. 이 씨에 따르면 원청에서 하청업체에 업무를 시킬 경우, 설계도면도 보내고 견적 의뢰서도 보내야 한다. 그래야 하청에서도 얼마만큼 사람을 투입할지 등 견적을 내보고 그에 따라 단가가 맞는지를 판단한다. 하지만 현대중공업은 그러지 않았다.

이 씨 등 하청업체 사장들의 말을 종합해 보면, 계약서나 외주 시공 의뢰서 등 물량을 맡길 때 원청에서 하청에 보내는 관련 서류는 전혀 없다. 작업이 끝날 때까지 모든 건 구두로 진행된다. '이 물량을 언제까지 끝내면 얼마 주겠다', 이런 식이다.

문제는 이런 구두 약속도 제대로 지켜지지 않는다는 것이다. 공사가 끝난 뒤 기성을 치를 때면 애초 약속했던 액수에 한참 못 미치는 금액을 지급하고, 계약서는 작업이 끝난 뒤 날라 온다.

현대중공업 측은 이를 부인한다. 기성, 하청업체 노동자의 실 투입 인원, 작업 시간과 관계없이 물량(처리 중량, 면적 등)을 기준으로 계약된다고 말한다. 계약된 도급 대금을 하청업체 공사 진행률에 따라 계약 기간 동안 매월 나누어 지급하고, 공사 수행이 완료되는 시점에 도급 대금 전액을 지급한다는 게 그들의 주장이다.

하지만 이 씨에 따르면, 매일 아침 체조를 할 때면 원청 직원이 뒤에서 하청 노동자의 인원수를 체크하고, 오후 6시까지 몇 명이 일하는지, 저녁 8시까지 몇 명이 일하는지 등도 일일이 체크한다. 게다가 그날 일한 노동자 수와 노동시간은 일일이 원청이 관리하는 프로그램에 입력해야 한다.

한번은 한창 일하던 오후 3시께 원청업체 관리자가 이 씨 업체 노동자들을 소환하는 일도 있었다. 신고한 인원과 실제 일하는 노동자가 맞는지 확인하기 위해서였다. 일하는 노동자와 시간에 따라 기성을 책정하기 때문에 이렇게 꼼꼼히 체크한다는 것이다.

"나는 불러온 애들에게 죽일 놈 됐다. 그들에게 면목도 없다. 다시는 그들과 일도 못한다. 어떻게 하겠나. 6개월 일하면서 그간 벌어 놓은 돈 다 까먹고 쪽박 찼다. 이런 상태에서 어떻게 살아갈 수 있겠나."

현재 이 씨는 조선업을 떠나 집 짓는 일을 하고 있다. 하청 노동자의 임금이나 떼먹는 악덕 사정이 되어 버려 더는 조선업에 발붙이기도 힘들어졌기 때문이다.

사장님들

이 씨와의 인터뷰가 끝날 즈음 하청업체 사장들이 하나둘 찾아들었다. 모두 2015년 하반기에 폐업한 사장들이었다. 각각의 사연도, 빚을 지고 있는 상황도 비슷했다. 퇴직금을 포함해 적게는 5억, 많게는 10억의 빚을 지고 있었다. 거의가 노동자 출신이었다. 낯익은 얼굴도 보였다. 일전에 인터뷰했던 하청업체 정 대표였다. 7

월 말 폐업했다고 했다. 인터뷰 후 채 한 달을 버티지 못했다.

업체 사장들끼리 모이니 자연스럽게 정보를 교환하는 자리가 됐다.

"정 대표는 원청이랑 어떻게 하고 있어? 무슨 좋은 대응 방법이라도 있나?"

"밀린 체불임금은 얼마나 되나?"

"애들(직원들)에게 퇴직금 못 받았다고 노동부에 고소를 하라고 알려 줘도 그렇게 하질 않아. 다른 사람들은 어떻게 처리하고 있어?"

나는 잠자코 그들의 이야기에 귀를 기울였다.

"사실 저는 말이죠, 일이 늦어지는 데는 어느 정도 우리 근로자 탓도 있다고 생각합니다. 공기가 늘어나 발생한 비용을 무턱대고 원청에 요구하는 것도 말이 안 되는 거죠. 우리가 놀아서 늦어지는 이유도 있는 거 아닙니까. 일전에 제가 작업소장 하던 곳에서는 공기를 맞추지 못하고 회사가 나자빠졌어요. 사장이 튄 거죠. 그간 일한 임금도 제대로 받지 못하는 상황이 됐죠. 어떻게 합니까. 그때 제가 총대를 멨죠. '공기를 제대로 맞추지 못한 것은 니들이 제대로 일을 못해서다. 그러니 엔분의 일로 고통 분담을 하자. 그래야 한다.' 이러면서 그나마 남은 돈으로 일한 시간만큼을 계산해서 나눠 주기도 했죠. 그런데 지금은 그게 아니야. 해도 해도 너무 하는 거지."

자부심도 대단했다. 이전에 했던 작업들을 이야기하면서 얼마나 어려운 작업을 해왔는지 뽐내기도 했다.

"정 대표님도 잘 아시지 않습니까예. 그때 한 달 안에 조립을 다 마치라고 하지 않았는교. 그런데 이음새를 보니 파이프가 다 휘어 있어. 도저히 한 달 안에 할 수는 없었지예. 그래도 내가 누군교. 미친 듯이 일했다 아닌교. 밤낮없이 일해서 겨우 공기 내에 공정을 마쳤지예. 마, 내가 아니면 그거 누가 할 수 있는교. 와, 지금 생각해도 식은땀 나네."

듣고 있던 정 대표도 맞장구를 쳤다.

"알재, 잘 알재."

자신들보다 이전에 작업한 회사가 일을 제대로 못했을 때는 죽을 맛이라는 '뒷담화'도 이어졌다.

"○○업체 아시죠? 그 업체가 작업하고 나서 연쇄 작업으로 일하게 되면 정말 미칩니다, 미쳐. 다들 잘 알고 계시죠? 똥 싸질러 놓고는 그냥 줄행랑이에요. 그거 다시 원상 복귀시켜야 일을 시작할 수 있는데, 어느 세월에 그 작업을 다 합니까. 일은 일대로 힘들고, 시간도 갑절 잡아먹게 된다 이거죠. 원청 관리자에게 추가 비용을 달라고 해봐야 '니들이 일을 못해서 그렇다'는 말만 합니다. 복창 터지죠. 그런데 어쩝니까. 자꾸 이야기할 수밖에. 나갈 돈은 딱딱 떨어지는데, 그에 따른 보상은 안 해주니 어떻게 그냥 넘어가요. 생각해 보니 제가 그렇게 자꾸 이야기해서 이 모양 이 꼴이 됐나 싶기도 하네요."

하청 노동자에 대한 이야기도 쏟아졌다. 그래도 그들은 자신들을 노동부에 고소하면 밀린 임금과 퇴직금은 받을 수 있단다. 하지만 자신들은 빚만 지고 감옥에 가게 생겼으니 더 불쌍하지 않느냐고 했다. 나는 사장이라는 사람들이 하청 노동자보다 자신들이 더 불쌍하다고 이야기하는 상황이 좀 불편했다. 나중에 들은 이야기지만, 이미 재산을 다른 사람 명의로 돌려놓은 사장들도 있었고, 하청업체 말고도 여러 사업체를 운영하는 사장도 있었다. 나는 나중을 기약하며 자리에서 일어섰다. 그러자 사장들 중 한 명이 주섬주섬 지갑을 꺼냈다.

"여기까지 왔는데 차비라도 드려야지."

나는 손사래를 치며 간신히 자리에서 벗어났다.

폭탄 돌리기

분명 그들 중에는 벼랑 끝에 내몰린 이들이 있었다. 하지만 현실은 훨씬 복잡했다.

김형균 현대중공업 노조 정책실장은 하청업체의 폐업 원인을 사장들과는 조금 다르게 바라보고 있었다. 하청 업주들 가운데는 원청에서 받은 기성을 노동자에게 제대로 배분하는 이가 있는 반면, 이익을 자기 주머니에 챙기는 이들도 있다고 했다. 김 실장은 원청이 이런 업주들에게 제재를 가하면 되는데, 그러지 않는 것이 문제라고 지적했다.

기성 삭감의 문제 역시 지적됐지만 이 역시 초점은 좀 달랐다.

원청이 하청에 이렇게 얘기해요. '지금까지 많이 해먹지 않았냐, 지금 조선소가 위기니 삭감해서 주겠다.' 그전까지 명단에만 있고 현장에는 투입도 안 된 '유령 노동자'의 존재를 원청 부서장 같은 사람들은 잘 알고 있었어요. 하지만 골프 접대 같은 걸 받으면서 적절히 묵인해 줬죠. 하청도 먹고살아야 한다며 인정해 준 거죠.

그런데 조선소 거품이 빠지면서 고통 분담을 이유로 기성을 낮추니 하청업체는 환장할 노릇이죠. 거기다 하청 업주들이 작업을 많이 하려고 물량팀을 썼어요. 하지만 물량팀은 자기 회사 직원도 아니잖아요. 그렇다 보니 원청으로부터 이 사람들 인건비를 받지만 이 인건비는 공식적으로는 안 나간 걸로 돼요. 그러면 장부상 수익으로 잡히게 돼요. 결국 업주들이 자기 돈으로 부가세를 물어내야 하는 상황까지 가요. 큰 손실이죠. 이런 하청업체가 대부분이에요. 이 규모가 워낙 커져서 그만두면 자기가 다 토해 내야 해요. 원청에 관련 부실 처리를 해달라고 하는데 원청은 할 수 없어요. 물량팀을 자신들이 운영했다는 증거가 되니까요. 앞으로 굉장히 큰 문제가 될 거예요. 노동부도 알고 있어요. 하지만 손을 쓰지 못하죠. 누구도 이걸 건드릴 수 없는 상태예요. 물량팀이 없으면 공정 처리가 안 되고 물량팀을 쓰자니 하청업체의 부실이 생기는 구조예요.

게다가 물량팀에 돈을 많이 주니 숙련 기술 노동자들이 '나도 물량팀을 만들어서 나가겠다'고 해요. 숙련공이 사라지는 구조죠. 현대중공업에 물량팀이 280개 있어요. 두 명 이상이면 팀이죠. 노동 유연화, 위험의 가장 끝자락에 있는 게 물량팀이에요. 2014년에 일어난 산재의 절반은 물량팀 소속 노동자들한테 일어난 일이었어요.

그는 앞으로도 물량팀의 존재가 이들의 발목을 잡을 것이라고 했다. 원·하청 간에 서로 형님·아우 하면서 이끌던 조선소 황금 시절에 제대로 정리해야 하는 일들이었다. 이를 미처 정리하지 못하고 불황에 접어들면서 하나둘씩 문제가 생겨나고 있는 셈이었다.

어느 사장의 죽음

"긴급 상황 발생, 전화 요망."

잠시 자리를 비운 사이, 하창민 지회장으로부터 전화와 문자 메시지가 와있었다. 울산의 하청업체 대표를 취재하고 돌아온 지 일주일 만이었다. 무슨 일이 생긴 걸까. 불길한 예감에 급히 전화를 걸었다.

"큰일 났다. 하청업체 대표가 자살했다 아이가. 이거 빨리 알려야 한데이. 지금 마이 심각하데이. 일단 허 기자가 일전에 울산에 와서 취재했던 업체 대표들에게 연락해라잉. 거기가 잘 알고 있을끼다."

현대중공업 대조립 1부 소속 하청업체인 세양산업 대표 서 씨 (63)는 새벽께 다른 업체 대표에게 메시지를 남겼다.

"나한테 무슨 일이 생기면 우리 식구 좀 부탁하네."

메시지를 받은 업체 대표는 급히 서 씨 업체의 총무에게 전화해 사장을 찾아보라고 했다. 하지만 서 씨는 이미 종적을 감춘 상황이었다.

뒤늦게 신고를 받은 경찰은 휴대전화 위치를 추적해 서 씨를 발견했다. 자신의 차에서 번개탄과 함께 의식을 잃은 서 씨가 발견됐다. 울산대병원으로 옮겨져 심폐 소생술을 받았지만 결국 사망했다. 이날은 서 씨의 생일이었다.

서 씨의 죽음을 두고 원청의 '무리한 기성 삭감' 때문이 아니겠느냐는 관측이 조심스럽게 흘러나왔다. 노동자 72명이 등록돼 있는 세양산업은 11월 임금이 절반만 지급돼 9천8백만 원의 임금 체불이 발생했다. 대조립1부 다른 하청업체들의 상황도 비슷했다. 노동자들 모두 임금의 절반밖에 받지 못했다. 그러자 세양산업을 포함한 대조립1부 소속 7개 업체와 대조립2부 소속 2개 업체 노동자들은 작업을 거부했다. 하지만 며칠 지나지 않아 하나둘 업무에 복귀했다. 급기야 서 씨가 운영하는 업체를 제외한 모든 업체가 조업을 재개했다. 마지막으로 업무에 복귀하는 업체는 퇴출된다는 소문이 파다했다. 서 씨가 상당한 압박을 느꼈을 거라는 게 중론이었다.

서 씨가 자살하기 일주일 앞서 만난 하청업체 사장들도 발 빠르게 움직였다. 현대중공업 하청업체 대표 20여 명으로 구성된 현대중공업사내협력사대책위원회를 출범시켰다. 그들이 확보한 서 씨의 유서에는 "기성을 떼이니 임금 지급 일자가 지겹다. 벌어 놓은 돈은 없고 3년 넘게 적자를 보게 되니……"라고 원청의 '무리한 기성 삭감'이 직접 언급돼 있었다.

게다가 체불임금 등으로 대출받은 돈도 상당했다. 하청업체 정 대표는 "직원들 급여와 4대 보험료 등을 제대로 내지 못해 생긴 빚이 수억이었다"라고 설명했다. 그러면서 서 씨가 평소 사용하던 수첩에 좀 더 구체적인 내용이 담겨 있는데, 검찰에서 증거로 가져갔다며 추후 확보되면 공개하겠다고 했다. 그것을 보면 확실히 원청이 어떻게 기성을 삭감했는지 잘 알 수 있다는 이야기였다.

물론, 현대중공업 측은 이를 부인했다. 기사가 나간 뒤 홍보팀에서 연락이 왔다. 지난번과는 조금 달랐다. 서울 홍보팀이 아닌 울산 홍보팀이었다. 기사에 자신들의 입장을 반영해 달라고 했다. 관련 사안을 수습하기 위해 TF팀까지 꾸렸다는 이야기도 들렸다.

현대중공업과 하청업체 간 도급 대금은 실 투입 인원, 작업 시간과 관계없이 물량(처리 중량, 면적 등)을 기준으로 계약되며, 당사는 계약된 도급 대금을 하청업체의 공사 진행률에 따라 계약 기간 동안 매월 나누어 지급하고, 공사 수행이 완료되는 시점까지 도급 대금 전액을 지급하고 있다고 했다. 따라서 당사가 투입 인원이나 작업 시간에 따라 하청업체의 대금을 지급한다거나, 기성을 20~50% 삭감한다는 주장은 도급계약의 특성에 대한 이해가 부족해서일 뿐 사실이 아니라고 했다.

그러면서 최근 일부 하청업체의 경영상 어려움은 당사 기성의 문제가 아니라, 조선업계의 인력 구인난으로 시장 임금은 상승하고 있으나 실질적인 기술 인력이 부족해 생기는 하청업체의 생산성 저하가 원인이라고 주장했다.

조목조목 반박하려다 마음을 돌렸다. 유서에도 기성을 떼이고 있다고 써있는데, 이를 부인하니 무슨 이야기를 할 수 있을까. 나는 내용을 정리해서 보내 주면 입장을 실어 주겠다고 하고 전화를 끊었다.

간절해진 사장님들

이후에도 하청업체 사장들이 종종 나를 찾았다. 한번은 대형 방송 차량을 대절했다면서 현대중공업 정문 앞에서 '기성 후려치기'의 문제점을 지적하는 동영상을 틀겠다고 했다. 취재하러 와달라는 부탁이었지만 울산까지 광고 차량을 취재하러 갈 수는 없었다. 그리고 나서 며칠 뒤 또 연락이 왔다.

"허 기자님이라예? 우리가예, 서울로 한번 올라갈 낍니다. 방송 차량을 빌렸다 아닌교. 소리도 빵빵합니다. 울산 현대중공업 앞에서 죽어라 틀었고, 이제는 서울에서 함 틀어 볼라 캅니다. 그래서 말인데예. 청와대 앞에 갈라꼬예."

나는 당황했다.

"네? 무슨 소리세요? 청와대 앞에서는 기자회견도 하기 힘들어요. 그런데 방송 차량이라니요. 청와대 오기도 전에 잡혀 가실 거예요."

"그라믄, 국회 앞은 어떻십니까? 거는 괜않지 않십니까?"

갑갑하기도 하고 안타깝기도 해서 하나하나 설명해 주었다. 그리고 며칠 지나지 않아 다시 전화가 왔다.

"허 기자님이죠? 우리 서울 왔십니다. 국회, 정몽준 자택, 현대중공업 사옥 등에 죄 집회 신고 내고 왔십니다. 그란데 기자들이 한 명도 오지 않는 걸 우예 생각해야 되겠십니까? 당황시럽십니다. 어떻게 우리 이야기를 한 명도 들어주지 않십니까?"

차마 취재를 와달라는 이야기는 못 꺼내고 아는 기자들이 있으면 취재 요청 좀 해달라고 했다. 오죽 답답하면 아무 준비 없이 서울로 올라왔을까. 하지만 현실은 냉정했다. 이들 목소리에 귀를 여는 사람은 아무도 없었다.

하 지회장도 뒤늦게 이 소식을 접했다.

"안 그래도 내게도 연락이 왔다 아이가. 미치것다. 그렇게 무턱대고 가면 누가 알아 주겠노. 미리 준비해서 가도 알아 줄똥 말똥인데……. 우짜겠노."

그 역시 국회부터 현대중공업 사옥, 정몽준 자택까지 안 가본 곳이 없었다. 하소연할 수 있는 곳이라면 어디든 갔다. 하지만 관심을 보이는 사람은 아무도 없었다. 하청업체 대표라고 해서 하청 노동자와 다르지 않았다.

마음에 걸려 며칠 뒤 하청업체 대표와 통화를 했다.

"그렇게 무턱대고 올라오시면 안 되구요. 정 올라오실 거면……"

나는 여러 가지 실무적인 일들을 알려 줬다. 다시 서울에 올라오려고 했는데, 단단히 준비해서 일정을 짜야겠다고 했다. 이런 일을 처음 하다 보니 쉽지 않다며 너털웃음을 던졌다.

결국, 남은 카드가 없어서였을까. 2016년 2월, 이 대표들 중 한 명이 원청 관리자에게 매달 5백~7백만 원의 상납금을 1년 동안 바쳤다면서 언론과 인터뷰를 자청했다. 자기 죄를 고백하면서까지 원청 관리자의 문제를 밝히고 싶었던 것이다. 그는 또 자신이 작업소장 시절, 원청 관리자의 압박으로 산업재해를 두 건 은폐했다고도 고백했다. 이후 그는 20대 총선에서 무소속 후보 등록을 준비하기도 했다.

노조에 대처하는 회사의 자세

얼마 뒤 다시 울산에 내려갈 일이 생겼다. 산재 은폐를 제대로 조사하라고 노동부에 촉구하는 기자회견이 있었다. 나는 안부도 물을 겸, 하청업체 대표들의 대책위 사무실에 들렀다. 그곳에는 못 보던 하청업체 대표가 앉아 있었다. 그는 2016년 1월 폐업된 업체 사장이라고 자신을 소개했다.

이수용 씨(60)는 32년을 현대중공업에 있었다. 1979년 현대중공업에 입사한 그는 1987년 노조 설립 때부터 2011년 5월 퇴직할 때까지 노무관리 업무를 맡았다. 그의 직함은 현대중공업 해양도장부 운영과 과장. 운영과는 부서 소속 노동자의 노무관리를 주 업무로 하는 곳이다. 그는 현대중공업이 어떻게 노조를 관리해 왔고 노조 선거 등에 어떻게 개입했는지를 자세히 들려줬다.

그간 현대중공업에서 노조를 조직적으로 관리했다는 정황은 곳 곳에서 드러난 바 있었지만 노동자들의 주장으로만 제기돼 왔었다. 이를 지시한 관리자가 직접 증언하기는 이번이 처음이었다. 그의 이 야기는 매우 놀랍고 흥미로웠다.

내가 무슨 일을 했는지 설명하려면 우선 내가 속해 있던 운영과를 설 명해야 한다. 먼저 현대중공업 부서 구조를 이야기하면, 사업부가 있 고 그 산하에 건조, 도장 등 수십 개 부서가 있다. 그리고 이들 수십 개 부서는 또다시 생산 1과, 2과, 3과 등으로 쪼개진다.

이들 과를 책임지는 사람을 부서장이라고 한다. 운영과는 이 부서장 옆에서 부서 운영과 관련해서 노무관리 등 소위 못된 짓을 하는 과 다. 조직 구조상 운영과 과장은 부서장 지시를 받아야 하지만 실제로 는 더 위로부터 지시를 받는다.

현대중공업에는 운영지원부가 있다. 이 부서에서 각 부서 운영과를 컨트롤한다. 각 부서 운영과로부터 모든 정보를 보고받고 그에 따라 대응과 전략을 짠 뒤, 이를 다시 각 부서 운영과로 지시한다. 일종의 컨트롤타워라고 보면 된다. 운영과는 운영지원부의 지시를 받는다고 보면 된다.

내가 그간 써온 수첩에는 그간 운영팀 과장을 하면서 운영지원부 간 부와의 회의 등에서 지시받은 사항들이 모두 적혀 있다. 평상시에는 매주, 그리고 노조 대의원 대회, 찬반 투표 등이 진행되는 시기면 매일 회의가 열렸다. 이 회의에서 노조에 '어떻게 어떻게 대응하라'는 지시를 받았다. 현대중공업 원청 노조가 강성으로 가는 것을 막으라는 게 주요 지시 사항이었다. 만약 조금이라도 문제가 생기면 문책을 받았다. 그래서 지시 사항은 무슨 일이 있어도 지켜야만 했다.

이수용 씨는 2004년부터 2011년 5월, 퇴직하기 직전까지 회의에서 지시받은 내용을 세 권 분량의 수첩에 정리했다. 그는 이야기를 하면서 마치 자랑하듯이 한 장 한 장 수첩 내용을 펼쳐 보였다. 대체 무슨 내용이 들어 있을까? 몹시 궁금했다. 하지만 쉽게 이야기해 줄 리 없었다. 정면으로 돌파해 보기로 했다. 노조가 강성으로 가는 것을 막으려면 무엇보다 선거에 개입하는 것이 가장 효과가 크지 않을까. 이에 대해 물었더니 아니나 다를까 그의 입에선 놀라운 이야기들이 쏟아져 나왔다.

맞다. 가장 중요한 일은 대의원 선거였다. 회사 쪽 인사, 즉 여당 인사가 대의원 선거에서 당선되도록 온갖 방법을 썼다. 예를 들어 우리 부서에서 대의원을 두 명 뽑는데 세 사람이 출마했다고 하자. 이 중 한 사람이 회사에 비판적인 강성 조합원, 즉 야당 인사라고 하면 이 사람을 목숨 걸고 떨어뜨려야 한다. 모든 관리자가 이 사람을 떨어뜨리기 위해 달려들었다. 대의원은 노조에서 굵직한 사안을 결정하는 위치에 있기 때문에 대의원이 여당 인사냐 아니냐는 무척 중요하다. 만약 야당 인사가 당선되면 운영과장이 책임을 져야 한다. 그러니 죽을힘을 다할 수밖에 없다.

야당 인사를 떨어뜨리라는 지시를 내린다고 그게 실현 가능할까? 대의원 선거는 회사 선거도 아니고 노동조합 선거 아닌가. 게다가 당사자가 억지로 출마한 것도 아니고 대의원을 하고 싶다고 출마한 사람인데 말이다. 이 씨의 답변은 의외로 간단했다.

대의원에 출마하려면 조합원 일정 수 이상의 서명이 필요하다. 이게 없으면 대의원 후보 등록을 못 한다. 만약 야당 인사가 대의원 출마를 준비한다고 하면, 그때부터 우리는 비상사태에 들어간다. 현장을 돌아다니면서 공공연히 이야기한다. "이번에 출마한 야당 인사에게 서명하는 사람은 알아서 하라." 그러면 대부분 직원들은 서명을 하지 못한다. 회사에 찍히기 때문이다.

노조 선거라 해도 누가 누구에게 서명했는지 회사 관리자는 다 아는 방법이 있다. 어차피 노조 선거관리위원들도 다 회사 쪽 인사들이기 때문이다. 그들이 우리에게 서명 서류를 넘겨 준다. 위원장 선거 등을 다루는 중앙선거관리위원과 달리 지역 선관위, 즉 대의원 선관위원은 운영과에서 선정한다. 노조나 관리자나 다 한통속이기에 가능한 일이다. 관리자가 여당 성향이고 노조 집행부가 야당 성향이면 못하는 일이지만, 같은 성향이면 뭐가 어렵겠나. 어차피 목적은 같다.

그래도 노조 내부에는 회사에 비판적인 강성, 즉 야당 성향도 있을 텐데 그들까지 회사가 다 통제하기는 어렵지 않았을까? 이들이 조직적으로 서명을 받고 대의원 후보로 출마하면 막을 길이 없는 게 아닐까?

그래서 회사는 대의원 등록뿐만 아니라 선거에도 개입한다. 만약 야당 성향 인사가 대의원으로 출마할 경우, 선거 당일 작전을 짠다. 이건 내가 실제 사용한 방법이다. 부서 안에 세 개 팀이 있으면 팀별로 줄을 세운다. 그리고 투표용지를 나눠 주는 사람을 교육시킨다. A팀은 왼손으로 침을 발라서 왼쪽 귀퉁이를 문지른 다음 나눠 주고, B팀은 오른손으로 침을 발라 오른쪽 귀퉁이를 문지른 다음 나눠 주도록 한다. 그리고 C팀은 손에 흙을 묻혀 주라고 한다. 침 묻힌 곳은 말라도 티가 난다. 대의원 투표 기표소에는 회사 관리자들이 서있다. 투표용지를 확인하는 건 일도 아니다. 그리고 누가 누구를 뽑았는지 식별하는 것도 간단하다. 각 팀당 20명 정도 노동자가 있다. 이들 중 요주 인물로 찍힌 인물은 한두 명 정도다. 죽어라 관리하는데 견딜 재간이 없다. 만약 오른쪽 귀퉁이가 구겨진 투표용지에서 이탈표가 나올 경우, 관리자들 머리에는 이미 누군가가 떠오른다. 그다음부터는 머리에 떠오른 인사를 집중적으로 괴롭힌다. 다시는 이탈하지 못하도록 못살게 군다.

결국, 머릿수 싸움이다. 관리자들이 들어와도 야당 성향 노조원들이 막을 방법은 없다. 여당 노조원이 있기 때문이다. 관리자 숫자가 부족해도 여당 노조원이 많기 때문에 힘으로 안 됐다. 머릿수에서 안 되는 거다.

분위기가 이렇다 보니 야당으로 의심받는 일부 노조원들은 투표한 뒤, 투표소 앞에 서있는 관리자에게 자기가 투표한 내용을 일부러 보여 주기도 했다. 이탈표가 나올 경우, 자신에게 불이익이 돌아올까 봐 그러는 것이다.

또 회사는 대의원 선거에만 개입한 게 아니라 주요 투표에도 개입했다. 회사 쪽 의도대로 투표하도록 직원들을 조직했다. 만약 임금 동결안 관련 찬반 투표가 있다고 하자. 그러면 우리는 미리 만들어 놓은 OL을 동원해 여론전을 벌였다.

OL(오피니언 리더)이란 회사 입장을 현장에 적극 알리는 역할을 하는 직원들을 말한다. 이슈가 발생하면 운영과장의 지시를 받는다. 현장에서 회사 입장은 옹호하고 야당 성향 노조원의 주장은 반박하는 역할을 한다. 여론전을 벌이는 조직이라고 보면 된다. 물론, 이들은 회사에서 술 사 먹이고 돈 줘가면서 조직적으로 관리했다. 이는 대의원들도 마찬가지였다.

일례로 투표 때는 회사에서 돈이 지급된다. 회사 쪽에 유리한 안에 투표하도록 조직하라는 의미다. 그래서 대의원들 술도 사 먹이고 선물도 줬다. 재미있는 점은 그렇게 접대한 영수증은 5만 원 이하로 끊으라고 지시한다는 거다. 5만 원 이상은 안 된다며 각각 영수증을 끊어서 청구하라고 했다. 그래서 20만 원어치 술을 마시면 5만 원짜리 영수증 네 장을 끊어서 갔다. 그것도 1분 단위로 일괄 끊으면 의심받는다며 5분 단위로 영수증을 끊어 오라고 했다. 그런 세세한 것까지 운영지원과에서 지시한다.

2002년부터 2013년까지 회사에 우호적인, 즉 '여당' 노조원들이 노조 집행부를 맡을 수 있었던 것도 이 때문이다. 치사한 짓도 많이 했다. 예를 들어 회사에선 '야당' 대의원은 철저히 무시했다. 여당 대의원은 회사 중역실, 부서장실을 수시로 드나들었다. 그러면서 현장 노동자들의 자질구레한 문제를 해결했다. 야당 대의원은 대화는커녕 만나 주지도 않으면서 고립 상태로 식물화해 버렸다. 현장 직원들이 야당 대의원에게 메리트를 못 느끼게 했다. 그러니 다음번에 야당 대의원을 뽑겠나? 안 뽑는다.

현대중공업은 1995년부터 2013년까지 19년 연속 무분규 기록을 세웠다. 이런 배경에는 회사의 조직적인 노조 관리가 있었던 것이다. 노조 내 강성 정파에 대한 관리도 남달랐다.

지금 현대중공업 노조 집행부를 구성하고 있는 이들은 '전노회'(전진하는 노동자회) 소속이다. 이들은 강성, 즉 야당 성향이다. 전노회가 2014년부터 노조를 장악했지만 이전에는 헤맸다. 우리가 집중적으로 관리했기 때문이다. 운영과장들은 자기 부서 사람 중 전노회 소속 직원이 있으면 어떻게 해서든 그 사람을 거기에서 탈퇴시켰다. 온갖 방법을 다 썼다.

우선 사람을 못살게 굴었다. 우리 부서에 성○○이라고 전노회 소속 직원이 있었다. 나보다 나이가 많았다. 하지만 괘념치 않았다. 볼 때마다 반말에 온갖 육두문자를 다 썼다. 한마디로 바보 취급했다. 이 친구가 아침 8시 전에 아침 체조하는 것을 문제 삼은 적도 있다. 업무 시간도 아닌 시간에 체조하는 것은 부당하다고 했다. 그래서 내가 작업반장을 불러 매일 아침 8시에 성○○와 체조를 하도록 지시했다. 다른 작업자들이 보는 앞에서 필히 체조를 하게끔 했다. '모욕 주기'였다. 결국, 얼마 가지 못해 항복했다. 다른 사람들 보는 데에서 모욕을 주면 버티지 못한다.

블랙리스트까지 작성해 문제되는 노동자들을 특별 관리하는 방법도 사용했다.

조합원 성향별로 R(레드), Y(옐로우), W(화이트) 이렇게 분류해서 퍼센트를 내고 관리했다. 그리고 이들 비율을 매일 위에 보고했다. 어제까지 R이 30%라면 오늘은 27%가 돼야 한다. 그리고 그 다음날은 25% 이렇게 계속 줄었다고 보고해야 한다. 안 그러면 내가 박살이 난다. 나중에 야당 노조원들이 이 명칭을 알아챈 뒤에는 '동그라미. 세모, 엑스', 아니면 '백두산, 한라산, 금강산' 이렇게 바꿨다.

이 리스트에 'R'로 오른 이들은 특별 관리 대상이다. 일거수일투족 모두 감시했다. 그리고 사사건건 활동을 방해했다. 우리 부서에 전노회 소속 노동자가 있었다. 이 사람이 전노회 부의장으로 출마한다는 소식을 들었다. 대의원 선거가 아니니 서명을 받지 못하도록 할 수는 없었다. 그래서 선거 유세를 방해했다. 이 사람이 울산 외곽 시골에 살았다. 집에서 큰 도로로 나오는 길이 논두렁 길 하나뿐이었다. 그래서 우리가 작전을 짰다. 공장 내 아침 선거 유세가 있는 날, 새벽에 회사 포터를 끌고 가서 논두렁길에 세워 놓고는 그냥 와버렸다. 사이드브레이크도 올려놓았기에 어떻게 할 수가 없었다. 결국, 이 사람은 늦게 출근하는 바람에 아침 유세를 하지 못했다. 그렇게 사사건건 방해를 놓았다.

그리고 R로 분류된 사람들은 어떻게든 W로 돌려놓았다. 사람을 못 견디게 했다. 그러니 돌아설 수밖에 없었다. 그렇게 해도 돌아서지 않으면 해외로 발령 내기도 했다. 그러면 효과가 상당하다. 회사가 그렇게 다루는 것을 보면, 함부로 야당 쪽에는 얼씬도 하지 않는다.

또 R로 분류된 사람들도 '안 되겠구나' 하면서 자포자기한다.

물론 회유책도 사용했다. 사람 봐가면서 대응했다. 어느 정도 하면 넘어올 사람들에게는 가정 방문 같은 방법도 썼다. 직원 부인을 구워 삶는 거다. 선물 같은 거 들고 가서 '남편이 노조 일 한다. 말려 보라'고 하면 상당수가 돌아섰다.

노동자를 성향별로 분류하는 것은 어떻게 가능했을까? 그 사람이 전노회 소속이라는 걸 어떻게 알았을까 궁금했다.

성향 파악이 가능한 것은 'PR보고서'라는 걸 매일 작성하기 때문이다. 현장 노동자의 일거수일투족을 파악해서 보고서를 매일 제출해야 한다. 그것이 PR보고서다. 이를 바탕으로 위에서는 어떻게 노무관리를 할지 판단하고 지시를 내린다. 한마디로 매일 감시한다는 이야기다. 예전에 노회찬 전 의원이 강성 정파 초청으로 강연을 한 적이 있다. 그때 직원 80명이 참석했다. 그때 나는 여기에 우리 해양부서에서 누가 참석했는지를 일일이 파악해야 했다. 이뿐만이 아니다. 각종 노조 행사, 그리고 전노회 같은 강성 정파의 결의대회 등에 누가 참석했는지, 그리고 참석한 직원이 무슨 말을 했는지 등을 모두 파악해야 했다. 그런 뒤 여기 참석한 인사들을 R 내지 Y로 분류, 관리하는 식이다.

의문은 꼬리에 꼬리를 물었다. 총회 안에 관리자들은 들어가지도 못한다. 그렇다면 총회에 참석하는 사람들을 어떻게 일일이 파악할 수 있단 말인가. 그런 상황에서 참석자들이 한 발언은 또 어떻게 알 수 있을까. 도청을 한 것일까?

녹음은 안 했다. 예전에 소형 녹음기를 회사에서 줬다. 하지만 몇 번 쓰고 사용하지 않았다. 걸리면 맞아 죽는데 어떻게 하나. 동향 파악 방법은 간단하다. 세작, 즉 스파이 직원을 그쪽 행사에 보내는 거다. 그래서 누가 참석했고, 무슨 말을 했는지 등을 알아낸다. 나뿐만 아니라 모든 관리자들이 그렇게 한다. 그게 우리 일이다.

그의 말을 듣고 있자니 현대중공업 노조만이 아니라 하청 노조도 관리했을 것 같았다. 하청 노동자가 나서면 원청 입장에서는 감당하기 어려운 노릇이다. 당연히 사전에 관리해서 파업이 일어나지 못하도록 하지 않았을까?

하청 노조는 직접 관리하지 못했다. 하청 직원들은 숫자가 무척 많기 때문이다. 하지만 간접적으로는 관리했다. 하청 직원들이 들고일어나면 문제가 걷잡을 수 없이 커지기 때문이다. 이제는 이들 숫자가 엄청나다. 그래서 하청 분위기는 실시간으로 보고받았다. 만약 분위기가 이상하다고 하면 곧바로 '작업'에 들어갔다.

작업이라는 게 대단한 게 아니다. 주동자를 찾아내 해고한다는 의미가 아니다. 노동조건, 임금 등에 반발할 분위기가 있으면 안전 교육을 실시한다. 교육 내용은 간단하다. "회사가 어려워 내달 2천 명 정도를 구조 조정해야 한다." 그러면 이상한 분위기는 한순간에 사라진다. 목소리를 높이는 사람이 가장 먼저 구조 조정 대상자가 된다는 것은 누구보다 하청 직원들이 잘 알고 있다.

하청에도 원청에서처럼 스파이를 심어 놓았다. 우리만이 아니라 하청업체 총무, 대표 등도 스파이를 심어 놓는다. 그리고 서로가 서로를 감시한다. 그래야 통제하기 쉽다. 분위기가 이상하다는 소식은 그런 세작들에게서 듣는다.

그간 하청 노동자들에게 들었던 이상한 이야기들이 궁금해졌다. 하청 노조 사무실에서 이야기했던 내용을 관리자가 어느 순간 알고 있더라는 것부터, 하청 노조 사무실 앞에 차를 세워 놓고 사무실에 누가 출입하는지를 감시한다는 이야기까지 …… 어디까지 사실인지 궁금했다.

당연히 관리한다. 생각 있는 하청 노동자들은 하청 노조 사무실 앞을 지나가지 않는다. 생각 없이 지나가도 의심받기 때문이다. 하청 노조 위원장, 즉 지회장과 면담을 한다든가 인사를 하는 하청 직원은 정말 배짱 좋은 사람이다. 지회장이 이야기를 하자고 하면 도망가야 한다. 한때는 지회장이 몇 시에 어디서 누구를 만난다는 것까지 다 기록했다. 하청 직원을 몇 차례 지회 사무실로 보내기도 했다. 회사에서 억울한 일을 당했다면서 상담을 받는 것처럼 한 뒤, 지회 분위기를 살피도록 했다.

하청 노동자들과 시민단체에서는 현대중공업에서 하청 노동자를 대상으로 '블랙리스트'를 만들어 놓았다고 주장한다. 노조 활동 전력이 있는 하청 노동자들의 명단을 작성해 현대중공업에서 일하지 못하도록 철저히 관리한다는 것이다. 전용수 씨도 하청 노조 활동을 했다는 이유로 블랙리스트에 올라 아직 현대중공업 하청업체에서 일하지 못하고 있었다.

블랙리스트라고 하지는 않고 '건강 이상자'라고 해서 명단이 내려온다. 예전에 노조 만들고, 크레인 등에 올라간 하청 노동자들 명단이 있다. 이들은 죽어도 현대중공업 하청업체에서 일할 수 없다. 현대중공업에서 막기 때문이다. 하청업체 총무, 안전과장, 그리고 안전지원부 간부 등이 하나하나 체크한다.

사라져 가는 것들

"석유 가격이 곤두박질치면서 생긴 일이에요. 답이 안 보여요. 내년은 더욱 심해질 거예요."

하청업체 대표들을 인터뷰하러 가는 길, 자신의 차에 나를 태우고 인터뷰 장소로 향하던 현대중공업 하청업체 사장은 이렇게 말하며 한숨을 쉬었다. 그는 한평생을 현대중공업에서 일하다 2015년 11월 30일자로 자신의 사업체를 접었다.

사실 그때는 그게 무슨 말인지 이해할 수 없었다. 석유 가격이랑 조선소랑 대체 무슨 관련이 있는 걸까? 석유 가격이 떨어지면 석유 소비가 늘어나 석유 이동이 더 활발해질 거고, 그러면 이동 수단인 배가 더 필요하니 조선업은 부흥하는 게 아닌가. 의문은 박종식 연세대 사회발전연구소 전문연구원과의 인터뷰에서 풀렸다.

현대중공업을 비롯한 삼성중공업, 대우조선해양, 대형 조선 3사는 2008년 금융 위기 이후 전 세계적으로 선박 발주가 크게 줄어들자 2010년부터 해양플랜트 사업에 집중하기 시작했다. 그 결과는 상

당히 만족스러웠다. 한국조선해양플랜트협회 자료를 보면 한국 조선
사들의 2010년 드릴십 수주는 제로지만, 2011년 26건, 2012년 16
건, 2013년 12건, 2014년 2건을 기록했다. 한국에서 드릴십을 만들
능력은 대형 조선 3사를 제외하고는 전무하기 때문에 이들 회사가
거의 수주했다고 봐도 무방하다.

이런 결과는 국제 원유값이 상승했기 때문에 가능한 일이었다. 국
제 원유값은 2008년 말 국제 금융 위기 당시 배럴당 36달러까지 떨
어졌지만 2009~2010년 70, 80달러대로 다시 올라섰다. 이후 2011
년에는 1백 달러를 돌파한 이후 '배럴당 1백 달러 시대'가 3년 넘게
지속됐다. 유가가 1백 달러를 넘어서면서 생산원가가 80, 90달러인
심해 석유 시추 사업의 수지 타산이 맞게 되자 에너지 기업들이 심
해 석유 시추를 위한 해양플랜트를 대거 발주했다.

자연히 대형 조선 3사의 해양플랜트 부분 하청 노동자는 이 기간
에 기하급수적으로 늘었다. 특히 현대중공업과 대우조선해양이 두드
러졌다. 한국조선해양플랜트협회 자료를 보면, 2011년 현대중공업
의 경우 해양 부문 하청 노동자가 2011년 5,349명, 2012년 9,282
명, 2013년 1만5,578명, 2014년 1만6,696명으로 3년 동안 약 세
배나 늘었다. 대우조선해양도 2011년 6천2백 명, 2012년 8,821명,
2013년 1만3,761명, 2014년 1만9,583명으로 비슷한 비율의 증가
세를 기록했다.* 해양 부문 전체 하청 노동자를 놓고 보면, 2015년

---

* 2013년 기준으로 대형 조선 3사 기능직의 사업 부서별 전체 인원 대비
  하청 비율 관련, 해양 부분은 90.1%, 조선 부분은 68.3%를 차지했다.
  이렇게 기하급수적으로 하청 노동자가 해양플랜트에 몰린 이유는 육상
  작업보다 근무 조건이 상대적으로 열악하고 노동강도가 더 높은 해양

6월 기준으로 총 4만7,782명에 이르러 2011년 1만5,012명에서 3배 넘게 늘어난 셈이다.

하지만 이런 호시절도 오래가지 못했다. 2014년 하반기 국제 유가가 급락하고 저유가가 지속되면서 해양플랜트 산업은 직격탄을 맞았다. 해양플랜트 생산으로 적자가 나지 않으려면 유가가 배럴당 최저 80달러 전후는 돼야 한다. 하지만 지금과 같이 배럴당 30달러 선까지 곤두박질치면 석유를 시추할 이유가 없어진다. 작업을 하면 할수록 적자를 보는 구조이기 때문이다.

2015년 초반 유가는 40~50달러대를 유지하다 12월, 배럴당 40달러 선이 무너졌다. 이런 저유가 기조는 앞으로도 지속되리라는 게 중론이다. 박종식 전문연구원은 유가 하락의 가장 큰 요인으로 2010년대 이후 미국에서 셰일가스 생산기술이 급속히 발전하면서 생산원가가 배럴당 60달러 수준으로 떨어진 점을 꼽았다. 그 결과 기존 산유국들은 미국 셰일가스 생산업체들의 생산 포기를 유도하기 위해 유가를 크게 낮췄다는 것. 따라서 앞으로도 유가가 배럴당 60달러를 크게 넘지는 않을 것으로 보인다고 분석했다.

자연히 해양플랜트 관련 발주도 사라질 수밖에 없다. 적자가 나는 구조인데 굳이 시추선을 구입해 사업을 벌일 필요가 없는 것이다. 실제 2015년 한 해 동안 해양플랜트 수주는 삼성중공업의 부유

플랜트 일은 정규직 노동자가 꺼리는 일이었기 때문이다. 회사 입장에서도 노무비가 적게 드는 하청 노동자를 선호하면서 서로 이해가 맞아떨어졌다. 더불어 이는 2008년 금융 위기 이후 중소형 조선소들이 대거 폐업을 했는데, 이때 사라진 중소형 조선소에서 일하던 노동자들이 대형 조선 3사의 해양플랜트로 옮겨갔기 때문이기도 했다.

식가스저장재기화 설비FSRU 단 한 척에 불과하다. 세계경제 침체로 선박 발주가 회복되지 않는데다가 해양플랜트 발주마저 위축된 셈이다. 한국 조선 산업이 고전하고 있는 이유다.

결국 급격히 늘린 해양플랜트 사업이 위축되면서 구조 조정은 피할 수 없는 일이 됐다. 현재 진행 중인 하청업체 폐업 사태가 어느 정도 마무리되고 물량이 바닥을 보이면 하청 노동자의 구조 조정이 진행될 것이라는 게 기정사실이다. 박종식 전문연구원은 "2008년 금융 위기 이후 대형 조선소를 제외한 중소 조선소 대부분이 망하면서 거기서 일하던 노동자들이 현재 현대중공업과 대우해양조선의 해양플랜트 하청 노동자로 일하고 있는 것으로 판단되지만 결국 그들은 또다시 길거리로 나앉게 될 판"이라고 했다.

사실 해양플랜트 사업 확장에서 실제 이익은 그다지 없었다는 분석도 있다. 일반적인 조선업에서는 배를 건조하는 게 주요 기술이지만 해양플랜트에서는 엔지니어링이 주요 기술이다. 하지만 이 기술은 철저히 비밀에 부쳐진다. 세계 몇몇 기업에서만 이 기술을 독점하고 있는데, 최고의 해양 드릴 기업은 미국의 NOV로 1862년에 설립됐고, 미국의 해저 장비 전문 기업인 FMC는 1884년에 설립된 역사를 자랑한다.• 우리나라 조선업체들은 해양플랜트 사업에 뛰어들

• 해양플랜트 시장은 전체적으로 보면 미국과 유럽이 시장점유율의 60% 정도를 차지하고 있다. 개발·설계·운영 및 핵심 부대장비 공급 측면에서 사업을 영위하고 있고, 한국·싱가포르가 시장점유율 30% 수준으로 설계·건조·개조 및 업그레이드 사업에 참여하고 있다. 그리고 중국·중동 등이 시장점유율 10% 수준으로 설계·건조·운송·설치·운영·수리 분야의 사업 영역에 참여하고 있다(고용노동부, 『조선업종 일자리 대책 마련 연구』 2014년 12월, 8쪽)

면서 이들 업체와 기술 제휴를 맺었다. 해양플랜트 사업의 설계·조달·시공 공정 가운데 시공만 한국이 자체적으로 소화하고 나머지는 해외 업체에 맡기는 식이다. 그러니 고가의 해양플랜트를 수주해도 남는 건 얼마 되지 않는다는 것이다.●

그럼에도 박종식 전문연구원은 해양플랜트 부문을 완전히 접을 필요는 없다고 설명했다. 앞으로 심해 석유 시추 기술이 발전할 것이며, 나아가 해저 산업도 향후 성장이 예상되는데, 해저 산업의 발전에 필요한 설비들도 현재 조선소에서 제작하는 것이 유리할 것이기 때문이다. 다만 현재 크게 뒤처져 있는 해양플랜트의 상부구조 부문 원천 기술을 보완해 조선 산업의 고부가가치 전략을 추진하면서 고숙련-고기술의 좋은 일자리들도 늘려 갈 필요가 있다고 그는 지적했다.

일본은 이미 1990년대에 가망이 없다 생각하고 일찌감치 조선업을 접었죠. 더 늘어날 물량이 없다고 생각한 거죠. 하지만 우리는 반대로 더 확장했어요. 대표적인 곳이 삼성중공업이에요. 이전까지 중형 조선소에 불과했지만 1994년 대대적으로 확장했어요. 그런데 그게 주효했어요. 이후 중국 시장이 커지면서 전 세계 물동량이 늘어났죠. 일본으로서는 애석한 일이죠. 다시 조선소를 세우고 다른 업종으로

● 해양플랜트 생산물의 수주 금액은 일반 상선보다 훨씬 크지만 효율적으로 관리되지 못하면서 이익률은 매우 낮다. 해양플랜트 기자재의 국산화율이 20% 정도에 불과하기 때문이다. 10억을 받으면 8억을 기자재값으로 사용하는 식이다. 수주 금액이 크더라도 부가가치가 해외로 유출되는 셈이다.

이직을 한 숙련 기술자들을 불러들일 수는 없으니까요. 반대로 우리로서는 호재였죠. 빅3가 선박의 대형화 추세를 주도하면서 한국 조선업은 급성장했습니다.

실제 1990년대 초반까지 삼성중공업은 유조선, 벌크선 등을 건조하는 중형 조선소에 불과했다. 연간 건조 능력은 약 12척, 60만 GT에 불과했다. 그랬던 삼성중공업이 1994년 10월 길이 640미터, 폭 97.5미터, 깊이 12.7미터로 세계 최대 규모인 제3도크를 건설, 연간 건조 능력 30척, 180만GT의 세계 3대 조선소로 부상했다.

하지만 이런 경로를 이제는 중국이 그대로 답습하고 있다. 우후죽순 대규모 조선소가 중국에 생겨나고 있다. 저렴한 노동력을 앞세워 기술력이 덜 필요한 벌크선을 대부분 수주하면서 한국을 압박하고 있다.* 한국은 자연히 고부가가치 산업으로 갈 수밖에 없는 처지에 놓인 셈이다. 그럴 경우, 고숙련 하청 노동자를 제외한 나머지 하청 노동자들은 사라질 수밖에 없는 게 현실이다.

* 중국은 국영기업(CSSC)을 14개에서 8개로 축소하고, 부실 민영기업에 대한 지원 중단(2014년 2월 기준 2000년 중반 580여 개 중 440여 개 조업 중단)을 통한 구조 조정을 진행했다. 또한 조선소 간의 합병을 통한 대형화뿐만 아니라 국영 에너지 기업을 중심으로 해양플랜트 시장에 대한 진출을 확대하고 있다.
일본도 대형 중공업 산하의 조선사업부를 통합해 규모의 경쟁력을 확보하거나 업체 간 사업 협력을 강화해 고부가가치선에 대한 건조 능력을 공유하는 등의 산산 협력이 확대하고 있다. 특히 엔저로 가격경쟁력이 향상됨에 따라 벌크선인 경쟁 우위 선종에 대한 특화도 강화하고 있다 (고용노동부, 『조선업종 일자리 대책 마련 연구』 2014년 12월, 7쪽).

운이 나쁜 것이 아니다

6장

사냥이 끝난 뒤 사냥개는 필요 없다

금융 회사 인사부에서 일하던 선배가 있었다. 2008년 금융 위기 때 회사는 인력을 감축하기로 했다. 선배가 총대를 메야 했다. 직원들을 한 명 한 명 불러 회사 상황을 설명하고 퇴직을 종용했다. 너무 힘들었지만 처자식을 생각하면서 버텼다.

겨우 구조 조정을 마무리할 즈음, 회사 중역이 선배를 불러 경과를 물었다. 그러고는 이렇게 말하더란다.

"그래서, 자네는 언제 나갈 예정인가."

선배는 구조 조정이 마무리되면서 회사를 떠났다. 사냥이 끝난 뒤 버려진 사냥개처럼.

조선소 하청 노동자들도 비슷했다. 모두가 필요에 의해 만들어졌다 또 필요에 의해 쉽게 버려지는 존재들이었다. 원청 입장에서 하청 노동자는 고용 유연성을 확보하는 동시에 노동비용을 낮출 수 있어 기업 경쟁력 확보에 도움이 되는 유용한 존재다. 불황기에는 하청 노동자를 감축해 고용 탄력성을 확보하고, 호황기에는 이를 증대해 인건비 절감 효과를 누릴 수 있다. 2008년 금융 위기 이후 조선업 성장이 정체되자 노동조합의 보호를 받는 정규직 노동자 대신 사내 하청 노동자들을 정리한 것이 대표적이다. 대형 조선 3사가 최대 적자폭을 기록 중인 2016년 현재 이런 구조는 반복되고 있다.

이것이 가능한 이유는 조선업 사내 하청과 원청은 '지휘-명령'이 일원화된 단일 기업 조직에 가깝기 때문이다. 원청은 사내 하청업체에서 담당하는 공사 물량과 이와 관련된 임금, 자재비 등 비용 전반과 관련해 직영 생산 부서와 같은 수준의 통제력을 행사한다. 사내 하청업체의 경영 능력이란 주어진 물량에 필요한 노동력을 확보하는 것에 불과하다.

원청업체는 하청업체 규모를 보통 60~70명 이내로 한정함으로써 업체별로 직접적인 노동 통제를 수행하도록 요구한다. 규모가 커지면 대면적 관리와 직접 통제의 효율성이 떨어지기 때문이다. 하청업체 규모를 제한하면서 하청업체의 역할을 인력 공급과 노동력 관리에 국한시킨다. 하청업체 관리자들을 원청 근무 경력이 있는 사람이나 원청과 특수 관계에 있는 사람들로 선발하는 것도 업무 협조를 원활히 하고 원청의 기업 문화와 조응하는 노무관리를 추구하기 위해서다.[22]

조선업은 노동집약적 산업이기 때문에 이와 같은 노무관리 전략의 효과는 상당했다. 특히 이런 효율성을 바탕으로 원청은 하청 노동자를 점차 늘려 나갔다. 민주노총 금속노조 노동연구원이 2014년 발표한 "조선 산업 사내 하청의 확산과 공정별 현황"을 보면, 2013년 기준 국내 9대 조선소의 인력 현황은 직영 기능직 3만5,712명, 하청 기능직 10만5,041명으로 집계됐다. 기능직 중 직영과 사내 하청의 비중은 294.1%로, 직영 한 명에 하청 세 명꼴인 셈이다. 10년 전인 2003년에는 직영 대 하청 비율이 107.5%, 20년 전인 1993년에는 직영 대 하청 비율이 33.3%였던 것에 비하면 놀랄 만한 수치다.

문제는 이들 하청 노동자에 대한 처우에 있다. 고용도 불안정하고 안전관리도 매우 허술하다. 하지만 이들을 보호하는 사회적 장치는 거의 없다. 김형균 현대중공업 노조 정책실장의 말을 들어 보자.

직영은 현장에 노조 대의원이 있어요. '이거 위험한데 안전하게 해줘, 물 먹게 해줘' 등을 쉽게 요구할 수 있어요. 하지만 하청은 그렇게 못 하죠. 본인들이 요구할 수 있는 토대 자체가 없어요. 어디 이야기할 곳이 없으니 더 답답한 거죠. 차별받는다는 박탈감, 내가 어떻게 할 수 없는 답답함, 이런 것이 불안정함을 더하죠.

입에 재갈을 물리는 구조도 큰 문제예요. 현대중공업 직영에서 일하는 젊은 사람들은 짧게는 2~3년, 길게는 4~5년 하청에서 일하다 정규직으로 전환된 노동자들이에요. 현대중공업은 신입 입사 조건에 '하청 ○년 이상 근무' 조항이 있어요. 이 제도가 하청 노동자에서 직영 노동자로 올라갈 수 있는 사다리죠.

그런데 이게 문제를 덮는 사슬로도 작용해요. 내가 직영으로 전환되기 위해서는 산재가 일어나도 숨겨야 하고, 임금 적게 받아도 찍소리 내면 안 된다고 생각하죠. 직영 전환까지 몇 년이 걸릴지 모르잖아요. 분명한 점은 그때까지는 거의 죽은 사람처럼 일해야 한다는 거예요. 왜냐하면 그 평가를 매기는 사람은 하청 업주니까요. 사고나 잡음이 생기면 '너 직영 전환 될래 말래, 너 까불어?' 이런 식이에요.

희망 고문이다. '정규직 시켜 줄 테니 그동안은 내 말 잘 듣고 열심히 일해라.' 비정규직 노동자는 그럼에도 정규직이 되는 날만을 꿈꾸며 온갖 일들을 견딘다. 참고 견디면 정규직 전환이 가능할까? 하지만 조선소에선 그전에 무슨 일이 일어날지 알 수 없다. 문제는 이것만이 아니다. 정규직과의 차별은 몸과 마음을 흐트러뜨린다.

작업할 때 쓰는 작은 거 하나에서부터 모든 게 어설프고 불안해요. 일할 때 쓰는 가죽장갑 하나가 뭐 대수냐 싶겠지만 일할 때는 정말 중요하거든요. 직영은 가죽장갑이 풍부해요. 그리고 가죽장갑 안에 면장갑을 끼죠. 직영은 면장갑도 늘 갈아 낄 수 있어요. 하청은 그렇지 못하죠. 사람 심리란 게 그렇잖아요. 소소한 거 하나하나가 쌓여서 엄청난 차이가 생겨요. 그런 게 쌓이면서 안정되고 집중된 작업을 못하게 돼요. 결국, 그 사람들은 불안정한 상태로 일할 수밖에 없어요. 고용조건, 관리, 공정 등에서 발생하는 소소한 차이가 모이면 어마어마한 차이가 생기죠.

문제는 하청 노동자들이 그런 작업환경을 받아들일 수밖에 없다는 점이다. 위장 취업했던 조선소에서도 하청 노동자들은 안전 장비가 없으면 없는 대로 일했다. 장갑에 코팅이 다 닳아도 장갑이 지급되지 않으면 그대로 그 장갑을 써야 했다. 작업화가 다 떨어져도 자신이 구입해야 하기 때문에 그대로 신고 작업에 임했다. 모든 게 피할 수 없는 현실이라며 받아들였다.

그리고 이런 것도 있어요. 물량팀 같은 경우는 자주 업체를 옮겨 다녀요. A업체에서 한 달 정도 일하다가 B업체로 옮겨요. A작업장이 익숙해질 만하면 다시 B라는 새로운 작업장에서 일하는 구조죠. 여기가 끝이 아니에요. B업체에서 한 달 일하다가 다시 C업체로 옮겨요. 그러니 작업장에서 뭐가 위험한지, 무슨 일이 있는지 전혀 몰라요. 늘 새로운 환경에 적응해야 하는 어려움이 있죠.
또 하나는 이 사람들의 생활, 즉 업무 외의 삶이 불안정해요. 하청 내에서만 돌아다니는 게 아니라 현대중공업에 있다가 삼성중공업도 가고 대우조선해양도 가요. 떠돌이 삶인 셈이죠. 그래서 주로 안정적인 주거지가 아니라 원룸이나 물량팀장이 마련해 주는 숙소에서 먹고 자게 돼요. 그러면 불규칙적인 삶을 살 수밖에 없어요. 집에서 출퇴근하는 삶과는 다를 수밖에 없죠. 작업장뿐만 아니라 작업장 외 모든 공간에서 불안한 상황에 내몰리는 거죠. 안정적으로 일할 수 있는 토양이 없는 거예요.

하청에 산재가 몰리는 것에는 너무 많은 문제들이 복잡하게 얽혀 있었다.

하청의 시작

이와 같은 하청 제도는 언제부터 조선소에 도입됐을까? 사실 하청 제도는 조선소가 만들어질 때부터 있었다.[23] 하지만 존재 이유는 상당히 달랐다. 1974년 9월 20일자 『동아일보』를 살펴보자.

1974년 9월 19일 오전 8시 반경 현대조선소 선박 건조과 소속 기능공 2천5백여 명이 사무실 집기를 부수고 경비실과 승용차 등에 불을 지르는 등 난동을 벌였다. 이들은 정문 앞길까지 나와 도내 16개 경찰서에서 출동한 560여 명의 기동경찰관과 대치하다 16시간 반 만인 20일 새벽 1시경 해산했다. 이 난동으로 경찰관 60여 명 등 많은 사람이 중경상을 입었고 현대조선소에서 방어진 간 교통이 20일 오전까지 끊겼다.

현지 경찰은 난동을 부린 현대조선 기능공 663명을 연행, 주동자와 배후 관계를 조사 중이다. 이들은 아침 출근하면서 작업장으로 가지 않고 본관 앞에 몰려가 돌을 던지고 사무실로 뛰어들어 유리창과 기물을 부수었고 작업장으로 들어가서도 일을 않고 농성을 벌였다.

오후 5시경 김영주 부사장과 기능공 대표 10명이 만나 협상을 벌였으나 타결이 안 됐고 오후 서울에서 급히 내려온 정주영 회장과도 타협이 안 된 채 정 회장은 이마에 상처를 입기도 했다.

이들은 밤 9시경 정 회장의 승용차와 회사 승용차 4대를 태우고 지나가는 택시, 버스 등 10여 대를 정차시킨 뒤 부수기도 했다.

이날 난동으로 대당 1백만 원이나 하는 영국제 철판 자동절단기 1백 대가 부서졌다. 이들 기능공은 여태까지 정규 기능공으로 직급에 따라 월급을 받아 왔는데, 회사 측이 이달 말 인도 예정인 제1호선의 완공 기일이 임박하자 능률제 급여 명목으로 30~40명씩 반을 편성, 사실상 기한부 도급제를 실시하려 해 수입이 종전의 절반밖에 안 된다고 주장하며 난동을 벌였다. 회사 측은 22일까지 3일간 휴업 조치를 내렸다.

당시 노동자들은 총 13개 항의 요구 조건을 제시했고, 회사 측은 19일 밤 10시경 사내 스피커로 이들의 요구를 모두 수락하겠다고 공표한 것으로 알려졌다. 이들의 요구 조건 가운데 첫 번째는 '위임 관리제 반대'였다.

1974년 현대조선소 노동자들의 저항은 직접 고용 관계에 따른 책임 부담을 경영자가 회피하고자 '위임 관리'라는 이름하에 도급제를 도입하는 데서 시작됐다. 사실상 현대중공업(당시 현대조선소)에서의 첫 도급 제도였다. 한국 조선업 사내 하청 제도의 시초라고 볼 수 있다.

『현대중공업사』에 의하면 1973년 7월 직영 체제에서 위임 관리제가 도입됐고, 1974년 9월까지 용접·조립 등 16개 분야의 기능공들을 단계적으로 하청 기능공으로 전환한 상태였다. 이에 노동자들은 상여금, 퇴직금 등의 혜택을 받지 못하게 됐다. 불만이 커질 수밖에 없는 상황이었다. 더구나 이런 불만을 표출할 수 있는 노조와 같은 제도화된 통로가 없었으므로 9월 19일과 같은 일이 벌어졌던 것이다.

하지만 당시 하청 제도 도입에는 지금처럼 노동 유연화나 비용 절약에 방점이 찍혀 있지 않았다. 1970년대 초반부터 '위임 관리제'라는 이름으로 시작된 현대중공업 사내 하청 제도는 경영자가 작업 능률을 직접 통제할 능력이 부족한 상태에서 선택할 수밖에 없었던 간접적 노무관리의 일환이었다. 1974년 9월 25일자 『동아일보』에 실린 사측의 해명을 들어 보자.

현재 선진 국가의 조선 사업에서는 직영 관리제보다 계열별 도급제를 채택하고 있습니다. 다만 우리나라에서는 기술적·객관적 요건의 불성숙으로 완전한 도급 방식은 채택할 수 없습니다. 그러나 계열별 도급화는 우리가 지향하는 방향이기는 하지만 현재로서는 직영 관리와 계열별 도급제의 중간 형태로서 위임 관리제를 채택할 수밖에 없는데 이것은 단적으로 말하면 인력 관리의 효율화와 작업 관리의 능률화를 위한 것입니다.

원청인 현대중공업이 사내 하청 제도를 사용한 이유는 경영자가 노동자들의 작업 과정을 충분히 통제할 수 있는 관리 체제를 갖추지 못했던 사정 때문이다. 1970년대 초반에 만들어진 조선소는 인력을 어떻게 관리할지, 어떤 일을 시킬지에 대한 고민이나 시스템이 없었다. 조선소 건설과 동시에 수주한 선박을 건조해야 했다.

초창기 작업 현장은 혼란 그 자체였다. 1974년과 1975년 재해 건수는 각각 2,714건, 1,271건이었고, 사망자는 22명, 19명을 기록했다. 불량도 잦았다. 선주 측 블록 조립 공정 1차 검사에서 불합격율이 90%를 넘기도 했다. 그 결과 현장에는 불합격된 블록이 쌓이고 도크에는 탑재할 물건이 없어 거대한 크레인이 일 없이 쉬는 일이 다반사였다.

물론, 경영자가 위임 관리제를 도입한 데는 고용 조절 기제의 필요성과 인건비 절감 등에 대한 고려도 있었다. 당시에도 일거리가 부족한 상태에서 인건비를 부담해야 하고, 해고할 경우에도 그 부담을 경영자가 안게 되는 직접 고용 방식을 회피해야 할 이유는 지금이나 마찬가지였다.

또한 9월 19일 폭동의 도화선이 된 직영과 하청 간 주휴, 월차, 연차 수당, 거기에 퇴직금, 성과급 등의 차별도 경영자가 위임 관리제를 이용한 이유였다. 그 결과, 1974년 10월 말을 기준으로 기능직 노동자 중 직영 노동자는 3,929명(26.6%), 하청 노동자는 1만852명(73.4%)이 됐다.

하청의 전면화

그렇다면 사내 하청 노동자는 언제, 어떻게 급속히 늘어나게 된 걸까?[24] 하청 대 본공의 비중을 보면, 1974년에서 1978년까지 하청이 본공의 1.7배에서 2.9배까지 늘어났다. '위임 관리제'의 힘이었다. 하지만 이런 추세는 1979년부터 반전된다. 하청공 비율이 급격히 감소하면서 1979년과 1980년에는 하청공과 본공 비율이 거의 대등해졌다. 급기야 1982년 이후 하청공은 본공의 50% 이하로 떨어졌고, 1983년에는 36.9%까지 떨어졌다.

이는 초창기에는 생산 관리능력을 고려해 위임 관리제를 도입했지만, 이후 점차 생산 공정을 파악하고 관리능력이 일정 수준에 이르자 직접적 관리를 더 선호하게 되었기 때문이다. 즉, 생산 관리능력을 확보한 경영자가 그간의 경험을 바탕으로 노동자들을 직접 통제하기 시작한 것이다. 일정 시점이 지나면서 하청 제도가 생산성 향상에 오히려 장애가 되는 것으로 간주됐다.

이에 따라 현대중공업은 1979년을 기점으로 하청 노동자를 직영화하기 시작했다. 1978년 1만2,629명이었던 현대중공업 사내 하청 노동자는 1983년 5,423명까지 줄어들었다. 반면, 원청 노동자는 1980년 6,084명에서 1984년 1만7,114명으로 급속히 증가했다. 그리고 직영화는 이 수준에서 멈췄다. 일정 수의 하청 노동자를 남겨 고용 조절기와 특수 작업 부문 노동에 한정해 이용하려 했기 때문이다.

그러나 이런 원청의 의도는 1987년 노동자 대투쟁으로 무산됐다. 원청과 하청 노동자가 함께 노동권 보장을 요구한 당시 투쟁은 1989년 하청업체가 현대중공업 내에서 거의 사라지게 하는 역할을 했다. 노동자들은 하청 노동자의 원청 전환을 요구안으로 내걸었다. 이것이 가능했던 이유는 당시 하청 노동자와 원청 노동자 간의 근로 조건 격차가 별로 없었기 때문이다. 단지 차이는 원청과 다르게 하청은 언제 어떻게 해고될지 모른다는 점뿐이었다.

문제는 그다음부터였다. 1987년 노동자 대투쟁 이후, 현대중공업에서 일하는 생산직 노동자들의 이직률은 낮아졌다. 삶의 질이 높아졌으니 이직할 필요가 없어졌다. 게다가 노조의 압박으로 그간 쥐꼬리만 하던 임금이 매년 인상됐다.[*]

1990년대 들어 현대중공업은 사내 하청 노동자 비율을 증가시키는 이른바 '신경영전략'으로 이에 대응했다. 이는 노동 유연성을 증가시킬 수 있었을 뿐만 아니라 사내 하청 노동에 대한 임금 차별을 통해 비용 절감까지 이룰 수 있는 방안이었다. 무엇보다도 원청 자본은 사내 하청 노동의 고용조건, 작업장 안전 등의 문제에 대해 그어떤 책임도 질 필요가 없었다는 점이 가장 큰 매력이었다.

그 결과, 1991년 현대중공업에서 원청 기능직 노동자 대비 사내 하청 노동자의 비율이 8.6%(1,881명)였지만 이는 해마다 증가해 1996년에는 31.7%, 2000년에는 50.5%에 달했다.

현대중공업만이 아니었다. 대우조선의 경우 1990년에 16.4%에 불과하던 하청 노동자 비율이 2000년에는 75.2%까지 증가했다. 한진중공업은 1991년 17.9%였던 하청 노동자 비율이 2000년에는

---

[*] 1987년 당시 현대중공업의 원청 노동자 평균임금은 29만5,170원으로, 동년 전 산업 평균임금 38만6,536원이나 제조업 평균임금 32만8,696원에 비해 크게 낮은 수준이었다(현대중공업 노동조합, "1987년 사업 보고서").

130.4%나 됐다.

반면, 삼성의 경우는 시기와 상관없이 100% 내외의 하청 노동자 비율을 유지했다. 이는 여타 조선소와 달리, 경영자의 판단에 따른 것으로 보인다.

하지만 당시 정부는 이런 간접 고용 규제에 매우 소극적으로 대응했다. 대기업 중심 기업별 노동조합도 마찬가지였다. 그 결과, 사용자는 사내 하청을 더욱 확대했다.

이는 조선업만이 아니었다. 과거에는 사내 하청 노동을 비생산 업무에서만 주변적으로 활용하던 자동차 산업 및 제조업에서도 하청 노동자가 전면에 등장하기 시작했다.

이중구조

1990년대 이후 재등장한 사내 하청과 이전의 사내 하청의 가장 큰 차이점은 '입장이 변했다'는 점이다. 1987년 이전에는 직영과 사내 하청 간의 차이를 노동자가 느끼지 못할 정도였다. 당시는 직영이든 하청이든 모든 노동자가 열악한 대우를 받았기 때문이다.

하지만 1987년 노동자 대투쟁 이후부터는 상당한 격차가 나타난다. 박종식 전문연구원은 1990년대에 재등장한 하청 노동자를 두고 "공장 내 노사관계에 의해 규율될 수밖에 없는 대상"이라고 규정한다.[25]

사내 정치 역학의 관점에서 보면, 하청 노동 확대는 막강한 힘을 지닌 정규직 노조의 힘을 약화시키기 위한 것이기도 했다. 절대 다수가 조합원인 이상 파업을 할 경우 막아 낼 재간이 없으니 회사는 노조에 가입할 수도 없고, 파업도 할 수 없는 하청 노동자를 활용해, 정규직 노조가 주도하는 기업 내부 노동 시장을 약화시키려 한 것이다.

하지만 제도의 도입 과정과 작업장 내 사내 하청 노동의 활용 및 배치와 관련해서 회사는 정규직 노조의 제약을 받을 수밖에 없었다. 박종식 전문연구원위원은 이런 점에서 1990년대 이후 사내 하청 노동의 확산은 노사 간 교섭이라는 제도화된 '관료주의적 시스템'하에서 전개되었다고 본다. 정규직 노조의 묵인 아래 하청 노동자가 양산됐다는 것이다. 좀 더 나은 노동조건을 원하는 노조 조합원들의 요구는, 조합원들이 꺼리는 위험한 작업 공정과 고강도 작업 공정을 중심으로 하청 노동자가 늘어나는 데 일조했다.

박종식 전문연구원은 위험·고강도 공정에 대해 하청의 활용을 요구하는 이런 양상이 노사 단체교섭에서 나타나기보다는 노조의 골간 조직이라고 할 수 있는 현장 대의원들과 현장 생산관리팀 사이에서 주로 나타나고 있다는 점에 주목했다. 1990년대 이후 사내 하청의 확대는 정규직 노조에서 나타난 '아래로부터의 요구'와 '노사 담합'이 만들어 낸 결과였다.

1990년대에 재등장한 하청 노동자가 '위험의 외주화'에 처했다면, 1997년 IMF 이후 이들은 정규직 노동자의 방패막이 됐다. IMF 시대에 전면적인 구조 조정은 필연적이었다. 고용 위기는 사업장 내부에서 원청-하청 경계를 따라 불균등하게 전가됐다. 하청 노동자들이 가장 먼저 직격탄을 맞았고, 그 이후 정규직 노동자들이 구조 조정되었다.

문제는 그 다음이었다. 해고의 경험은 경제위기 이후 조선 산업이 회복기에 접어들고 나아가 2000년대 이후 성장기에 들어섰음에도 노조로 하여금 사측이 하청 노동을 무분별하게 활용하는 것을 사실상 방조하도록 만들었다. 자신들의 고용 안정을 보장받기 위해 하청 노동자를 일종의 방패막으로 사용한 셈이다.

경제위기 이후 고용 안정을 둘러싼 일련의 파업 후, 대부분의 조선업 사업장들에서는 단체협약 또는 별도 협약을 통해 '고용 안정 협약'을 체결했다. 하지만 이와 같은 '고용 안정 협약'은 사내 하청 노동자들을 작업장 노사관계에서 배제하는 동시에 고용의 완충장치로 유지하는 이중적 효과를 낳았다.

박종식 전문연구원에 따르면, 이런 원청 노사관계에서 체결된 '고용 안정 협약'은 작업장 내 사내 하청의 존재를 사후적으로 정당화했다. 그 결과 작업장 내 노사관계에서 제도적 정당성을 확보한 사내 하청 노동은 2000년대 이후 조선 산업 사업장 내에서 급증하게 되었다. 이런 흐름은 조선 산업만이 아니라 제조업 전반에서 진행됐다.

주목할 점은 이런 사내 하청 제도가 시간이 지날수록 더욱 세분화되고 있다는 점이다. 하청의 규모가 커지면서 사내 하청 내에 건설 현장의 '십장제'와 비슷한 '물량팀' 소속 사내 하청 노동자가 생겨난 것이다.

그간 하청 노동자의 가장 큰 불만은 더 힘든 업무를 담당하고 있음에도 정규직보다 더 낮은 대우를 받는다는 데 있었다. 연말 경영 성과급도 차등 지급됐고, 기업이 제공하는 복지에서도 소외됐다. 사내 하청에서 일하는 상당수 노동자들이 고숙련자가 되면 돈을 많이 주는 물량팀으로 옮기는 것도 이 때문이었다.

금속노조가 발표한 '2015년 조선업종 물량팀 노동 조건 실태 연구'를 보면 D조선사의 경우 2015년 4월 기준으로 사내 하청 노동자 3만 명 중, 1만3천 명이 물량팀 등 재하도급 관계에서 일하고 있다. S사의 경우도 사내 하청 노동자의 60%가 물량팀이다.

2015년 7월 31일 경상남도 거제시 한 국도에서 대우조선해양 통근 버스가 추락·전복됐다. 이 사고로 두 명이 숨졌고 다수가 크게 다쳤다. 주목할 점은 이들 탑승자 중 두 명을 제외한 59명이 모두 하청 노동자였다는 점이다. 사고로 숨진 두 명이 모두 하청 노동자인 것은 어떻게 보면 당연한 일이었다. 마침 정규직 노동자들은 상당수가 2주간 휴가를 받고 출근을 하지 않은 날이었다.

박점규 장그래살리기 운동본부 대변인은 언론과의 인터뷰에서 "정규직이 휴가를 떠난 사이, 이들 급여의 절반밖에 받지 못하는 비정규직은 휴가 없이 일을 하다가 변을 당했다"고 말했다.[26]

일하는 데 목숨을 걸어도 되는 걸까?

조선소에서 힘든 일은 하청 노동자의 몫이다. 죽는 일도 비일비재하다. 일하다 다쳐도 산업재해 신청은 꿈도 못 꾼다. 그렇게 일했는데, 앞으로는 사라져야 할 직군이 됐다. 지금의 현실을 어떻게 바라봐야 할까. 임준 가천의대 예방의학과 교수는 이를 두고 '위험의 외주화'라고 말한다. 사업장 내 위험 요소를 없애는 것이 아니

라 정규직에서 하청 노동자에게 위험이 전가되는 구조가 고착화됐
다는 이야기다.

위험 물질이 있으면 이를 사용하지 말고 안전한 물질을 사용해야 한
다. 공정에 문제가 있다면 새로운 공정 시스템을 도입해야 한다. 업
무 자체 특성으로 근력을 과도하게 사용하거나 과중한 노동 시간으
로 문제가 생기면 인력을 보강하거나 업무 시간을 재배치하는 방향
으로 가야 한다. 하지만 그렇게 하지 않고 있다.

그 이유는 돈 때문이다. 이런 구조를 바꾸는 건 당연히 자본이 부담해
야 한다. 하지만 자본가는 노동자가 위험 요소에 대해 항의하거나 진
정을 넣으면 '그럼 일하지 마' 이러면서 해고한다. 노조가 있는 정규
직이 이런 문제를 제기하면 아무 항의도 하지 못하는 하청·파견 노동
자에게 일을 맡겨 버린다. 그렇게 위험은 사라지지 않고 이어져 왔다.

사실 영국 등에서 산업재해 사망률이 우리보다 훨씬 적은 이유는
이미 오래전 제3세계로 위험을 외주화했기 때문이다. 우리도 이런
움직임이 가속화되고 있다. 한진중공업의 경우 필리핀에 수빅 조선
소를 건설했다. 그러면서 부산 영도 조선소에서는 고부가가치 선박,
즉 잠수선 등 특수선을 제작하는 방식으로 이원화했다. 필리핀 노동
자에게 위험을 전가한 셈이다.

조선업 하청 노동자가 여타 다른 제조업 하청 노동자보다 더 많이 다
치고 죽는다. 이는 조선업 하청 노동자가 파견 노동자와 똑같기 때문
이다. 즉, 하청업체가 전문 업체가 아니라 인력만 가지고 조선소에

들어와 일하는, 일종의 파견 업체다. 기자재나 도구 등은 모두 원청 조선소에서 받아 쓴다. 그런 업체에 노동자의 안전관리를 맡기니 어떻게 되겠나.

그리고 안전보건 관리라는 게 사실 공정별로 할 수 있는 게 아니다. 전체 공정을 전반적으로 감독해야 가능하다. 조선소에서는 밀실에서 작업하다 질식사하는 경우가 많다. 하지만 정작 밖에서는 그들이 죽었는지도 모른다. 작업 시간이 끝났는데 돌아오지 않으면 그때야 아는 것이다.

밖에는 밀실 안에서 일하는 노동자를 지원하거나 감독하는 사람이 있어야 하지만 그렇게 하지 않고 있기 때문이다. 자본 입장에서는 사람 한 명 더 쓰는 게 아까운 거다. 안전 감시 시스템을 만들려면 사람이 필요한데 돈 들어가는 일을 하려 하지 않는다. 그래서 사람이 계속 죽는 것이다.

이런 문제가 반복되는 데는 정부의 관리·감독 소홀 탓이 크다. 전체적인 관리 책임은 발주처에 있어야 한다. 하지만 현실은 그렇지 않다. 이런 구조는 정부가 방조하고 유도했다. IMF 이후 정부는 자본을 위해 인력 이용에 관해 규제를 완화했다. 그 결과 비정규직이 폭발적으로 증가했고 하청도 우후죽순 생겨났다. 대우조선해양의 경우 80~90%가 정규직이었지만 지금은 30~40%에 불과하다.

정부는 상황을 이렇게 만들어 놓고 문제를 보완하려는 노력도 하지 않고 있다. 안전보건상 위험한 일을 하청업체에 넘겨도 제재를 가하지 않는다. 전체 공정에 대해 책임을 지고 물건을 만드는 게 발주처, 즉 원청이다. 이들이 하청을 데려오고 파견을 부른다. 그런데 여기서 안전 문제가 발생하면 누가 책임져야 하나. 당연히 원청이다. 하지만 원청은 전혀 책임지지 않는 구조다. 정부는 이런 구조가 고착되는 걸 방조했다.

일례로 2011년 이마트 화재 사고를 들 수 있다. 사고 당시 네 명의 노동자가 질식사했다. 모두 이마트 정직원이 아니라 하청 노동자였다.

이마트는 냉동고 관리를 트레이닝 코리아라는 곳에 위탁했다. 하지만 이 트레이닝 코리아도 냉동고를 관리하지 않고, 관리 작업을 또다시 외주화한다. 그 외주화한 업체의 사업주와 노동자 세 명이 일하다 질식사한 것이다. 그중에는 등록금을 마련하기 위해 일하던 대학생도 있었다.

이마트 냉동고는 이마트의 필요성 때문에 설치됐다. 따라서 위험을 생산한 자는 이마트다. 하지만 이마트는 자신들이 관리 책임을 지지 않았다며 사망·사고에 대한 책임이 없다고 주장했다. 실제 이마트는 이 사건으로 아무런 처벌도 받지 않았다. 사고 후 실태 검사에서 확인된 산업안전보건법 위반 건에 대해서만 벌금 1백만 원을 냈을 뿐이다.

유럽연합의 경우, 포괄적으로 위험을 생산한 자에게 책임을 지운다. 제품을 만들 때 생기는 위험은 제품을 만드는 사람이 고려해야 한다. 안전보건법의 핵심은 원청이 관리 책임을 지게 하는 데 있다. 사업주는 일을 안전하게 시켜야 할 의무가 있다. 이를 위반했을 때 사업주에게 책임을 부과하는 게 안전보건법의 기본 정신이다. 사고가 발생했을 경우, 사업장에서 위험을 생산한 자는 누구인가? 바로 사업주다. 이들에게 책임을 지도록 해야 산재가 예방된다. 하지만 현행 산업안전보건법은 유해·위험 작업을 하청업체에 맡긴 경우 산재 사고가 발생했을 때, 원청에 대한 처벌 수준이 '1년 이하 징역' 아니면 '1천만 원 이하 벌금'에 불과하다. 그리고 대부분은 벌금만 조금 물리고 만다. 그러니 계속 사고가 발생해도 개선이 안 되는 거다.

2015년 12월부터 2016년 2월까지 삼성전자 등에 휴대전화 전자부품을 납품하는 3차 협력업체들에서 일하던 노동자 다섯 명이 잇따라 실명했다. 휴대전화를 제작할 때 사용하는 메틸알코올 중독 때문이었다. 다섯 명 모두 모두 20대였다.

메틸알코올은 투명·무색의 인화성 액체로 식용 알코올과 달리 고농도에 노출될 경우 두통 및 중추신경계 장해가 유발되며 심할 경우 실명까지 올 수 있다. 하지만 이들은 메틸알코올이 작업 과정에서 사용되는지도 몰랐다.

노동부는 곧바로 해당 업체에 전면 작업 중지 및 작업환경 측정, 임시 건강진단 명령 등을 내렸다. 또한 산업안전보건감독을 실시하고, 감독 결과 위법 사항에 대해 엄중 조치한다는 계획이다. 하지만 이번에도 원청에 관한 조사나 책임 추궁은 빠져 있었다.

더 중요한 것은 다단계 하도급 구조가 유럽에는 없다는 점이다. 유럽은 우리처럼 하도급이 없다. 원청이 다 하는 구조다. 건설의 경우, 한두 개 전문 업체가 참가할 순 있지만 대부분이 원청에서 공사를 한다. 우리는 현대건설이 아파트를 수주해 설계만 한 뒤 아무것도 안 한다. 다단계 하도급 구조에서는 안전관리를 하기 어렵다. 누가 누구인지를 알아야 안전관리를 하지 않겠나. 자기 노동자라면 교육도 하고 그러겠지만 현실적으로 다단계 하도급 구조에서는 그게 어렵다.

주목할 점은 유럽도 인권과 건강권을 처음부터 제대로 보장했던 것은 아니라는 사실이다. 산업 안전이나 건강권이 그냥 보장된 게 아니다. 지난한 투쟁 과정을 거친 뒤에야 노동자 한 명이 죽으면 심각한 문제가 되는 사회가 될 수 있었다. 하지만 우리는 사람이 죽어도 불쌍하다는 것 외에는 '왜 사람이 일하다 죽을까'에 대한 고민을 하지 않는다. 이게 사회 전반적인 분위기다. 그리고 이를 조장하는 게 언론과 검찰, 법원이다.

산업안전보건법도 법률상으론 처벌 수위가 높다. 하지만 그렇게 하지 않는다. 징역 5년 이하 형을 받을 수 있는 건도 전부 벌금형을 구형하고 선고한다. 법이 아무리 갖춰져 있어도 그렇게 집행하지 않는다.

그들이 그렇게 할 수 있는 근간에는 노동자가 일하다 죽는 건 어쩔 수 없는 일이라고 생각하는 사회의식이 깔려 있다. 노동자의 건강이 도구화돼 있다는 이야기다. 그것을 단적으로 보여 주는 게 '산업 역군'이다. 노동 현장이 전쟁터인 거다. 전쟁터에서 총 맞아 죽는 건 당연하다는 인식이 깔려 있다. 산업 성장을 위한 노동자의 죽음은 어쩔 수 없는 일로 치부된다. 관대하다. 하지만 이렇게 묻고 싶다. 일하는 데 목숨을 걸어도 되는 건가?

근본적으로 생각해야 한다. 후쿠시마 원전 사고가 발생한 곳, 거기에서 일을 시켜도 되는 건가? 어떻게 생각하나? 돈을 많이 주니 문제없다고 하면 되는 건가? 오늘의 시점에서 그런 노동을 한다는 게 정당한지 묻고 싶다. 1700, 1800년대가 아니라 지금 시점에서, 노동계약의 의미를 생각해 보자. 근대적 의미에서 말하는 거다. 사회주의나

진보적 관점에서 말하는 게 아니라 자본주의 관점에서 그런 노동계약이 정당한가를 묻는 거다.

노동자가 노동력을 판매했고 자본가가 그 노동을 샀다. 그렇다고 산 사람의 노동력을 근본적으로 상실시킬 수 있는, 그러니까 사망할 수 있는 곳에서 일하도록 하는 게 맞느냐에 대한 근본적인 고민이 필요하다. 있을 수 없는 일이다. 위험이 있다는 걸 알고도 일을 시킨다면 두 가지 문제가 발생한다. 사기죄와 반인륜죄다.

일부에서는 노동자가 실수를 하거나 경험이 부족해서 산재가 발생한다고 말한다. 사고를 개인의 과실로 전가하는 것이다.

산업안전공단의 공익광고를 보면 '일하다 여자 친구 생각하지 마라, 너 다친다' 이렇게 광고를 한다. 노동자가 일하면서 딴 생각을 해서 다친다는 건데, 진짜 나쁜 반공익광고다.

노동자 개인의 실수로 넘기지 않으면, 사내 하청업체가 제대로 관리를 안 해서 발생한 문제라며 책임을 하청에 떠넘긴다. 이건 기본적으로 발상의 문제다. 발상의 전환이 필요하다.

사고가 나도 원청이 책임지지 않는다는 것 말고도 우리나라 산업안전보건법에 비어 있는 또 다른 한 가지는 일하다 다쳐도 대부분 산재 인정이 안 된다는 점이다. 사고가 나면 사업주는 자기가 거래하는 병원에 일반인으로 치료하게 한다. 그러고는 건강보험 적용을 받게 한다. 산재보험 적용을 받을 경우, 노동부 근로 감독을 받기 때문에 은폐하려는 것이다. 그러니 산재 사망률은 세계 최고 수준이지만 산업

재해율은 OECD 국가의 3분의 1 수준이다. 독일보다도 낮다. 그러다 보니 사람들은 노동자가 죽는 것만 문제라고 생각한다.

사고만이 산재가 아니다. 근골격계 통증, 방광염 등 직업병도 산재로 인정받아야 한다. 하지만 이런 병을 산재로 인정받아야 한다는 걸 노동자도 잘 모른다. 서비스업 종사자들은 특히 자신이 앓고 있는 직업병이 산재라는 생각을 못한다. 일하다 아픈 건 당연하다고 생각한다. '다친 것도 산재가 안 되는데……' 라는 인식도 깔려 있다.

설사 의지가 있더라도 산재를 인정받기는 무척 어렵다. 산재 신청 절차가 잘못돼 있기 때문이다. 우리나라 사회보험은 급여 수급 자격 조건만 만족하면 차별 받지 않고 보편적으로 적용받는다. 하지만 산재보험은 이런 원칙이 적용되지 않는다. 사고성 재해와 직업성 질환으로 치료를 받게 된 노동자가 산재보험을 적용받으려면 본인 또는 보호자가 산재보험 업무를 담당하는 근로복지공단에 산재 신청을 해야 한다. 사전에 승인 절차를 밟아야 하는 거다.

또 산재보험은 재해가 업무 때문에 발생했는지, 업무를 수행하는 중에 발생했는지를 따져, 인과관계가 명확할 경우에만 인정된다. 게다가 이런 입증은 노동자 개인이 해야 한다. 이 같은 사전 승인 절차, 업무 관련성에 대한 입증을 재해 노동자가 직접 해야 하는 점 등 여러 가지 이유로 인해 재해를 입었음에도 불구하고 산재보험을 적용받지 못하는 사례가 많다.

이렇다 보니 사람들은 산재가 일부 제조업에서나 일어나는 사망 사고로 치부한다. 사회, 문화, 법체계가 결합되면서 산재 문제를 매우 예외적인 사건으로 보는 시각이 만들어진 것이다.

이를 해결하려면 우선 현행 산재보험 제도를 전면적으로 뜯어고쳐야 한다. 현 제도는 철저히 사업주의 돈을 보호하기 위한 구조로 돼 있다. 노동자가 일하다 다쳐도 이게 산재인지 인식하지 못하는 경우가 많다. 직업병은 더욱 심각하다. 다치는 경우도 경증인 경우, 산재 신청 절차가 복잡하니 안 한다. 그리고 신청 절차가 다단계니 사업주가 개입할 여지도 많다. 신청 도중 사업주가 해고 등으로 압박할 수도 있다.

문제 해결은 간단하다. 산재보험도 건강보험처럼 신청하면 되는 것으로 하면 된다. 남용을 우려하는 사람들도 있지만, 어차피 산재보험으로 안 쓰면 건강보험으로 쓰이는 비용이다.

또 사고를 은폐할 경우, 사업장을 폐쇄할 정도로 강한 처벌을 가해야 한다. 원청에도 강한 책임을 지울 수 있도록 법 제도를 개정해야 한다. 원청 책임 법제화와 산재보상보호법 개정을 함께 진행하면 된다.

안전한 일자리는 가능하다

해외만 해도 사람이 일하다 죽는 상황을 이해하지 못한다. 선진국 반열에 오른 나라일수록 노동자가 일하다 죽는다는 사실은 희귀한 일이다. 유독 한국만 이런 구조가 유지되는 이유는 무엇일까? 직업환경의학 전문의인 이상윤 노동건강연대 공동대표는 "IMF 때 만들어진 시스템 때문"이라고 설명했다.

1970년대 초창기만 해도 떠돌이 노동자들이 조선소에서 일했다. 이는 당시 모든 제조업에서도 동일하게 적용됐다. 당시만 해도 정규직, 비정규직 개념이 없었다. 일용직을 고용해도 돌아가는 구조였다. 하지만 1980년대 경제가 고성장하면서 숙련노동자에 대한 요구가 조선업 내에서도 생겨났다. 한국 조선업이 세계시장에 편입되면서부터였다. 고숙련노동자가 담보되지 않으면 선박을 수주하지 못하게 됐다. 그래서 대부분 노동자가 정규직화되면서 숙련노동자 그룹이 형성됐다. 그러나 이는 1990년대 들어 떠오른 경쟁국, 즉 중국에 의해 흔들리게 됐다. 저임금을 중심으로 하는 중국 조선업과의 가격경쟁 속에서 한국 조선업이 취할 수 있는 방향은 두 가지였다. 첫째는 인력을 구조 조정하거나 인건비를 내리는 방식이다. 가격경쟁에 맞불을 놓는 식이다. 둘째는 고부가가치 산업으로 이동하는 것이다. 기술력을 담보로 하는 품질 경쟁으로 방향을 돌리는 것이다.

한국의 조선업은 두 가지 방식을 모두 추진했다. 그런데 마침 1997년 IMF가 터졌다. 그러면서 자연히 첫 번째 방식이 더 주도적으로 이루어지게 되었다. 대규모 구조 조정이 발생했고, 그 빈 공간은 비정규직으로 채워졌다. 그리고 지금까지 이런 구조가 계속되고 있다.

전체적인 큰 흐름에서 보면, 한국은 자동차, 조선, 반도체 등 제조업으로 먹고산 지 오래다. 물론 밥벌이로는 유효했다. 하지만 이것이 언제까지 가능할지는 의문이었다. 이런 상황에서 정부는 글로벌 시장에서 고부가가치로 승부하는 것과는 별개로 인건비 절감이나 산재 사고 위험을 외부화하는 것 등으로 산업 성장을 지속하는 게 효율적이라고 판단했다. 환경 파괴, 노동자 건강 이상 등을 철저히 외부화하면서, 그에 따른 비용 절감으로 성장 드라이브를 가속화했다는 이야기다.

이에 따른 부작용과 피해는 보이지 않게 관리하는 전략을 택했다. 물론, 이런 선택은 정부가 했지만 정부가 이런 선택을 할 수 있었던 데에는 대중의 일반적인 정서, 사회 구성원의 암묵적인 합의가 있었다. '수출 업종은 살려야 한다'는 합의 말이다. 조선업만이 아닌 전반적인 한국 산업의 선택이었다. 그 선택의 후폭풍이 지금까지 이어지고 있는 셈이다. 그런 합의가 지금의 구조를 만들었고, 하루에 다섯 명이 일하다 죽어도 '어쩔 수 없는 일'로 넘어가는 사회를 만들었다.

'수출 업종은 살려야 한다'는 프레임에는 '살기 위해서는 어쩔 수 없다, 누군가의 희생이 필요하다'라는 강력한 이데올로기가 내포되어 있다. '국가는 발전해야 하고 발전하려면 누군가의 희생이 필요하다. 안타깝지만 희생은 어쩔 수 없다. 그러지 않으면 우리는 발전하지 못한다.' 이런 식이다.

다른 나라와 산재율을 비교할 때 주의할 점이 있다. 첫째는 산업구조가 다르다는 점이다. 사망 재해가 가장 많은 곳은 광업과 농업이다. 그다음이 건설업, 제조업이다. 당연히 재해 발생률이 높은 산업 비중이 작고 서비스업 비중이 높으면 사망 재해는 줄어든다.

산재율이 낮은 선진국의 경우, 산재 발생률이 높은 산업을 자신들이 직접 담당하다가 산업구조가 바뀌면서 동남아시아, 중국 등으로 외주화했다. 노동조합이 그런 산업에 자국민을 노동자로 일하게 하지 않기 때문이다. 그런 요인이 산재율을 낮춘 효과가 있다. 그렇기에 일률적인 비교는 적절하지 않다.

하지만 OECD 국가 중 한국과 산업구조가 비슷한 나라와 비교했을 때, 우리가 특수한 조건에 있는 것은 분명하다. 자동차 공장은 세계 곳곳에 있지만 한국의 경우, 노동시간이 장시간이라 과로사 같은 문제가 발생한다. 다른 나라와 비교해도 독특한 구조다. 지금 일어나는 산재를 단순히 산업구조의 문제라고만 하는 것은 변명이다.

유럽 선진국에서 죽음을 바라보는 시각도 우리와 사뭇 다르다. 사람이 일하다 죽는 것을 매우 이례적인 일로 생각한다. 노동자의 안전과 건강 문제를 바라보는 문화가 다르기 때문이다.

유럽 선진국의 경우, 지난한 역사적 과정을 거치면서 인식의 변화가 있었다. 노동자의 안전과 건강 문제는, 1800년대 초반부터 중요한 문제였다. 당시 많은 노동자가 일하다 죽었기 때문이다. 하지만 노조가 힘이 없다 보니 이를 공론화하지 못했다. 그러나 노조가 강력해지면서 이는 사회적 문제가 됐다.

사회학적 지표로는 '노조 조직률'과 '진보 정당의 힘'이 중요하다. 이것이 한 사회가 노동자를 바라보는 시각에 가장 큰 영향을 미친다. 이 두 가지가 클수록 노동자를 존중하게 되고 작으면 반대가 된다.

아직 우리는 그런 단계가 아니다. 경제는 빨리 성장했지만, 유럽 선진국이 달성한 다른 과제들, 즉 정치적인 부분에서의 성숙성, 노동조합의 강화 등은 더디게 진척됐다. 결국, 이 둘의 괴리가 커지면서 현재 유럽 선진국들은 이해할 수 없는 현상과 갈등이 반복되고 있는 것이다.

한국 정부는 노동자의 안전이나 건강과 관련해 현재 규제가 매우 강하다고 한다. 실제 (법 집행이 아니라) 법 자체로만 보면 아주 틀린 이야기도 아니다. 하지만 유럽 일부 나라는 법으로 그것을 규제하지 않아도 오랜 관습과 사회적 합의가 규제의 역할을 한다. 이를 지키지 않으면 기업 행위 자체가 힘들어진다. 사측이 노동자를 고용할 때 임금을 제대로 주는 것, 그리고 생명과 건강을 침해하지 않는 게 유럽 기업들이 기본적으로 지켜야 하는 의무 사항이다. 이 두 가지에는 사회적 공감대가 형성돼 있기 때문이다.

북유럽 기업인들에게 물어보면 이해하지 못한다. '당신네는 어떻게 산재 사고나 사망 없이 경영하느냐'라고 하면 '한국은 그게 왜 안 되느냐'라고 한다. 그 이유는 문화적·역사적 차이 때문이다. 그쪽에서는 법으로 강제하지 않아도 사회적으로 이것을 막는 게 가능하다. 하지만 우리는 기업이 발전하려면 노동자가 희생해야 한다는 전근대적인 생각이 여전히 유지되고 있는 것이다.

정부는 공장에 일손이 부족해서 난리인데 젊은이들은 그런 곳에서 일하려 들지 않는다고 한다. 하지만 위험하고 지저분하고 임금도 낮은 일자리를 지속시키면서 그 일자리에서 일하지 않는다고 뭐라 할 수는 없다. 지금 구조로는 일자리도 유지할 수 없고, 산업 기반도 허물어진다. 일자리를 어떻게 지속 가능하게 만드느냐가 국가적 과제가 돼야 한다. 그런 측면에서 임금과 안전이 매우 중요하다. 이것이 지켜지는 일자리를 만드는 게 중요하다. 우리보다 먼저 발전한 북유럽, 독일 등은 그 과정을 거치면서 제조업 일자리를 한 단계 업그레이드했다. 그러면서 지속 가능한 성장을 만들었다.

지금의 문제를 해결하기 위해서는 기업이 압박을 받아야 한다. 기업이 압박을 받는 경우는 네 가지 정도. 첫째, 숙련노동자를 구하기 어렵게 될 경우, 둘째, 산재 관련 경제적 손실이 클 경우, 셋째, 여론이 안좋아질 경우, 넷째, 노동조합이 문제를 제기할 경우. 이는 반대로 말하면 이 네 가지 조건이 우리나라에 형성돼 있지 못하다는 이야기다. 이를 통해 기업을, 그리고 정부를 압박해서 변화를 모색해야 한다.

저수지에 돌 던지기

"내도 대체 어떻게 해야 할지 모르것다. 울산시에서 조선
업 위기라면서 추경으로 1천6백억 원을 푼다 캐쌌고 있다 아닌교.
그라믄 이 돈이 어디로 가는 줄 아는교. 죄 기업 살린다는 명목으로
현대중공업이랑 하청업체 사장들에게 들어간다. 고마 이게 뭔 일인
가 싶다니까. 이런 위기가 생기고 구조 조정을 하게 됐으면 그 이유
가 뭔지는 최소한 조사하고 나서 돈이 투입돼야 하는 거 아인교. 게
다가 그 돈을 왜 기업에 주는 긴데. 지금 고통을 겪는 건 퇴직금도
못 받고 하루아침에 길거리로 쫓겨나는 하청 노동자들인데……. 뭔
가 잘못돼도 한참 잘못됐다 아닌교?"

하창민 현대중공업 사내하청지회장은 답답한 듯 연거푸 냉수를
들이켰다. 그는 며칠 전 기자간담회를 위해 서울로 올라왔다. 구조
조정의 광풍이 몰아치는 가운데 하청 노동자들의 상황을 알리기 위
한 자리였다.

2016년 4월 총선이 지나면서 본격적인 조선업 위기설이 불거졌
다. 해양플랜트 사업의 불황과 중국, 일본의 추격이 조선업 위기설
을 불러왔다. 집계 방식에 따라 다소 차이가 있을 수는 있지만 IHS
페어플레이 자료 기준으로 2015년 전체 선박 수주 점유율을 보면
한국이 30%, 중국이 31%, 일본이 29%를 기록했다.

자연스레 화두는 구조 조정에 맞춰졌다. 대형 조선 3사의 빅딜설
부터 정규직 대량 해고까지 다양한 이야기가 흘러나왔다. 정부는 각
조선소에 회생 자구책을 제출하라고 압박했다. 하지만 이 과정에서
구조 조정되는 하청 노동자들을 어떻게 할지에 대해서는 아무런 언

급도 없었다.

고용노동부 울산지청에 따르면 2015년부터 2016년 초까지 하청 노동자 3천4백여 명의 임금 197억 원 상당이 체불됐다. 노동부는 2016년 5월 현재도 꾸준히 임금 체불 신고가 들어오고 있어 규모는 계속 늘어날 예정이라고 밝혔다.

문제는 이런 공식 수치는 빙산의 일각에 불과하다는 점이다. 현대중공업 사내하청지회에 따르면 상당수 하청 노동자들이 임금 체불을 신고하지 않고 있다. 첫 번째 구조 조정 대상자가 될 수 있기 때문이다. 현장에서는 5~15일씩, 또는 30~50%씩 임금이 체불되는 일이 비일비재하다.

체불임금도 문제지만 올 들어 전방위로 진행되고 있는 '임금 삭감'도 문제다. 현재 현대중공업 하청업체는 노동자들에게 기본급 10%, 수당 30% 삭감에다 연장·휴일 근로도 없앴다. 게다가 연차수당과 휴업수당도 지급하지 않고 있을 뿐만 아니라 무급 순환 휴직까지 강요하고 있다. 더 큰 문제는 대량 해고다. 2015년에만 최소 1만5천 명의 하청 노동자들이 해고됐다.[27]

2016년 들어서는 이런 대량 해고가 더욱 가속화되고 있다. 조선소 현장에서는 하청업체들이 노동자들에게 퇴직 확약서를 전달한다는 이야기도 흘러나온다. '경영상 위기를 인지하고 있어 추후 희망 퇴직 권고를 이의 없이 받아들이겠다'는 것이 퇴직 확약서의 골자다. 앞으로 다가올 구조 조정에서 노동자들의 반발을 막으려 미리 재갈을 채우고 있는 것이다. 불이익이 있지 않을까 두려워 노동자들은 어쩔 수 없이 서명하고 있다.

이런 가운데 조선 5개사(현대중공업, 현대미포조선, 현대삼호중공업, 삼성중

© 금속노조 현대중공업 사내하청지회

공업, 대우해양조선) 하청업체 대표들은 정부에 지금의 위기를 타개하기 위한 방법, 즉 대정부 요구안을 발표하기에 이르렀다. 내용은 철저히 기업 살리기였다.

조선소 노동자의 최저임금을 인하해 달라는 것뿐만 아니라 장애인 의무 고용 유보, 외국인 노동자 고용 확대 등 기존 노동 구조를 더욱 유연화하는 안들이 주를 이뤘다. 이게 끝이 아니었다. 경영 자금 지원, 세금 감면, 세무조사 보류 등 각종 자금 지원과 세금 혜택도 요구했다.

그간 자신들이 저지른 잘못으로 빚어진 위기를 국민 세금으로 해결해 달라는 뜻이다. 정부가 이를 받을 리 없다고 생각했지만 예상은 빗나갔다. 요구안이 발표된 지 고작 닷새 뒤인 5월 2일 울산시는 긴급 재정과 경영안정자금을 확대하고 세금 징수를 유예하며 세무조사도 연기하겠다고 발표했다.

하청 노동자들은 이런 움직임을 어떻게 받아들일까? 자신들이 대량 해고될 때까지 아무런 대책도 마련하지 않았던 그들이 득달같이 발표한 대책은 대부분이 '기업 살리기'에 중점을 두고 있었다. 노동자와 연관된 대책들은 모두 대량 해고로 인한 퇴직과 실업을 전제로 하고, 이주 노동자의 원활한 사용을 위한 내용뿐이었다.

하지만 하청 노동자들이 문제를 제기할 수 있는 통로는 전혀 없었다. 고작 할 수 있는 게 기자회견이다. 이런 자리조차 참석하려면 노무관리를 담당하는 사측 운영팀의 눈치를 봐야 한다.

이 와중에도 하청 노동자들의 죽음은 끊이지 않았다. 현대중공업 그룹에서 2016년 5월 현재 일곱 명의 노동자가 일하다 죽었다. 이 중 다섯 명이 하청 노동자였다.

5월 11일에는 현대중공업 그룹 계열사 현대삼호중공업 사내 하청업체 보광 소속 위 씨(30)가 원유 운반선(S777호) 내부 저장 창고에서 족장 작업 중 15미터 아래로 추락, 그 자리에서 사망했다. 추락 방지를 위해 안전 펜스가 설치돼 있어야 하는데 이를 설치하지 않고 작업하다 추락한 것으로 알려졌다.

이런 사고가 있기 하루 전인 10일에는 현대중공업 그룹 계열사 현대미포조선 사내 하청업체 세현 소속 김 씨(41)가 사망했다. 김 씨는 4월 27일 터치업 작업을 위해 한 손으로 페인트 통을 들고 수직 사다리로 올라가다 손을 놓치면서 5미터 아래 바닥으로 떨어졌다.

그는 사고 후 뇌수술을 받고 중환자실에서 있다 결국 사망했다.

4월 18일에는 현대중공업 사내 하청업체 영인기업 소속 노 씨(37)가 건설 장비 조립2공장에서 굴삭기의 엔진 덮개와 붐 사이에 끼이는 사고를 당했다. 다른 사내 하청업체 소속인 굴삭기 운전자가 운전석 우측에서 유압 호스를 정리하던 노 씨를 발견하지 못하고 붐을 들어 올리면서 사고가 일어난 것으로 노조는 추정하고 있다. 노 씨는 울산대병원으로 옮겨졌지만, 이날 오후 4시 50분께 숨졌다.

4월 11일에는 현대중공업 사내 하청업체 진성CE 소속 송 씨(45)가 고소차에 올라 작업하던 중 블록 스툴(블록 앞으로 튀어나온 부분)과 고소차 사이에 가슴이 협착돼 사망했다. 송 씨는 사고 당시 2842호선 S40블록 블라스팅 작업 중이었다.

3월 19일에는 현대중공업 사내 하청업체 소속 하청 노동자 서 씨(44)가 익사 상태로 발견됐다. 18일 야간 블라스팅 작업을 하던 서 씨는 밤 12시께 행방불명됐고 이후 야간 관리자가 6안벽 앞바다에서 주검이 된 서 씨를 발견했다. 안벽에는 안전 펜스가 없었다.

정규직도 죽음에서 벗어날 수는 없었다. 4월 19일에는 현대중공업 원청 노동자가 사망했다. 지프크레인 블록 탑재를 하고 있는 이 씨(55)를 5톤 지게차가 치고 지나갔다. 블록 탑재 과정에서 신호수로 일했던 이 씨를 지게차 운전자가 미처 발견하지 못하고 주행하다가 우측 전륜 바퀴에 이 씨가 협착됐다. 지게차 운전자는 현대중공업 하청업체 소속 노동자였다. 2월 21일에는 해양사업부 소속 조 씨(32)가 철제 구조물에 깔려 현장에서 사망했다.

2014년 열세 명의 하청 노동자가 죽어 나가던 때와 달라진 게 없었다. 여전히 언론과 정부의 관심은 조선업 구조 조정에만 쏠려 있다. 구조 조정에 따른 대책 역시 초점은 '기업 살리기'다.

조선소에서 일하면 '죽거나, 다치거나, 쫓겨나거나' 셋 중 하나라고 우스갯소리로 이야기한다. 죽지 않고 쫓겨난다면 그나마 다행이라 해야 할까. 이 와중에도 정작 당사자인 하청 노동자는 할 수 있는 일이 없다.

더는 무슨 기사를 쓸 수 있을까. 6년간 써왔던 기사는 무슨 소용일까. 누가 죽었다, 누가 또 죽었다, 몇 명이 잘렸다. …… 휴대전화에 울산 지역번호가 뜰 때면 가슴이 턱 막혔다. 하지만 저수지에 던지는 돌들이 언젠가는 쌓여 수면 위로 올라오지 않을까 하는 그런 심정으로 오늘도 난 노트북을 챙기고 울산행 기차표를 끊는다.

8

한국 조선업의 빛과 그늘

한국의 근대적 조선업은 일제 강점기부터 시작됐지만 본격적인 성장은 1970년대 정부가 중화학공업을 추진하면서부터였다. 한국 정부는 선택과 집중을 통한 지원, 그리고 노동자 권리 제한을 통해 대기업 중심의 조선업 성장 정책을 펼쳤다.

정부가 개입한 1970년대부터 한국 조선업의 성장은 세계 조선업의 경기 변화와 연동돼 전개됐다. 국내 수주에만 머물지 않고 해외시장까지 염두에 두었기 때문이다. 따라서 해외 조선업의 호황·불황에 따라 국내 조선업도 호황과 불황을 반복했다.

1973년 이후 세계 조선 시장의 신규 수주 추이는 1970년대 초 오일쇼크 직전 투기성 발주량이 급증한 이후 장기간 낮은 수치를 기록했다. 1973년 유조선 중심의 시황이 붕괴된 이후 신규 수주가 큰 폭으로 줄었고, 1980년대 중반 3저 호황 국면에서 잠시 회복되긴 했지만, 1980년대까지 신규 수주가 거의 없었다.

하지만 여기서 주목할 점은 이와 같은 침체 국면에서 당시 일본 및 영국과 같은 조선업 선진국들은 대대적인 설비 감축과 구조 조정을 진행했음에도 불구하고 오히려 한국의 조선업 종사자 수는 큰 폭으로 증가했다는 점이다. 조선공업협회 회원사 총 종사자 수를 살펴보면, 1978년 4만여 명에서 1984년 7만5천여 명까지 증가했다.

이는 1970년대에 국가가 '계획 조선'*과 '연불 수출 금융'**을 통해 국내외

---

* 정부는 매년 선종별 건조량과 자금 계획을 세워, 선박을 건조하고자 하는 선주 중에서 적격자를 선정해 자금을 융자해 줌으로써 국내 조선소

신조선 물량을 유치하고 현대, 대우, 삼성 등 재벌 기업들로 하여금 무리한 시설 투자를 강권한 결과였다.

그러나 두 차례의 석유 파동을 겪으면서 세계 조선업이 이미 장기 불황에 직면해 있던 까닭에 대규모 시설 투자와 운영자금을 정부 지원과 차입금에 의존했던 재벌 조선소들조차 재무구조 악화를 막을 수는 없었다. 그 결과 1988년까지 협회 회원사들의 종사자 수는 4만9천여 명까지 급격하게 감소한다.

하지만 1986년 '공업발전법'이, 1989년 '조선업 합리화 조치'가 시행되면서 대한조선공사(현 한진중공업), 인천조선(현 현대삼호중공업), 대우조선해양의 자구 노력과 함께 세제 감면, 채무 기일 연장, 선박 수출 추천 제도 등 정부의 각종 지원이 병행된 덕분에 주요 조선사 및 관련 업체들은 도산 및 대규모 실업 사태를 상당 부분 피할 수 있었다.

이후 1990년대 중반 들어 세계 신조선 발주량이 점차 회복되면서 국내 조선업도 본격적인 회복세로 돌아섰다. 이에 따라 조선업에 종사하는 노동자는 1996년 8만1천 명까지 늘어났다.

그러나 세계 조선 시장이 회복세를 유지하고 있던 1990년대 말, 한국의 조선업 종사자 수는 급격히 감소한다. 1997년 외환위기 때문이었다. 정부가 과잉 중복 투자 부문을 조정하는 과정에서 조선업 종사자 수는 1999년 7만1천여 명으로 1996년 대비 약 1만여 명이 감소했다. 당시 조선업 자체가 구조 조정 대상에 포함되지는 않았지만 선박 엔진 등 대형 조선업체들이 해오던 기타 사업 부문이 포함되었기 때문이다.

하지만 2000년대 중반부터 조선업은 다시 호황을 맞이했다. 벌크선 운임 상승에 따른 수요 폭증과 세계 무역량 증가 및 중국발 물동량 증가로 급증한

에서 선박을 건조하도록 유인했다.

●● 정부 보증으로 선주에게 선박 대금을 천천히 지불하도록 금융 혜택을 제공하는 제도. 이는 선박의 가격을 인하하는 효과를 주어 한국 조선업체에 선박을 발주하도록 선주들을 유인하는 역할을 했다.

컨테이너선 수요 등으로 2000년대 중반을 전후로 신규 수주가 역사상 최고 수준에 이르렀기 때문이다.

이와 같은 조선업 호황은 한국을 포함해 전 세계적으로 과도한 설비투자와 증설로 이어졌고, 건조 능력이 발주량을 초과하는 초과 공급 상태에 이르게 했다. 게다가 미국발 금융 위기가 발생한 2008년 이후에는 세계 신규 수주량이 급격히 감소했다.

국내 조선업은 해양플랜트에 집중하면서 이 위기를 극복하려 했다. 이로 인해 2009년 협회 회원사들의 총 종사자 수는 14만 명으로 증가했고, 2010년에는 2008년 이후 전 세계적인 신규 수주 감소로 종사자 수가 일시적으로 줄어들었지만, 이후 대형 조선 3사를 중심으로 해양플랜트산업에 본격적으로 진출하면서 2012년도에는 총 종사자 수가 15만 명을 넘었다.

박종식 전문연구원은 이와 같은 조선업 성장이 국가의 역할에 힘입은 바 크다는 점을 지적한다. 국가는 전면적이고 강력한 시장 개입을 통해 조선 산업을 육성·보호·규제하면서 산업 구조 조정을 추진해 왔으며 때로는 투자에 따른 위험을 사회화시키기도 했다는 것이다.

하지만 2000년대 이후 국가의 역할은 점차 축소되고 재벌 중심의 민간 부문 영향력은 강화되었다. 그리고 이에 따라 노동의 유연화도 극대화되었다. 과거 세계 조선업의 불황기와 IMF 시기에는 국가가 개입함으로써 시황 변화나 산업 구조 조정의 충격을 최소화했지만, 2000년대 이후, 특히 2008년 금융위기부터는 국가 개입이 거의 없었다. 반면, 고용 규모는 빠른 속도로 회복세를 넘어 증가세를 보였는데, 실은 그 대부분이 하청 노동자들이었다.

박종식 전문연구원은 이런 흐름을 두고 1980년대 중반 이후 국가 산업 정책의 변화와 정규직 노동운동의 성장, 그에 따른 자본의 노사관계 및 노동시장 전략이 직간접적인 영향을 미치면서 2000년대를 기점으로 조선업 노동시장의 내적 구성이 과거와는 질적으로 다른 형태로 변화한 것으로 해석한다.

그간 조선업을 비롯해 정부는 반도체, 철강, 화학 등 10대 주력 수출 품목 육성에 주력하는 산업 정책에 올인하면서 전체 수출 대비 이들의 비중은 1980년 55.9%에서 1990년 67.5%, 2000년 78.1%에서 2014년엔 86.3%까지 높아졌다.[28] 하지만 우후죽순 비정규직이 늘어나면서 내수는 끝이 보이지 않는 장기 불황의 늪으로 빠져들었다. 굵직한 산업에만 몰두하면서 양질의 일자리 창출을 고민하지 못했기 때문이다.

중국은 이미 2008년부터 한국을 따라잡기 위해 제조업 분야를 집중 육성하는 '10대 산업 진흥 계획'에 집중하고 있다. 조선업이 대표적이다. 지식경제부와 한국조선협회에 따르면 지난 2000년 세계 수출 시장의 4.2%(한국 21.2%)에 그쳤던 중국은 2012년에는 33.1%(한국 35%)까지 성장했다. 한국의 턱밑까지 추격한 셈이다.

하지만 수주 금액에서는 중국과 한국이 각각 154억5천만 달러, 299억8천4백만 달러로 큰 차이를 보이고 있다. 컨테이너선 등 고급 기술력을 요하지 않는 저가 선박을 수주하는 중국과 달리 한국은 LNG선 등 고가 선박을 수주하고 있기 때문이다. 그렇다 해도 언제 중국이 한국을 추월할지 모른다. 전문가들은 한국과 중국의 조선업 기술 격차에 대해 벌크선과 같은 저부가가치 선종에서는 이미 차이가 없는 상태이며, 탱커나 LNG선박과 같이 상대적으로 기술력을 필요로 하는 고부가가치 선종에서는 현재 기준으로 5~10년 정도의 격차가 있다고 추정한다.

게다가 과거 접었던 조선업을 다시 일으키려 준비 중인 일본의 행보도 한국을 위협 중이다. 일본 역시 상당한 시간이 걸리겠지만, 그 사이 산업 재편이 이뤄지지 못하면 국내 조선업의 전망은 어두울 수밖에 없다는 것이 중론이다.

참고문헌

박종식, 2014, "내부 노동시장 구조 변화와 재해 위험의 전가: 조선 산업 사내 하청 확산과 원하청 재해율 비교 연구", 연세대학교 사회학과 박사논문.

에필로그

1

사망자: 송○○(45)

소속: 현대중공업 선행도장부 진성CE

장소: 2야드 도장1공장 블라스팅 작업장

사망 원인: 2842호선 S40(s) 블라스팅 중 컨테이너 스퉅과 고소차
사이에 가슴이 협착

4·13 총선을 이틀 앞두고 울산에서 또 사망 소식이 날아들었
다. 올해 들어 현대중공업에서만 세 번째 발생한 사망 사고였다. 이번
에도 하청 노동자였다. 현장 노동자들은 시야가 확보되지 않는 어두컴
컴한 블라스팅 공장 내에서 작업하다 사단이 났다고 이야기했다. 이날
공장 내 총 1백 개의 작업등 중 27개가 꺼져 있는 것으로 확인됐다.

일주일 뒤, 또다시 노동자 둘이 죽었다. 18일과 19일, 연달아 굴
착기에 끼어 사망하고, 지게차에 깔려 숨졌다.

5월에도 사망 사고는 이어졌다. 10일과 11일 각각 현대미포조선
과 현대삼호중공업에서 하청 노동자가 사망하는 일이 벌어졌다. 이
두 조선소는 현대중공업 그룹 계열사다. 한 해가 반도 채 지나지 않
았는데, 한 그룹에서 벌써 일곱 명의 노동자가 사망한 것이다. 이 중
다섯 명이 하청 노동자였다. 2014년, 열세 명의 하청 노동자가 사망

했을 때와 비슷한 양상이다.

사고가 있기 전 3월, 현대중공업 관계자로부터 연락이 왔다. 중요한 취재원이니 안 만날 이유가 없었다. 내심 기대했다. 그간 일어난 하청 노동자들의 죽음에 대해 뭔가 중요한 정보를 주지는 않을까. 어느 정도는 그들이 미안해하는 모습을 보고 싶기도 했다.

그러나 그에게는 억울함뿐이었다. 자신들도 별수가 없는데 비난의 표적이 되고 있는 게 억울하단다. 안전에 만전을 기해 달라고 하청업체에 아무리 요구해도 잘 지켜지지 않는단다. 일하다 사람이 죽기는 다른 사업장도 마찬가지인데 자신들만 너무 집중해서 다루는 게 아니냐고 항의도 했다.

잠자코 있으려다 한마디 하고야 말았다. 현대중공업에는 하청 노조가 있어서 그나마 언론에서 관심을 갖는 것이라고 말이다. 하청 노조도 없는 곳에서는 그런 소식도 전하지 못하기 때문에 언론에서도 다뤄지지 않는다.

사실 '왜 나만 갖고 그래'라는 식의 그의 말도 일리는 있다. 노동부 집계로 2014년 한 해 동안 일하다 죽은 노동자가 1,850명. 보수적으로 잡은 통계에서도 하루에 다섯 명이 죽고 있다. 현대중공업 그룹에서만 2014년 한 해 동안 열세 명이 죽었다 해도 전체 사망자 수에 비하면 '조족지혈'이다.

매년 산재 사망자 수는 줄어들고 있지만 여전히 너무 많은 사람이 죽고 있다. 2014년 국내에서 일어난 살인 사건으로 희생된 사망자 수(357명), 1991년 걸프전 때 미군 사망자(382명)보다 약 다섯 배나 높은 수치다. 이라크전 종전 때까지 사망한 미군 사망자(총 4,412명, 1년 평균 490명)보다는 3.6배나 많다. 아프가니스탄 전쟁 동안 사망한 미군 사망자(총 2,346명, 1년 평균·180명)보다는 열 배나 많은 수치다. 전체 인원 대비 사망률은 차치하고 사망자 수로만 본다면 전쟁터 병사보다도 다섯 배 이상 위험한 삶을 한국 노동자들은 살고 있는 셈이다. 말 그대로 '산업 역군役軍'이다.

특히 이런 비극은 유독 비정규직에게만 닥치는 것처럼 보인다. 공개된 노동부 통계자료에는 1,850명의 사망자 가운데 누가 정규직인지, 누가 비정규직인지 구분하고 있지 않지만, 실제 비정규직이 정규직보다 더 많이 죽고 있다는 사실은 너무나 분명하다. 중소 사업장의 경우 하청업체가 대부분이고, 이들 사업장에서의 사망률은 대형 사업장과는 비교할 수 없을 정도다.*

하지만 사실 죽어 가는 비정규직의 숫자가 더 많다는 사실을 궁금해 하는 사람은 없어 보였다. 십여 년 전만 해도 생소했던 '비정규직'이 이제는 너무 흔했고, 그 숫자가 늘어난 만큼 죽어 가는 사람이 많은 것도 당연하리라 사람들은 그렇게 생각하는 것 같았다.

* 노동부 자료를 보면 2014년 조선업종에서 37명의 노동자가 일하다 사망했다. 이 중에는 5인 이하 사업장에서 3명(사망 만인율 5.34‰), 5~9인 사업장 4명(4.7‰), 10~29인 사업장 6명(2.23‰), 30~49인 사업장 4명(2.76‰), 50~99명 사업장 5명(1.69‰), 100~299명 사업장 8명(1.30‰)인 것으로 나타났다. 그리고 300~999명 사업장에서는 사망자가 없다가 1,000인 이상 사업장에서 7명(1.15‰)의 노동자가 사망했다. 하청업체 하나당 평균 하청 노동자 숫자는 조선소마다 다르지만 2014년 기준으로 대략 7.4명(한진중공업)~172.1명(대우조선해양) 가량 된다.

2

　　그런 생각도 들었다. 과연 이런 죽음이 서울 도심 한복판에서 일어났다면 어땠을까? 사무실에서 일하다가 천장이 무너져 깔려 죽고, 서류 결재 받으러 계단을 오르다 넘어져 죽고, 출근길 엘리베이터를 타다 추락해 죽는다면 …… 그렇게 어이없는 죽음으로 매일 다섯 명씩 죽는다면 어땠을까?

　　서울은 여느 지방 도시와 비교해서 노동자에게는 매우 안전한 도시다. 2014년 노동부의 전국 16개 시도별 산재 사망 만인율을 보면 서울(0.49‰)은 제주도(0.43‰) 다음으로 만인율이 낮다. 평균 만인율은 1.08‰였다.

　　2015년 38명이 사망한 메르스(중동호흡기증후군) 사태를 생각해 보자. 메르스 발병부터 종식 선언까지 217일이 걸렸으니 일주일에 한 명꼴로 사망한 셈이다. 당시 서울시와 중앙정부에서는 이 문제를 해결하기 위해 모든 수단을 동원했다. 게다가 메르스 사태에서 불거졌던 제도의 문제점들도 일일이 손을 보았다. 질병관리본부는 차관급 기관으로 격상됐고, 방역 컨트롤타워도 질병관리본부로 일원화됐다. 또한 '24시간 긴급 상황센터'를 가동, 전 세계 감염병 정보를 수집 및 분석할 뿐만 아니라 국내 상황에 대한 긴급 대응도 강화했다. 2016년 질병관리본부 예산도 6,924억 원이 배정돼 2015년 664억 원보다 22.2% 늘었다.

　　하지만 일하다 죽어 가는 노동자의 죽음에는 별 다른 관심이 없다. 이는 정부만이 아니다. 대중도 마찬가지다. 대중을 질타하는 게 아니다. 왜 그런지 나도 잘 모르겠어서 하는 말이다. 내 주변에서 그런 어이없는 죽음을 목격하지 못해서일까? 아니면 메르스와 달리 산재 사고라는 게 나와는 상관없는 일, 다른 도시의 이야기라는 생각 때문일까? 하지만 나는 그들의 죽음이 우리와 전혀 상관없는 이야기인지 잘 모르겠다.

3

2016년 5월 현재 수백, 아니 수천 명의 노동자들이 불황이라는 이유로 길거리로 쫓겨나고 있다. 2014년 12월 말 4만1,059명이었던 현대중공업 하청 노동자들은 2016년 3월 말 현재 3만3,317명인 것으로 확인됐다. 1년 3개월 사이에 7,742명이 사라진 셈인데, 그야말로 소리 소문이 없었다.

2016년 4월 기준으로 1분기 현대중공업이 수주한 배는 세 척에 불과하다. 해양플랜트 관련 수주는 2014년 11월 이후 전무하다. 이런 현상은 거제에 있는 삼성중공업과 대우조선해양도 마찬가지다. 조선업종 노조에 따르면 남은 해양플랜트 일감은 2016년 6월부터 급격히 감소할 것이라고 한다. 그렇게 되면 2016년 올해에만 최소 2만 명 이상의 하청 노동자가 해고될 수밖에 없다.

하지만 이 와중에도 정규직 노동자들은 그다지 타격을 받지 않을 것이라고 전문가들은 분석했다. 워낙 하청 노동자들이 많기 때문에 이들만 밀어내도 앞으로 닥칠 물량 부족 문제를 해결할 수 있다는 것이다. 아직 국내 조선 3사에는 1.5~2년 정도의 물량이 남아 있다. 이런 상황에서 굳이 노조의 보호를 받는 정규직을 건드릴 필요는 없다고 회사 측도 판단한 듯하다.

개미처럼 일해 온 사람들이 노조도 없이 제 목소리 한번 내보지 못하고 사라지고 있다. 그런 그들이 조선소에서 해온 일은 결코 쉬운 일이 아니었다. 정규직 노동자들이 꺼려 하는 위험한 일을, 그들보다 훨씬 적은 임금으로 떠맡았다. 같은 작업복을 입고 같은 조선소에서 일해도 임금부터 간식비에 이르기까지 정규직과 비정규직은 모든 게 달랐다.

이런 일은 비단 조선업 하청 노동자들에게만 국한된 일이 아니다. 현재 대다수 비정규직 노동자들이 비슷한 처지에 있다. 우리 집을 지켜 주는 아파트 경비원, 내 주변을 정리해 주는 청소 노동자에서부터, 화이트칼라로 보이지만 계약직인 사무직 노동자에 이르기까지 우리 주변의 모든 노동자들이 누군가의 필요에 따라 사용되고 버려지기를 반복하고 있다.

이 책에서 나는 그런 노동자들 가운데 하나인 조선소 하청 노동자들의 삶과 일을 들여다보고 싶었다. 어떻게 조선소로 흘러오게 됐는지, 조선소에서는 무슨 일을 하고 있는지, 어떤 환경에서 일하길래 그토록 황망하게 사라져야 하는지……. 세계 1위 조선소를 자랑하는 현대중공업 하청 노동자들의 삶을 통해 현대 조선소 하청 노동자, 그리고 더 넓게는 지금 여기, '현대'를 살아가는 한국의 비정규직 노동자들의 삶을 보여 주는 것이 이 책의 목적이었다.

4

여관방 서랍에서 나온 삐뚤빼뚤한 아이의 그림이 잊히지 않는다. 근방 여관에는 가족 단위의 투숙객이 적지 않았다. 노동자인 아버지 혹은 남편을 따라 나선 이들이다. 내가 묵은 방 또한 짧게는 한 달, 길게는 몇 개월 동안 그들의 '집'이었을 것이다. 허름한 방에서 크레파스를 손에 쥐고 아빠를 기다리는 아이가 눈앞에 그려진다. 그 가족은 지금쯤 어디에 있을까. 홀로 여관방에 누워 있으면 그런 생각이 문득 나를 괴롭혔다.

2012년 나는 경상남도의 작은 조선소에 위장 취업했다. 고작 열이틀 있었던 곳이지만 골목 풍경도 여전히 생생하다. 여관방의 큼큼한 '아저씨 냄새'도 잊을 수 없다. 살면서 그런 공간이 있다는 걸 처음 알았다. 이 책은 바로 그곳에서 시작됐다.

말이 좋아 위장 취업이지, 그곳에서 지낸 기간은 고작 2주. 그것을 가지고 기사를 쓴다는 사실이 부끄럽기도 했다. '겨우 열이틀 일해 놓고서 뭘 안다고 떠드는 거냐', 누군가 이렇게 비난한다 해도 대꾸할 말이 없다. 어쭙잖은 행동이란 것을 나도 알고 있다. 그럼에도 이야기해 보고 싶었던 것은 어쭙잖은 내 예상과는 너무나 달랐던 그들의 실제 모습, 살아 있는 모습을 전하고 싶어서다. 물론 나의 기록이 그들의 삶을 제대로 드러냈다고 할 수 있을지는 자신이 없다. 다만 이 책을 계기로 사람들이 그들을 좀 더 가까운 존재로 느낄 수 있었으면 좋겠다.

그간 써 온 기사들을 책으로 재구성하면서 소소한 오류들을 발견했다. 노조에서 발표한 통계치와 연구 논문의 수치도 자주 엇갈렸다. 일일이 바로잡으며 그동안 너무 쉽게 기사를 쓴 건 아닌지 반성했다.

매서운 지적을 받은 적도 있다. 2015년 하반기, 현대중공업 하청업체 노동자와 총무, 그리고 사장이 연달아 죽었다. 그들 죽음엔 연결고리가 있었다. 원청인 현대중공업이다. 그렇게 원인을 정해 놓고 결과, 그러니까 하청 노동자의 죽음에 대해 써내려 갔다. 그러다 편지를 한 통 받았다. 현대중공업 하청업체 총무가 자살했다는 기사를 쓴 지 이틀 뒤였다.

"어떻게 기사를 그렇게 쓸 수 있나요?"

고인의 장지에 갔다 돌아가는 버스에서 기사를 보고 보낸 편지였다. 고인이 죽은 이유를 어떻게 그리 단정할 수 있느냐면서 기사를 삭제해 달라고 했다. 담담한 어조로 꾹꾹 눌러쓴 메일이었다. 고인과 가까이 지내던 동료나 친구인 것 같았다.

맞는 말이었다. 사람의 죽음을 어찌 한 가지 이유로만 실명할 수 있을까? 설사 한 가지라 하더라도 내가 생각한 이유가 맞다고 단정할 수 있을 만큼 나는 충분히 취재를 했던가? 그들의 삶을 알아내려는 나의 노력은 그가 삶을 버리기 전에 했을 그 고민의 몇 분의 몇 정도나 될까? 부끄러웠다. 그간 써 온 기사는 어떻게 할 것이며, 또 앞으로 어떻게 써야 할 것인가 고민이 깊어졌다.

고민이 계속된 만큼 발길도 저절로 그리로 갔다. 현대중공업에서 하청 노동자의 사망 사고가 나면 갖가지 원인들을 현장 사람들에게 묻고 살폈다. '무리한 기성 삭감', '혼재 작업', '안전시설 미비' '산재보험 제도의 문제점' 등 모두가 비슷하면서도 다른 이야기를 전해 주었다. 그러나 어디든 사람들이 죽어 간 현장에는 늘 원청인 '현대'

가 있었다. 아무리 용의주도하게 책임을 다른 곳에 전가해도 그것만
은 감출 수 없는 사실이었다.

요즘 뉴스에서는 하루가 멀다 하고 조선소 구조 조정 이야기가
흘러나온다. 그 시작도 현대중공업이다. 소위 '비상 경영 체제'를 선
포하며 3천 명의 노동자를 해고하겠다고 밝혔다. 사무직, 정규직 중
심의 대규모 구조 조정이다. 하지만 하청 노동자의 해고는 이미 오
래전에 시작됐다. 그런데도 이런 사실을 아는 사람은 아무도 없다.
해고는 침묵 속에서 진행된다. 죽음도 마찬가지다. 노동자들은 그렇
게 소리 소문 없이 사라진다.

이 책이 조선소 노동자의 모든 걸 담고 있는 것은 아니다. 다만,
그들의 모습을 엿볼 수 있는 참고문헌으로 활용되길 바란다. 독자들
이 '정말 그럴까' 하는 의문을 품으며 읽으면 좋겠다. 내가 한 이야
기가 실제와 얼마나 다른지, 혹시 그들을 죽음에 이르게 한 또 다른
뭔가가 더 있는 건 아닌지 살펴봐 준다면 더 좋을 것 같다. 이 책이
위험한 현장 곳곳에서 하청 노동자들이 일하고 있다는 사실을 기억
하는 데 미약하게나마 도움이 된다면 바랄 게 없겠다.

5

실은 다른 사람들의 책을 볼 때마다 왜 감사의 말을 넣는지
이해할 수 없었다. 책은 오롯이 저자가 쓴다고 생각했다. 하지만 직
접 책을 내놓게 되니 이해가 됐다. 아이 하나를 키우기 위해 온 마을
이 필요하듯이 한 권의 책이 나오기 위해 얼마나 많은 사람들의 도

움이 필요한지 알게 됐다.

우선, 책이 나오기까지 평일이고 주말이고 원고를 보느라 고생한 후마니타스 편집자 이진실 씨에게 미안한 마음을 전한다. 편집자가 A부터 Z까지 책의 모든 내용을 세심하게 신경 쓴다는 사실을 이번에 처음 알았다. 감사할 따름이다.

기꺼이 소중한 연구 결과를 빌려준 신원철 부산대 교수와 박종식 연세대 사회발전연구소 전문연구원에게도 감사의 말을 전한다. 박종식 전문연구원에게는 주말에도 잘 모르는 부분이 있으면 전화를 걸어 귀찮게 했지만 늘 논리적이고 정확한 답변을 해주었다.

노동건강연대 박혜영 활동가도 마찬가지다. 잘 알지 못하는 노동법, 산업재해와 관련해 막히는 부분은 늘 이 분과 상의했다. 평소 자신이 노무사인 것을 자꾸 까먹는다고 했지만 객쩍은 소리라는 것을 책 작업 하면서 알게 됐다.

전용수 씨에게도 감사의 말을 전한다. 활동가의 길은 접었지만 여전히 조선소 노동자에 대한 애착의 끈을 놓지 않고 있는 분이다. 실명을 밝히지 못하는 게 안타깝기만 하다.

하창민 현대중공업 사내하청지회장이 없었다면 이 책은 나올 수 없었을 것이다. 누군가 세상을 바꾸는 것은 유머와 음악이라고 했는데, 그런 점에서 그는 이미 세상을 절반쯤 바꾼 사람이다. 여전히 현장에서 노동자를 위해 활동하는 그에게는 감사가 아닌 존경이라는 말을 쓰고 싶다. 지금의 난맥을 잘 헤쳐 나가리라 믿어 의심치 않는다.

이 책이 나올 수 있었던 데는 내가 속한 〈프레시안〉이라는 매체의 힘도 컸다. 오랜 기간 한 가지 이슈를 취재할 수 있도록 기꺼이 시간을 내어 준 동기들과 선후배들에게 감사의 말을 전하고 싶다.

〈매일노동뉴스〉정기훈 기자에게도 감사의 말을 전한다. 늘 현장을 누비며 사진을 찍는 그의 노고가 고스란히 담긴 사진을 건네줬다.

마지막으로 자꾸만 하늘로 날아가려는 나를 지상으로 끌어내려 주는 아내 임지영 기자에게도 고맙다는 말을 하고 싶다. 취재를 한답시고 지방 출장도 잦았고, 책을 쓴답시고 주말에는 늘 집을 비웠다. 홑몸도 아닌데 싫은 내색 한번 하지 않고 독려해 준 그녀에게 감사한다고, 앞으로도 잘 부탁한다는 말을 전하고 싶다. 그녀가 없었다면 이 책도 없었을 것이다.

조선소 사람들

여기서는 '여자가 일하려면 애 다 낳고 와야 한다'고들
한다. 배에 사용되는 페인트는 독성이 강하다. 생리가
일정치 못한 건 기본이다. 일한 다음 날 아침에 소변을 보면
시너 냄새가 진동한다. 일하고 나서도 한동안은 입에서
시너 냄새가 가시지 않아 아이들에게 **뽀뽀**도 못한다.

≫ 터치업 일을 하는 김멸자 씨

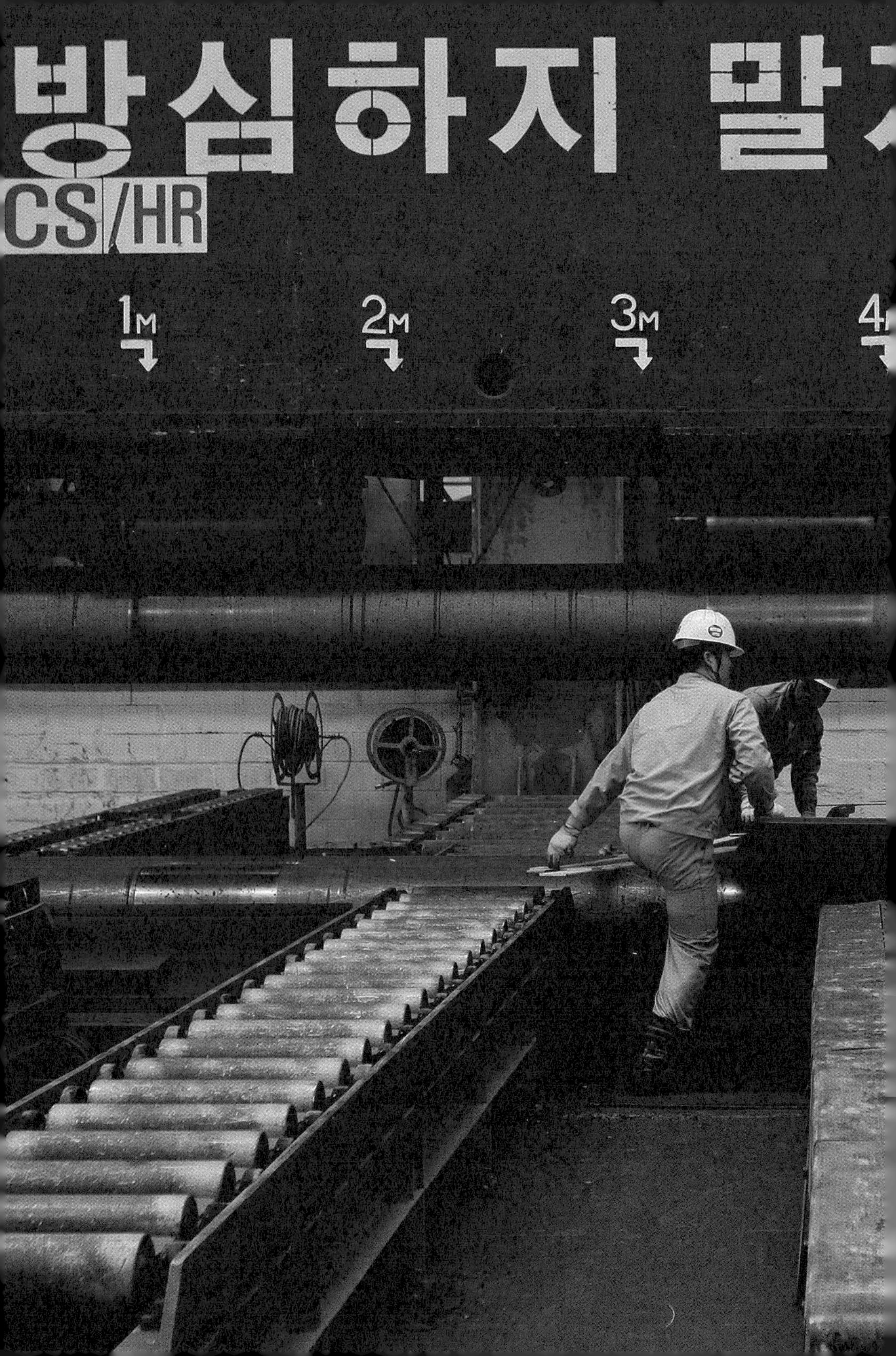
방심하지 말
CS/HR
1M
2M
3M

잘 들으셔야 합니데이. 이것만 기억하면 다치는 일
없습니더. 일하다 다치는 건 집중을 못해서 그런 겁니데이.
아시겠는교? 우리가 죽 통계를 뽑아 봤는데, 사고 치는
얼라들은 일한 지 6개월 이내, 아니면 15년 이상이
대부분이라예. 무슨 말인지 아는교? 어설프게 긴장해서
사고가 나고, 다 안다는 식으로 긴장 풀다가 사고가 난다는
어기라예.

≫ 안전교육 강사

ⓒ
정
기
훈

마스크 꼭 쓰고 일혀요. 안 그러면 몸 다
망가진다 아닌교. 지금 어두워서 안 보이는
것이지 먼지와 철가루가 엄청시리 날라 다니고
있으예. 여기서는 지 몸 지가 챙겨야 혀요.
안 그러면 오래 못 버티지.
≫ 보온팀 김 씨

용접하다 허리를 다쳤어요. 좁은 공간에서 불안정한
자세로 일하다 허리를 삐끗한 거죠. 동료가 관리자에게
전화해서 다친 사실을 알렸어요. 하지만 30분이 지나도
아무런 조치가 없었어요. 결국 동료가 다시 전화해서
쌍욕을 퍼부었어요. 사람이 어떻게 이러냐고. 그제야
작업소장이 왔어요. 트럭을 끌고.

≫   용접공 김영배 씨

마음잡고 일하려고 조선소에 취업했다가 이런 일을
당했습니다. 도둑질하다 이렇게 된 것도 아니고 어떻게든
살아 보겠다고 했던 건데……. 도의적으로 사람이 이리
됐으면 미안하다는 이야기라도 한마디 해야 하는 거
아닌가요? 그나마 전 우겨서 산재 인정이라도 받았지만
그러지 못한 사람들이 정말 많아요.

≫ 취부사 전상식 씨

외나무다리 위를 뛰어가라면서 넘어지지 말라고 하는 것과
똑같다. '일하다 다치면 절대 안 된다'라고 하면서도 열흘
안에 끝날 일을 닷새 만에 끝내라고 지시한다. 이게 일상이
된 지 오래다.

≫　　사내하청지회장 하창민

기성이 낮으니 인건비를 아끼는 수밖에 없어요.
애초 한 달 동안 진행해야 하는 공사를 보름 안에
마무리해야 했어요. 그래야 겨우 수지를 맞추는
거예요. 이런 구조에서 일하면서 사고가 안 나는
게 되레 이상하죠.
≫   하청업체 사장 정 씨

솔직히 정규직들은 일하는 데 여유가 있다. 그래도 되기 때문이다. 하지만 하청은 그게 안 된다. 세 시간에 끝낼 일을 한 시간 안에 끝내야 한다. 안 그러면 회사에서 잘리거나 일을 주지 않는다. 그런 압박 때문에 안전을 스스로 무시한다.

그래도 우리 같은 하청 본공은 그나마 여유가 있다. 물량팀은 더 심하다. 물량 치우고 또 빨리 다른 곳으로 가서 새 물량을 해야 한다. 그래야 돈을 받는다. 이 분들은 발이 땅에 붙을 새 없이 날아다닌다. 그러니 더 위험하다. 다치면 어디 가서 산재 신청도 못한다. 공상도 받을까 말까다. 물량팀은 불법이지만 원청에서는 업무 효율성을 이유로 계속 쓴다.

≫　　용접공 김영배 씨

정규직들은 구조 조정 되더라도 퇴직금은
받겠죠. 하청 직원들이야 빈손으로 거리에
나앉은 것밖에 도리가 있겠습니까?

》 하청업체 사장 이 씨

회사는 법대로 하라며 나 몰라라 하고,
정규직 노조나 언론에서도 우리 이야기는
듣지도 않아요.

≫ 사내 하청 노동자 오 씨

대기업인 대우조선해양에 나 같은 사내
하청 노동자 한 명 채용하는 건 아무 일도
아닐 테지만, 그들은 끝내 약속을 지키지
않았다. 정말 오르고 싶어서 오른 하늘이
아니었다.

≫　　타워크레인 위에서 하청노동자 강병재 씨

© 정기훈

아들과 같은 하청 노동자들도 정규직인 나와
똑같이 일한다. 원·하청을 떠나 노동자들은 모두
같은 노동자들이다.

≫ 산재로 사망한 고 이정욱 씨의 아버지 이만우 씨